**主　　编**　孙晓勇　国家法官学院院长

最高人民法院司法案例研究院院长

**副 主 编**　胡田野　国家法官学院副院长

刘　畅　最高人民法院司法案例研究院规划部主任

**主编助理**　赵文轩　最高人民法院司法案例研究院规划部编辑

刘丽媛　最高人民法院司法案例研究院规划部编辑

**《中国法院年度案例》编辑人员**（按姓氏笔画）

王　锐　刘　畅　朱建伟　朱　琳　吴光荣　李晓果

李　谦　杨小利　胡　岩　赵文轩　唐世银　徐一楠

贾　停　曹海荣　梁　欣　程诗翰　程　瑛

**本书编审人员**　徐一楠

# 中国法院2022年度案例

国家法官学院　最高人民法院司法案例研究院 / 编

## 公司纠纷

中国法制出版社
CHINA LEGAL PUBLISHING HOUSE

## 《中国法院2022年度案例》通讯编辑名单

# 序

党的十八大以来，以习近平同志为核心的党中央高度重视法治在推进国家治理体系和治理能力现代化中的重要作用，党的十九届六中全会通过的《中共中央关于党的百年奋斗重大成就和历史经验的决议》指出，必须坚持中国特色社会主义法治道路，贯彻中国特色社会主义法治理论，坚持依法治国、依法执政、依法行政共同推进，坚持法治国家、法治政府、法治社会一体建设，全面增强全社会尊法学法守法用法意识和能力。人民法院始终坚持以习近平法治思想为指导，把加强司法案例研究作为推进全面依法治国的重要途径，通过发布具有普遍指导意义的典型案例，统一法律适用、提高审判质效，提升司法公信力，努力让人民群众在每一个司法案件中感受到公平正义。《中国法院年度案例》丛书，旨在总结提炼典型案例的裁判规则和裁判方法，发挥司法规范、指导、评价、引领的重要作用，大力弘扬社会主义核心价值观，增强全民法治意识和法治素养，展现新时代我国法治建设新成就。

《中国法院年度案例》丛书自2012年编辑出版以来，已连续出版11年，受到读者广泛好评。近年来，为更加全面地反映我国司法审判执行工作的发展进程，顺应审判执行实践需要，响应读者需求，丛书2014年度新增金融纠纷、行政纠纷、刑事案例3个分册，2015年度将刑事案例调整为刑法总则案例、刑法分则案例2个分册，2016年度新增知识产权纠纷分册，2017年度新增执行案例分册，2018年度将刑事案例扩充为4个分册。自2020年起，丛书由国家法官学院与最高人民法院司法案例研究院共同编辑，每年年初定期出版。在全国各级人民法院的大力支持下，丛书编委会现编辑出版《中国法院2022年度案例》系列丛书，共23册。为助力实施环境资源审判专门化的司法政策，推进生态文明建设与绿色发展，自今年起，丛书将土地纠纷（含林地纠纷）分册改为土地纠纷（含环境资源纠纷）分册。

《中国法院年度案例》丛书以开放务实的态度、简洁明快的风格，在编辑中坚持以下方法，努力把案例书籍变得“好读有用”：一是高度提炼案例内容，控制案例篇幅，每个案例基本在 3000 字以内；二是突出争议焦点，剔除无效信息，尽可能在有限的篇幅内为读者提供有效、有益的信息；三是注重对裁判文书的再加工，大多数案例由案件的主审法官撰写“法官后语”，高度提炼、总结案例的指导价值，力求引发读者思考，为司法工作提供借鉴，为法学研究提供启迪。

《中国法院年度案例》丛书编辑工作坚持以下原则：一是广泛选编案例。国家法官学院和最高人民法院司法案例研究院每年通过各高级人民法院从全国各地法院汇集上一年度审结的典型案例近万件，使该丛书有广泛的精选基础，优中选优，可提供给读者新近发生的全国各地多种类型的典型性案例。二是方便读者检索。为体现以读者为本的宗旨，丛书分卷细化，每卷下还将案例主要根据案由分类编排，每个案例用一句话概括裁判规则、裁判思路或焦点问题作为主标题，让读者一目了然，迅速找到目标案例。

中国法制出版社始终全力支持《中国法院年度案例》丛书的出版，给了作者和编辑们巨大的鼓励。2022 年，丛书将继续提供数据库增值服务。购买本书，扫描前勒口二维码，即可在本年度免费查阅往年同类案例数据库。我们在此谨表谢忱，并希望通过共同努力，逐步完善，做得更好，真正探索出一条编辑案例书籍、挖掘案例价值的新路，更好地服务社会主义法治国家建设、服务法治社会建设、服务学习研究法律的读者。

《中国法院年度案例》丛书既是法官、检察官、律师等法律工作者的办案参考和司法人员培训的实用教材，也是社会大众学法用法的经典案例读本，同时是教学科研机构案例研究的良好系列素材。当然，案例作者和编辑在编写过程中也难以一步到位实现最初的编写愿望，客观上会存在各种不足甚至错误，欢迎读者批评指正。我们愿听取各方建议，不断扩宽深化司法案例研究领域，立足新发展阶段，实现中国特色司法案例研究事业的高质量发展。

国家法官学院

最高人民法院司法案例研究院

2022 年 1 月

# 目　录

## Contents

## 一、股东资格确认纠纷

## 二、请求变更公司登记纠纷



## 三、股东出资纠纷



## 四、新增资本认购纠纷

## 五、股东知情权纠纷



## 六、请求公司收购股份纠纷



## 七、股权转让纠纷

## 八、公司决议纠纷

## 九、公司设立纠纷



## 十、公司盈余分配纠纷

## 十一、损害公司利益责任纠纷



## 十二、损害公司债权人利益责任纠纷



## 十三、公司清算责任、解散和破产纠纷

# 一、股东资格确认纠纷

1

## 借名股东与冒名股东的司法认定问题

——叶某诉建筑装潢公司股东资格确认案

### 【案件基本信息】

1. 裁判书字号

江苏省无锡市中级人民法院（2020）苏02民终4197号民事判决书

2. 案由：股东资格确认纠纷

3. 当事人

原告（上诉人）：叶某

被告（上诉人）：建筑装潢公司

第三人：纪某、混凝土公司

### 【基本案情】

2004年6月28日，建筑装潢公司成立，注册资本为1000万元，工商登记载明股东为纪某（占股90%）、叶某（占股10%），纪某担任公司执行董事兼总经理，叶某担任监事。

2019年8月，第三人混凝土公司诉至法院，要求纪某在抽逃出资900万元本息范围内对（2011）盱商初字第0473号民事判决书中确定的建筑装潢公司结欠混凝土公司债务承担赔偿责任；叶某在抽逃出资100万元本息范围内对

(2011)盱商初字第0473号民事判决书中确定的建筑装潢公司结欠混凝土公司债务承担赔偿责任。

叶某在收到上述案件开庭传票后另行提起诉讼即本案，请求确认其不是建筑装潢公司的股东。事实与理由为纪某在未经其同意的情况下冒用其名义将其登记为建筑装潢公司的股东，其对此并不知情，也从未参与建筑装潢公司的登记注册、经营管理、分红等事宜，故其不是建筑装潢公司的股东。

建筑装潢公司对叶某的诉讼请求及事实理由无异议。纪某承认其在叶某不知情的情况下借用叶某的身份证办理了工商登记，叶某不是建筑装潢公司的股东。

第三人混凝土公司述称，叶某与纪某关系密切，足以说明叶某同意纪某将其登记为建筑装潢公司的股东，构成借名登记，叶某是建筑装潢公司的名义股东。

经叶某申请，本院委托鉴定机构对建筑装潢公司设立登记时的出资协议书、自行办理企业登记授权委托书、公司章程、股东会决议中"叶某"签名笔迹是否系叶某本人书写进行鉴定。经鉴定，上述材料中"叶某"笔迹均非叶某本人书写。

庭审中，混凝土公司又提供建筑装潢公司2004年、2005年、2006年的年检材料，年检材料中均附有"叶某"签名笔迹的身份证复印件。对此，纪某陈述称，身份证复印件是叶某找工作和学驾驶时给其的，其中2004年因为公司要年检，要叶某签字，所以其就和叶某说了，让叶某签了字；2005年、2006年的年检材料上均是由建筑装潢公司的王会计签的字。叶某解释称，2004年年检材料的身份证复印件是其交给纪某的，但目的是请纪某帮其找工作，签名是其本人所签；2005年年检材料的身份证复印件不是其交给纪某的，应该是纪某自己复印的，签名也不是其本人所签；2006年年检材料的新的二代身份证复印件是其交给纪某的，但目的是用于驾驶证年审，签名也不是其本人所签。

另查明，位于无锡市某庄园1区38号房屋（以下简称案涉房屋）登记在叶某名下。2014年5月，纪某与无锡市装饰公司签订工程承包合同，约定由装饰公司承包案涉房屋的装修工程，纪某于合同签订当日向装饰公司支付装修工程款 20 万元。关于为何会支付案涉房屋的装修工程款，纪某解释称其曾向叶某父亲借过很多钱，出于还债的心理帮叶某装修。

再查明，汽车附件公司的工商登记载明纪某担任该公司董事长，叶某担任副总经理。法院在执行（2019）苏 0213 执恢 194 号一案中，曾依法拍卖一处营业房，该营业房的登记簿载明标的所有人为纪某、叶某。

【案件焦点】

叶某是否被冒名登记为建筑装潢公司股东。

【法院裁判要旨】

江苏省无锡市梁溪区人民法院经审理认为：冒用他人名义出资并将他人作为股东在公司登记机关登记，被冒名人因对其名义被冒用不知情，也无出资设立公司、行使股东权利、承担股东义务之意思表示，有权请求确认自己不是公司股东。但股东资格已为登记机关所确认，对外具有公示公信力，关乎第三人的交易安全，故名义股东应当提供充分证据对被冒名登记的事实加以证明。从本案来看，叶某主张被冒名登记为建筑装潢公司股东的事实不能成立，理由如下：一、叶某对被登记为建筑装潢公司股东的事实知情。虽然经司法鉴定，建筑装潢公司设立时的相关文件上“叶某”的签名不是其本人所签，但 2004 年年检材料中的身份证复印件上的签字为叶某本人所签。对此，纪某述称系“2004 年因为公司要年检，要叶某签字，所以我就和叶某说了，让叶某签了字”，表明叶某对被登记为建筑装潢公司股东的事实知情。二、叶某多次自愿将身份证复印件交给纪某，缺乏合理解释。建筑装潢公司在设立时及 2004 年至 2006 年年检材料中均向登记机关提供了叶某身份证复印件，对于前两次，叶某解释称系因请纪某帮忙找工作而提供，对于 2006 年年检材料中更换为二代身份证复印件的情况，叶某称系为办理驾驶证年审而向纪某提供。叶某以不同原因多次自愿将身份证复印件交付他人使用不具有合理性，也无证据证明，本院不予采信。三、叶某与纪某之间存在利益关联，应降低纪某对叶某作出有利陈述的证明力。叶某称涉案房屋装修工程款系由其本人出资，但未提供任何证据证明，而纪某称出于向叶某父亲还债的心理为叶某出资装修房屋，明显不符合常理。结合纪某为叶某出资装修名下房屋、二人名下曾共有房产，且担任同一公司高级管理人员诸多事实，可以证明二人之间存在高度利益关联，故对于纪某冒用叶某名义进行登记的自认，应削弱其证明力。综上，不能认定叶某在不知情的情况下，被冒用身份登记为建筑装潢公司的股东，故对叶某请求确认其不是建筑装潢公司股东的诉讼请求不予支持。

江苏省无锡市梁溪区人民法院依照《中华人民共和国民事诉讼法》[①] 第六十四条第一款之规定，作出如下判决：

驳回叶某的诉讼请求。

叶某、建筑装潢公司不服一审判决，提起上诉。江苏省无锡市中级人民法院经审理认为：借名登记与冒名登记的根本区别之处在于对方是否知情并同意，如果对方不知情则为冒名登记行为，对方知情并同意则为借名登记行为。在对外法律关系中，由于被借名人登记为公司股东，依据公司法外观主义原则与公示原则，为保护无过错的公司债权人及公司其他股东的利益，被借名人仍应承担相应的股东责任。纪某一审中陈述"2004 年因为公司要年检，要叶某签字，所以我就和叶某说了，让叶某签了字"。根据纪某的该陈述，叶某知道其是建筑装潢公司的股东，也并不反对其成为建筑装潢公司的股东。叶某不是被冒名成为建筑装潢公司的股东。经司法鉴定，建筑装潢公司设立时的相关文件上"叶某"的签名不是其本人所签，但对外不能据此即否定叶某为建筑装潢公司的股东。此外，叶某与纪某有共有房屋，纪某以自己的义务为登记在叶某名下的房屋进行装修支出费用等，可以认定纪某与叶某关系密切，叶某称其对被登记为建筑装潢公司股东始终不知情，不足以令人采信。

江苏省无锡市中级人民法院依照《中华人民共和国民事诉讼法》第一百七十条第一款第（一）项之规定，作出如下判决：

驳回上诉，维持原判。

---

① 《中华人民共和国民事诉讼法》已经 2021 年 12 月 24 日修改，于 2022 年 1 月 1 日实施。本书收录案例均裁判于该法修改之前，适用的是当时有效的条文，下文将不再对此进行提示。

## 【法官后语】

一、冒名股东与借名股东的含义与法律责任

所谓冒名股东，是指被他人冒用或者被盗用名义出资登记为公司股东的股东。被冒名者没有出资设立公司、参与经营管理、分享利润和承担风险的意思表示，也无为自己或者他人与公司其他股东设立公司的合意。与之相类似的概念是借名股东，借名股东是指名义被他人借用登记成为公司股东，并由借名人实际行使股东权利，被借名人并不行使股东权利。冒名股东与借名股东并非同一概念，虽然两者都不实际行使股东权利，但后者对于其名义被借用是明知或应知的，前者却根本不知其名义被冒用，故在对外法律关系上，两者的法律后果截然不同。根据《最高人民法院关于适用〈中华人民共和国公司法〉若干问题的规定（三）》第二十六条的规定，公司债权人以登记于公司登记机关的股东未履行出资义务为由，请求其对公司债务不能清偿的部分在未出资本息范围内承担补充赔偿责任，股东以其仅为名义股东而非实际出资人为由进行抗辩的，人民法院不予支持。而根据该司法解释第二十八条的规定，冒用他人名义出资并将该他人作为股东在公司登记机关登记的，冒名登记行为人应当承担相应责任；公司、其他股东或者公司债权人以未履行出资义务为由，请求被冒名登记为股东的承担补足出资责任或者对公司债务不能清偿部分的赔偿责任的，人民法院不予支持。故，在对外责任的承担上，借名股东遵循的是商事法的外观主义原则和公示公信原则，需对外承担股东责任，而对于冒名股东而言，由于其系在不知情的情况下形成了所谓的股东外观，该外观系因侵权行为所致，故应适用民法意思表示原则，被冒名者不应视为法律上的股东，不应对外承担股东责任。

二、冒名股东与借名股东的司法认定

由于冒名股东与借名股东在客观上均未实际向公司出资，也不实际参与公司的经营管理。因此，在涉及法律纠纷尤其是公司对外欠付大量债务不能清偿时，借名股东往往会以其股东身份系被冒名登记为由进行抗辩，以此规避法律责任。判断股东是冒名还是借名，最主要的法律特征是被冒名者对其名称被冒用是否知情。由于工商登记具有较强的公示公信效力，是公司外部第三人对公司股东身份确认和识别的依据，因此，若已被工商登记记载为股东的当事人主张其系冒名股东，应当由其就其身份被冒用一事承担充分的举证责任，而法院一旦判定构成冒名登记，那么冒名登记人可能会面临严苛的法律责任甚至是刑事处罚。因此，法院在对此进行认定时应当尤为谨慎，需要综合各方面因素进行考量。

（一）工商登记材料是否为本人签名并非判断股东资格的唯一标准

由于公司在设立时并不严格要求投资人必须到场，代签可以在被代签者明知或者默认的情形下发生，故被“代签名”并不等同于被“盗用”或“盗用身份”签名，因此仅凭工商登记材料中的签字并非登记股东亲自签署，并不能得出其系冒名股东的结论，还需考量其他因素做出综合认定，本案就是这种情况。但存在其他佐证的情况下，该种情形可以成为认定构成冒名股东的理由之一。

（二）被冒名者对于冒名者持有其有效身份证件是否有合理解释

当事人在主张其系冒名股东时，除以工商登记材料非本人签字进行抗辩外，通常还会主张其身份证等身份信息系由冒名登记人非法获取或盗用，如果其无法举证证明存在身份信息被冒用或盗用的情况，则应就冒名登记人如何取得其身份信息一事进行合理解释。本案中，纪某不仅持有叶某的一代身份证，还持有其二代身份证，叶某也承认是其自行将身份证材料交给纪某，现该身份证复印件出现在公司的年检材料中，其虽否认有设立公司之意愿，但其连续三年将其新、旧身份证材料交由纪某持有，显然缺乏合理解释，故仅凭言辞否认不足以证明其主张。

（三）从被冒名者与冒名者之间的关系推测其是否存在恶意诉讼逃避法律责任的可能性

股东向法院起诉否认其股东资格，不仅涉及公司内部股东之间的利害关系，也关乎着公司外部债权人的债权能否实现的问题。因此，为了防止股东之间通过虚假诉讼免除股东责任，进而损害公司债权人的合法权益，在审查认定是否构成冒名股东时应充分考量冒名者与被冒名者之间是否存在利益牵连。本案中，叶某与纪某关系密切，两人不仅在同一公司任职高管，在生活中还有诸多经济往来，加之，叶某起诉要求确认其非建筑装潢公司股东发生在第三人混凝土公司要求其承担法律责任之后，而纪某面对叶某的主张非但没有抗辩，反而是全盘接受，自认其确实实施了冒名登记行为，这显然与常理不符。因此，基于上述客观情况，本案不排除叶某与纪某故意通过诉讼来规避法律责任的可能性，故对叶某关于其系冒名股东的主张，法院不予支持。

编写人：江苏省无锡市梁溪区人民法院　罗扬

2

## 隐名股东的股东资格认定问题

——陈某甲等诉药城公司股东知情权案

**【案件基本信息】**

1. 裁判书字号

浙江省台州市仙居县人民法院（2019）浙 1024 民初 4793 号民事判决书

2. 案由：股东知情权纠纷

3. 当事人

原告：陈某甲、范某、陈某乙、王某

被告：药城公司

**【基本案情】**

被告药城公司前身系医疗器械厂（企业性质为县属集体企业），四原告均系原集体企业的职工。1997 年按照县政府的要求进行改制［同年 3 月 11 日经工商登记成立药城公司，注册资本为 108 万元，原职工通过出资方式（每人 3000 股，每股 1 元）按比例持股］。由于《中华人民共和国公司法》对股东人数的限制，由潘某、张某、郭某、杜某、范某 5 人为名义股东进行登记。同年，公司向全体股东颁发了股权证，公司实际股东人数为230余人。公司成立时依照公司章程，股东大会选举产生了董事会、监事会等人员，并由公司章程约定董事每三年进行一次换届选举，监事会每年向公司股东会报告工作。公司于1999年换届选举，由张某担任法定代表人，职务为董事长，由杜某担任总经理。原告曾于2019年11月2日书面致函被告法定代表人要求查阅公司会计账簿、财务会计报告等，但未得到书面回复。为此，原告陈某甲、范某、陈某乙、王某向法院提出诉讼请求：1. 判令被告向原告提供自2000年1月1日起至判决生效之日止的财务会计报告（包括资产负债表、损益表、现金流量表、财务情况说明书和利润分配表）、股东会会议记录、董事会会议决议、监事会会议决议、股东名册以供原告及其委托的会计师、律师查阅、复制；2. 判令被告向原告提供自2000年1月1日起至判决生效之日止的会计账簿（包括原始凭证）以供原告及其委托的会计师、律师查阅；3. 本案诉讼费由被告承担。

【案件焦点】

1. 原告陈某甲、范某、陈某乙、王某的主体是否适格，即四原告是不是被告的股东；2. 原告范某在享有知情权时是否会损害公司利益及享有知情权的范围。

【法院裁判要旨】

浙江省台州市仙居县人民法院经审理后认为：从我国公司法关于有限责任公司的规定来看，股东资格可以从多个方面得到体现，如工商行政管理机关的登记、公司股东名册的记载、是否出资、是否签署公司章程等。当这几个方面表现不一致时，因工商行政管理机关的登记等主要是对外公示从而产生对抗效力的要件，股东之间的股东资格纠纷应以更为基础性的出资、签署章程以及股东权利义务的行使、承担情况等要件为依据。本案被告系改制企业，四原告是该企业的职工，改制时，被告向原告发放了股权证；被告在诉仙居县市场监督管理局工商行政登记一案中明确被告“经原仙居县工商行政管理局登记成立药城公司，由于公司法股东人数的限制，在申请工商登记时仅登记了5位名义股东，其余均为隐名股东”，即被告原先亦认可陈某甲等四原告系隐名股东，故其主体资格适格。原告范某在享有知情权时是否会损害公司利益及享有知情权的范围问题。股东查阅公司会计账簿系其作为股东所享受的权利，但应当以股东是否有不正当目的作为确定股东是否有权查阅的直接依据。本案被告称原告范某查阅公司账簿时会损害公司利益，但未提供原告存在不正当目的的依据，故原告享有的股东知情权不容剥夺。综上，依照《中华人民共和国公司法》第二十九条、第三十三条和《中华人民共和国民事诉讼法》第六十四条第一款、第一百四十四条之规定，判决如下：

一、被告药城公司自本判决生效之日起十日内向原告陈某甲、范某、陈某乙、王某提供自2000年1月1日起至判决生效之日止的财务会计报告（包括资产负债表、损益表、现金流量表、财务情况说明书和利润分配表）、股东会会议记录、董事会会议决议、监事会会议决议、股东名册以供原告查阅、复制；

二、被告药城公司自本判决生效之日起十日内向原告陈某甲、范某、陈某乙、王某提供自2000年1月1日起至判决生效之日止的会计账簿（包括原始凭证）以供原告查阅。

**【法官后语】**

本案涉及集体企业改制过程中，隐名股东的资格认定问题和知情权问题。

一、隐名股东的资格认定

从当前司法实践来看，对于当事人均为股东的，主要以实质说即认可实际做出投资行为的人为股东；当事人一方为股东、另一方为第三人的，一般采取形式说，以工商登记的股东为准；对于一方为股东、另一方为公司的，一般以公司名册记载或实际派发的股东证书为依据。本案中，被告企业改制时向原告发放了股权证；被告在诉市场监督管理局工商行政登记一案中亦明确“由于公司法股东人数的限制，在申请工商登记时仅登记了5位名义股东，其余均为隐名股东”。可见，被告原先亦认可陈某甲等四原告系隐名股东，因此对于四原告的隐名股东身份应当予以认定。

二、隐名股东的知情权

隐名股东不同于公司债权人，其对公司的经营管理享有收益权，亦需要以其实际出资数额承担风险。因此，隐名股东应当享有合法合理的股东权利。《中华人民共和国公司法》第三十二条规定："……记载于股东名册的股东，可以依股东名册主张行使股东权利……"第三十三条规定："股东有权查阅、复制公司章程、股东会会议记录、董事会会议决议、监事会会议决议和财务会计报告。股东可以要求查阅公司会计账簿。股东要求查阅公司会计账簿的，应当向公司提出书面请求，说明目的。公司有合理根据认为股东查阅会计账簿有不正当目的，可能损害公司合法利益的，可以拒绝提供查阅，并应当自股东提出书面请求之日起十五日内书面答复股东并说明理由。公司拒绝提供查阅的，股东可以请求人民法院要求公司提供查阅。"本案四原告虽未记载于公司名册，但其股东身份实际已为被告公司所认定，其合理范围内的知情权应当予以保障。被告主张原告查阅公司账簿时会损害公司利益，但未提供证据加以证明，故不能阻却四原告行使知情权，理应提供查阅之便。

编写人：浙江省台州市仙居县人民法院　陈爱菊　杨冰心

3

# 在没有代持股份合意的情况下，一人公司的实际控制人不能直接认定为公司的股东

——虞某诉商贸公司股东资格确认案

## 【案件基本信息】

1. 裁判书字号

新疆维吾尔自治区昌吉回族自治州中级人民法院（2020）新 23 民终 1768 号民事判决书

2. 案由：股东资格确认纠纷

3. 当事人

原告（上诉人）：虞某

被告（被上诉人）：商贸公司

第三人：吴某

【基本案情】

2016年3月7日，原告成立商贸公司，该公司为自然人独资的有限责任公司，原告担任该公司的执行董事兼法定代表人，原告并未实际出资。2018年10月30日，被告公司作出股东决定书，决定：一、股东虞某转让其在商贸公司认缴出资500万元、占注册资本100%的股权给吴某。二、解聘虞某执行董事（法定代表人）职务；解聘虞某经理职务。虞某以股东身份在该决定书上签字并加盖被告公司的公章。同日，被告公司对公司章程进行修改，形成章程修正案，载明：将公司的住所地、经营范围进行修改，并将股东虞某修改为吴某，吴某以法定代表人身份在该章程修正案上签字并加盖被告公司的公章。2018年11月，原告（作为甲方）与第三人（作为乙方）签订《商贸公司股权转让协议书》一份，约定：甲方将其持有的被告公司的100%股权即认缴出资500万元转让给乙方，由于注册资本是认缴出资，资金未到位，故甲方以0元将股权转让给乙方；本次股权转让完成后，乙方即享受100%的股东权利并承担义务，甲方不再享受相应的股东权利和承担义务。2018年11月9日，被告公司的法定代表人由原告变更为第三人。其后，原告仍保管被告公司的公章，以公司名义对外签署合同、向公司财务人员支付工资、办理纳税申报等，掌管被告公司的经济、财务。

【案件焦点】

原告要求确认其为被告公司持股100%的股东有无事实及法律依据。

【法院裁判要旨】

新疆维吾尔自治区阜康市人民法院经审理认为：被告公司的法定代表人已于2018年11月9日由原告变更为第三人，被告公司亦作出《股东决定书》将公司章程予以修改，将第三人变更为被告公司的唯一股东。根据公示原则，在没有相反证据时，第三人应当依法认定为持有被告公司股份 100%的股东，依法享有股东权利。原告转入被告公司银行账户以及其通过第三人转入被告公司银行账户的款项，第三人认可为被告公司借款，且原告自认上述款项并非投资款，而是其注入被告公司的流动资金以及原告个人向第三方支付的保证金。原告基于注入被告公司款项产生的合法财产权益可依其他法律关系另行主张。原告主张其实际行使了股东权利，并未提供证据证实。且原告主张被告公司一直处于亏损状态，被告公司从未分红，原告未证实其实际行使了如获得公司收益等股东权利。综上所述，原告不具有被告公司隐名股东身份。原告要求确认其为商贸公司持股 100%的股东并要求被告及第三人协助将其变更登记为被告公司的股东的诉讼请求，没有事实及法律依据，不应予以支持。因原告不具有被告公司的股东资格，故原告要求被告及第三人承担赔偿责任于法无据。此外，根据法律规定，只有在名义股东处分股权造成实际出资人损失的情况下，实际出资人可以请求名义股东承担赔偿责任。本案第三人并未处分股权，不适用该情形，即使原告具有隐名股东资格，也无权要求第三人承担责任，原告要求被告及第三人共同承担赔偿责任亦无法律依据。

新疆维吾尔自治区阜康市人民法院依照《中华人民共和国合同法》① 第八条、第六十条第一款，《中华人民共和国公司法》第二百一十六条，《最高人民法院关于适用〈中华人民共和国公司法〉若干问题的规定（三）》第二十四条、第二十五条第二款，《中华人民共和国民事诉讼法》第六十四条第一款，《最高人民法院关于适用〈中华人民共和国民事诉讼法〉的解释》第九十条规定，判决如下：

驳回原告虞某的诉讼请求。

虞某不服一审判决，提出上诉。新疆维吾尔自治区昌吉回族自治州中级人

---

① 《中华人民共和国民法典》于 2021 年 1 月 1 日起实施，《中华人民共和国合同法》《中华人民共和国民法总则》等同时废止。本书收录的部分案例裁判于《中华人民共和国民法典》生效前，适用的是当时有效的法律规定，下文将不再对此进行提示。

民法院同意一审法院裁判意见。

新疆维吾尔自治区昌吉回族自治州中级人民法院依照《中华人民共和国民事诉讼法》第一百七十条第一款第（一）项规定，作出如下判决：

驳回上诉，维持原判。

**【法官后语】**

本案存在一定的特殊性，被告公司系一人公司，与普通的有限责任公司存在一定的差异。原告与第三人签订《商贸公司股权转让协议书》后，第三人变更为公司的法定代表人，但第三人对公司的经营状况及业务开展情况并不清楚，而是由原告继续参与公司的经营管理，公司的实际控制人为原告，被告公司的印鉴、密钥亦是由原告进行管理和使用。在没有书面代持股份合意的情况下，原告与第三人之间是否存在口头代持约定只有原告与第三人知晓。在第三人否认其与原告之间存在代持合意的情况下，很难探知真实情况。在没有书面代持股份合意的情况下，一人公司的实际控制人能不能直接认定为其基于公司的隐名股东身份实际参与公司的经营管理，成为判决认定的关键所在。

根据《中华人民共和国公司法》第二百一十六条规定，实际控制人是指虽然不是公司的股东，但通过投资关系、协议或者其他安排，能够实际支配公司行为的人。即使原告是被告公司的实际控制人，实际控制人也不等同于股东。《最高人民法院关于适用〈中华人民共和国公司法〉若干问题的规定（三）》第二十二条规定，当事人之间对股权归属发生争议，一方请求人民法院确认其享有股权的，应当证明以下事实之一：（一）已经依法向公司出资或者认缴出资，且不违反法律法规强制性规定；（二）已经受让或者以其他形式继受公司股权，且不违反法律法规强制性规定。在法律法规没有对一人公司代持问题作出特殊规定的情况下，一人公司中涉及股权代持问题，仍应当严格依照该司法解释的规定进行认定。质言之，原告要求确认其为被告公司持股100%的股东，法院需要从三个方面进行认定：一是原告与第三人之间是否存在代持股份合意；二是原告是否向被告实际出资及出资的数额；三是原告是否实际行使了股东权利。

本案中，原告转入被告公司银行账户以及其通过第三人转入被告公司银行账户的款项，第三人认可为被告公司借款，且原告自认上述款项并非投资款，而是其注入被告公司的流动资金以及原告个人向第三方支付的保证金。原告基于注入被告公司款项产生的合法财产权益可根据其他法律关系另行主张。据此，原告未向被告公司实际履行出资，亦无被告公司出具的出资证明，原告以其向被告公司注入流动资金为由主张其隐名股东身份亦于法无据。

编写人：新疆维吾尔自治区阜康市人民法院　谢召涧

4

# 非上市公众公司股权隐名代持协议应认定为无效

## ——李某某诉刘某合同案

**【案件基本信息】**

1. 裁判书字号

北京市海淀区人民法院（2019）京0108民初52026号民事判决书

2. 案由：合同纠纷

3. 当事人

原告：李某某

被告：刘某

**【基本案情】**

刘某系北京某某资本股份有限公司（以下简称某某公司）的股东、董事长和法定代表人，认缴该公司出资额为14410万元。某某公司拟于B轮定向增发后在全国中小企业股份转让系统挂牌。2016年1月12日，李某某（甲方、委托人）与刘某（乙方、受托人）签订《委托代持股份协议》，约定：1. 某某公司注册资本为150341万元，甲方购买乙方持有价值650万元的股份并委托乙方代持，代持的股份数额为50万股，每股价格为13元。2. 甲方作为代持股份的实际拥有者，在代持期间，获得因代持股份而产生的财产收益，包括但不限于利润、现金分红，由甲方按实际持股比例享有。3. 在代持股份期间，乙方作为代持股份形式上的拥有者，以乙方的名义在工商登记中具名登记，并且在中国证券登记结算有限公司作为股东完成股票登记。除获得因代持股份而产生的收益外，甲方不参与有关某某公司经营与发展的重大决策，代持股份对应的表决权等股东权利均由乙方行使，但甲方有权通过乙方了解某某公司的实际生产经营状况、财务状况、重大决策以及利润分配方案等。4. 代持股份在甲方资金汇入乙方账户一年内不得转让；该一年限制流通期限届满后，甲方可以择机通知乙方将股份在二级市场上退出，乙方将退出后所得（包括本金及收益）扣除相关税费后交付甲方；若甲方通过协议转让或做市交易无法达到年化20%的投资收益（该收益包含甲方应当承担的相关法定税负），则甲方有权要求乙方对代持股份进行回购，回购溢价率为每年20%。次日，李某某向刘某交付投资款650万元。后刘某公司未能在全国中小企业股份转让系统挂牌，李某某在一年期满后无法实现年化20%的投资收益，遂诉至法院，主张双方签署协议的目的系取得固定收益，双方关系为名股实债，要求刘某依约按照650万元×（1+20%×投资期间/365）的标准返还款项，并按照年利率3.85%的标准支付资金占用利息。刘某认为，双方系股权代持的投资关系，李某某在享有投资收益的同时应当承担相应风险和损失，李某某购买的股份无法达到年化20%的投资收益，委托代持协议中关于还本付息的规定应属无效，故不同意李某某的诉讼请求。

**【案件焦点】**

案涉《委托代持股份协议》的性质及其效力。

**【法院裁判要旨】**

北京市海淀区人民法院经审理认为：对双方法律关系性质的判断应考察双方对权利义务的约定。案涉协议内容主要包含股权转让、股东权利行使、股权的处分及回购。分析协议内容可以认定：从合同目的来看，李某某并非为了取得固定的利息，而是为了在公司挂牌之前以低价购得股份，在公司挂牌之后在二级市场出售以获得高额收益。从合同条款来看，李某某实际享有各项股东权利，不能因李某某将其购买股份的表决权交由刘某行使，自身不参与公司经营即得出双方之间仅仅系债权关系的结论。从投资模式来看，虽合同中约定有以固定标准回购的条款，但该条款属于股权投资中常见的由控股股东对新投资人的收益进行保底的具有“对赌”性质的条款，并不影响股权投资的性质。故双方之间并非简单的到期还本付息的关系，而是包含股权的转让及委托代持关系。

该协议效力应结合双方代持目的作出判断。案涉协议签订于某某公司拟挂牌之前，协议约定将李某某购买的股份在中国证券登记结算有限公司登记于刘某名下，且对代持股份在二级市场的退出作出了约定。以上足以认定，双方签署协议目的包括对公众公司股份进行代持。虽某某公司最终未能挂牌成功，但不影响对双方协议签署目的的判断。

依据《中华人民共和国证券法》《非上市公众公司监督管理办法》的规定，公众公司股东必须真实，不允许挂牌过程中隐匿真实股东。案涉协议违反相关法律法规及规章对于公众公司监管的规定，且相关规定涉及金融安全、市场秩序等公序良俗，对广大非特定投资人利益和社会公共利益构成重要保障，故该协议应属无效。

综上所述，北京市海淀区人民法院依照《中华人民共和国合同法》[①] 第五十二条、第五十八条之规定，判决如下：

一、原告李某某与被告刘某于2016年1月12日签订的《委托代持股份协议》无效；

二、被告刘某于本判决生效之日起十日内退还原告李某某650万元并赔偿其损失（损失以650万元为基数，自2016年1月13日起至2019年8月19日止

---

① 《中华人民共和国民法典》于2021年1月1日起实施，《中华人民共和国合同法》《中华人民共和国民法总则》等同时废止。本书收录的部分案例裁判于《中华人民共和国民法典》生效前，适用的是当时有效的法律规定，下文将不再对此进行提示。

按照中国人民银行同期贷款利率计算；自2019年8月20日起至实际付清之日止按照全国银行间同业拆借中心公布的贷款市场报价利率计算）；

三、驳回原告李某某的其他诉讼请求。

【法官后语】

商业实践中，基于实际出资人身份敏感、保护自身隐私、规避监管限制、关联交易、同业竞争等因素考量，股权代持协议具有一定的普遍性，由此引发的纠纷也逐渐高发。《最高人民法院关于适用〈中华人民共和国公司法〉若干问题的规定（三）》第二十四条第一款对有限责任公司股权代持协议的效力给予原则上的肯定，但法律、司法解释对股份有限公司股权隐名代持行为的效力问题未作明确规定。

对此，应认为，股权代持协议系当事人在市场经济条件下自主进行的交易安排，法律不作一般性禁止，只有违反法律、行政法规的强制性规定或违背公序良俗，才应认定为无效。股份有限公司可以分为公众公司和非公众公司。公众公司包含上市公司和非上市公众公司。非上市公众公司中股票在全国中小企业股份转让系统公开转让的又称为挂牌公司。上市公司和挂牌公司因涉及广大投资者利益，我国已经就此设置了较为完善的规范制度。目前，司法实践普遍认为，对于涉及上市公司的股权隐名代持协议，因其违反《中华人民共和国证券法》及中国证券监督管理委员会发布的《首次公开发行股票并上市管理办法》《上市公司信息披露管理办法》中关于信息披露的相关规定，侵害社会公共利益，故宜认定为无效。

对于挂牌公司的股权代持协议效力问题，目前尚未形成权威案例。根据中国证券监督管理委员会发布的《非上市公众公司监督管理办法》，公众公司应当按照法律、行政法规、本办法和公司章程的规定，做到股权明晰，合法规范经营。公众公司公开转让股票应当在全国中小企业股份转让系统进行，公开转让的公众公司股票应当在中国证券登记结算公司集中登记存管。《非上市公司信息披露管理办法》对挂牌公司的信息披露作了专门的规定。可见，挂牌公司存在关于股东真实、股权清晰、信息披露的基本要求，不允许挂牌过程中隐匿真实股东。正是因为挂牌公司的股份可以在全国中小企业股份转让系统公开转让，涉及广大投资者利益，故其有必要遵守如实披露的义务，真实、准确、完整地披露信息。挂牌公司应当如实披露股份权属情况，关系到以信息披露为基础的证券市场整体法治秩序和广大投资者合法权益。隐名股东与显名股东之间的股权代持关系，隐藏了股权出资的真实情况，增加了交易行为的复杂性，造成交易信息不对称，增加了外部交易相对方了解真实情况的人力、精力、财力成本，也使其他对于挂牌公司的信息披露要求、关联交易审查、高管任职回避等监管措施落空，不利于对广大投资者的权益保护，有损证券市场交易秩序与交易安全，有损金融安全与社会稳定。

根据《全国法院民商事审判工作会议纪要》（法〔2019〕254 号）第三十一条的规定，违反规章一般情况下不影响合同效力，但该规章的内容涉及金融安全、市场秩序、国家宏观政策等公序良俗的，应当认定合同无效。综上所述，隐名代持挂牌公司股权的协议因违反公共秩序而无效，出资人和代持人按照公平原则和过错程度分配损失或收益。

编写人：北京市海淀区人民法院　唐盈盈　宁晓栩

5

# 个人独资企业的投资人确认可以参照适用公司法关于股东资格确认的规定

——刘某诉百鸟园俱乐部、杨某企业投资人权益确认案

## 【案件基本信息】

1. 裁判书字号

北京市通州区人民法院（2020）京 0112 民初 9566 号民事判决书

2. 案由：企业投资人权益确认纠纷

3. 当事人

原告：刘某

被告：百鸟园俱乐部、杨某

【基本案情】

百鸟园俱乐部于2007年10月26日注册成立，为个人独资企业，注册资本为1万元，投资人为张某。2019年4月10日，张某与杨某签订协议书，约定张某将百鸟园俱乐部转让给杨某。同日，百鸟园俱乐部投资人由张某变更为杨某。刘某系杨某的姑父。

刘某提交2019年3月18日张某与刘某签订的转让协议，约定张某以3.1万元将俱乐部的所有资产转让给刘某，张某收到款项后按刘某要求过户。刘某认为其从张某处受让百鸟园俱乐部的全部资产并委托杨某担任百鸟园俱乐部的投资人并管理、经营百鸟园俱乐部，刘某为百鸟园俱乐部的实际投资人。刘某向本院提交支出凭单28张，载明为俱乐部支出启动资金、转让款、鸽舍、车辆、驯放费用等，领款人处均有杨某的签字。杨某对于刘某提交的支出凭单的真实性认可，但其认为除了3.1万元之外的其余款项与本案无关，系刘某为其经营的弘鹏俱乐部（未领取营业执照）支出的费用。

刘某称其于2018年11月设立了弘鹏俱乐部并以弘鹏俱乐部的名义对外经营，2019年4月百鸟园俱乐部完成工商变更登记后弘鹏俱乐部开始使用百鸟园俱乐部的营业执照，由于“弘鹏”系刘某找人算过之后起的名字，故赛鸽俱乐部挂牌的名称还是弘鹏俱乐部；百鸟园俱乐部受让之前以及之后均由刘某委托杨某负责经营，所有的支出均由刘某负责，百鸟园俱乐部没有正式的财务账册，杨某领钱有记录，刘某的建筑公司会计负责记账，百鸟园俱乐部的支出单独记账，但没有制作账册；由于刘某与杨某存在亲属关系，出于信任刘某受让百鸟园俱乐部后将百鸟园俱乐部的投资人登记为杨某，基于亲属关系双方并未签订书面的代持协议，百鸟园俱乐部由刘某进行决策。

李某称其为百鸟园俱乐部转让的中间介绍人，张某欲将百鸟园俱乐部进行转让，刘某欲成立赛鸽俱乐部但办理营业执照比较困难，故李某向刘某提出直接收购百鸟园俱乐部；张某与刘某商谈收购事宜时李某在场，张某与刘某于2019 年 3 月 18 日签订了转让协议；李某不清楚刘某的弘鹏俱乐部，也不清楚刘某受让百鸟园俱乐部后将杨某登记为投资人李某。办理完毕工商变更登记后李某才知晓。刘某受让百鸟园俱乐部后在合美渔都实际经营，百鸟园俱乐部的工商登记变更李某并未经手；刘某系杨某的姑父，但具体情况李某并不清楚。张某称其于 2007 年 10 月 26 日注册成立百鸟园俱乐部，张某为唯一投资人；张某与刘某于 2018 年经朋友李某介绍认识，认识时刘某也经营赛鸽俱乐部，张某并不认识杨某；刘某通过银行转账方式给付张某 3.1 万元转让款；工商变更登记委托代办公司代为办理，工商登记材料中张某的签字为代办公司代为签署，刘某表示将投资人变更为杨某，张某并不清楚杨某的身份，刘某将杨某的身份信息告知张某，但并未告知张某其与杨某的关系；张某并未与杨某签订过转让协议，亦未与杨某协商过转让事宜，其并未将百鸟园俱乐部转让给杨某。

## 【案件焦点】

百鸟园俱乐部作为个人独资企业认定投资人身份能否直接适用公司法的相关规定。

## 【法院裁判要旨】

北京市通州区人民法院经审理后认为，本案的争议焦点在于如何确定百鸟园俱乐部的实际投资人。首先从百鸟园俱乐部受让的过程来看。杨某称其通过刘某的朋友“李某”介绍认识张某并与张某就百鸟园俱乐部转让事宜进行过商谈，但杨某却表示不清楚“李某”具体如何书写，此种情况与常理不符。张某明确表示并不认识杨某，亦未与杨某就百鸟园俱乐部转让事宜进行过商谈，其并无将百鸟园俱乐部转让给杨某的意思表示，之所以将投资人变更为杨某是应刘某的要求。其次从百鸟园俱乐部转让款的支付来看。刘某与杨某均认可转让款为 3.1 万元，通过刘某的银行账户转至张某的银行账户。张某认可该款项系刘某受让百鸟园俱乐部支付的对价。杨某称其向刘某借款 3.1 万元用于给付张某转让款。但杨某与刘某之间并未签订书面的借款协议，在刘某否认该款项系借款的情况下，杨某对于其上述陈述亦未提交相关证据予以证明，应认定刘某向张某给付了转让款。再次从百鸟园俱乐部的经营情况来看。根据双方提交的支出凭单及票据可以看出百鸟园俱乐部的支出基本由刘某出资，杨某在刘某提交的支出凭单中对每一笔支出均签字确认。杨某称刘某提交的支出凭单中大部分为弘鹏俱乐部的支出，并不属于百鸟园俱乐部的支出，但杨某提交的证据并不足以证明百鸟园俱乐部的支出由其负责。最后从各方当事人及相关人员的陈述来看。杨某在并不清楚“李某”具体如何书写的情况下经其介绍向原来并不认识的张某收购百鸟园俱乐部，杨某的陈述与李某、张某的陈述并不一致，其提交的证据也存在相互矛盾之处。综上，从百鸟园俱乐部转让的过程、转让资金的支付、百鸟园俱乐部的经营等方面进行分析后发现，虽然杨某为百鸟园俱乐部工商信息登记的投资人，平时亦负责百鸟园俱乐部的日常经营，但百鸟园俱乐部的出资（即转让款）系刘某支付，百鸟园俱乐部的日常支出资金来源为刘某，结合李某、张某的陈述，刘某关于百鸟园俱乐部收购的陈述及其提交的证据更符合常理，能够证明其为百鸟园俱乐部的实际投资人，杨某提交的证据不足以证明其与张某之间存在转让百鸟园俱乐部的合意，亦不足以证明其为百鸟园俱乐部的实际投资人。故应确认刘某系百鸟园俱乐部的实际投资人，百鸟园俱乐部与杨某应协助刘某办理投资人变更的工商登记手续。故本院最终判决如下：

一、确认刘某为百鸟园俱乐部的唯一投资人；

二、百鸟园俱乐部、杨某于本判决生效之日起七日内协助刘某办理将百鸟园俱乐部的投资人由杨某变更为刘某的工商变更登记手续。

本院作出判决后，双方当事人均未上诉。本判决已经生效。

**【法官后语】**

一、个人独资企业的性质

个人独资企业是指个人出资经营、归个人所有和控制、由个人承担经营风险和享有全部经营收益的企业，是最古老、最简单的一种企业组织形式，主要盛行于零售业、手工业、农业、林业、渔业、服务业和家庭作坊等。

在我国，个人独资企业主要受个人独资企业法的调整。申请设立个人独资企业，应当由投资人或者其委托的代理人向个人独资企业所在地的登记机关提交设立申请书、投资人身份证明、生产经营场所使用证明等文件。

二、个人独资企业与一人有限责任公司的比较

二者的相同之处在于：投资人或者股东只有一人；需要在我国境内依法注册成立；需要有合法的名称、出资、经营场所及人员。二者的不同之处在于：第一，调整的法律不同。一人有限责任公司作为依据公司法设立的有限责任公司，当然受公司法的调整；个人独资企业受个人独资企业法的调整，不属于公司法的调整范围。第二，出资的方式不同。个人独资企业的投资人投入资产不需要经过法定验资机构进行验资，但一人有限责任公司的股东出资必须经验资机构验资。第三，与投资人或股东的关系有所不同。个人独资企业与投资人之间存在高度的混同，个人独资企业的财产所有权属于投资人，而一人有限责任公司的股东以其资金或者实物、技术完成对公司的出资之后，该财产即属于公司的财产，不再属于股东的个人财产。第四，投资人或者股东承担的责任不同。投资人对个人独资企业的债务承担无限连带责任，一人有限责任公司的股东在不能证明其个人财产独立于公司财产的情况下才对公司的债务承担连带清偿责任。

三、个人独资企业投资人的确认可以参照适用公司法

个人独资企业的投资人与公司的股东均以其财产对企业或公司出资、对企业或公司的重大事务进行决策，并对企业或公司的债务承担相应责任。由此可见，个人独资企业的投资人与公司股东的权利、义务和责任具有同质性，故在个人独资企业法及其他相关法律没有明确规定时，投资人的确认可以参照公司法的相关规定。

《最高人民法院关于适用〈中华人民共和国公司法〉若干问题的规定（三）》第二十二条对于股东资格确认的问题进行了规定，当事人之间对于股权归属发生争议，一方请求人民法院确认其享有股权的，应当证明以下事实之

一：（一）已经依法向公司出资或者认缴出资，且不违反法律法规强制性规定；（二）已经受让或者以其他形式继受公司股权，且不违反法律法规强制性规定。在实践中，如果双方并未就代持股权签订书面协议，通常通过以下几点来认定股东的身份：是否实际出资或认缴出资、是否参加股东会对公司的重大事项作出决策、是否参与公司的经营管理、是否领取公司分红等。基于个人独资企业投资人与公司股东权利的同质性，笔者认为在确认投资人身份时也可以参照适用《最高人民法院关于适用〈中华人民共和国公司法〉若干问题的规定（三）》的规定以及实践中对公司股东资格认定时考量的各种因素。

编写人：北京市通州区人民法院　于素娟

6

## 公司及股东认诺一致可否直接否定原告的股东资格

——汤某诉贸易公司股东资格确认案

### 【案件基本信息】

1. 裁判书字号

北京市第三中级人民法院（2020）京03民终4302号民事判决书

2. 案由：股东资格确认纠纷

3. 当事人

原告（上诉人）：汤某

被告（被上诉人）：贸易公司

第三人：戴某、纪某、财富公司

### 【基本案情】

北京市平谷区人民法院经审理查明：贸易公司的工商登记材料显示，该公司成立于2001年8月17日，系有限责任公司，法定代表人为戴某，住所地为北京市平谷区兴谷工业开发区，注册资本500万元，戴某以货币方式出资300万元，纪某以货币方式出资100万元，汤某以货币方式出资100万元。2008年10月12日，北京市工商行政管理局平谷分局出具行政处罚决定书，以未在规定的期限内办理企业年检手续为由，处罚吊销其营业执照。

在审理过程中，经依法司法鉴定，确认贸易公司工商登记档案材料中公司章程、指定委托书等“汤某”的签名均非汤某本人签写。

庭审中，汤某称之前其在太古城商贸有限公司上班，和李某是同事；2001年年底前后，李某找到汤某，说要办一个公司，到时候想让汤某去这家公司上班，汤某说行；李某说给我身份证，去公司做入职备案，汤某就把身份证给了李某；后来，汤某就去贸易公司上班了，这时才知道李某说的公司就是贸易公司；汤某在贸易公司是跑业务，一直上到2004年年底；贸易公司的老板有纪某、李某；在贸易公司上班时，汤某认识了戴某，戴某是干杂活的。

贸易公司及戴某同意汤某的诉讼请求。

纪某称通过案外人李某，借用汤某的身份证，注册登记了贸易公司，同意汤某的诉讼请求。

财富公司述称，不同意汤某的诉讼请求。汤某自称其在贸易公司工作过，应该知道该公司的股东情况以及其被冒名登记，汤某当时并未提出异议，现在财富公司作为贸易公司的债权人提起股东损害公司债权人利益责任纠纷诉讼，汤某才起诉要求确认其非该公司的股东。笔迹鉴定的结果并不能否认汤某是贸易公司的股东，在贸易公司注册成立时，并不一定非要股东本人签字，汤某也可能授权他人签字。

**【案件焦点】**

经司法鉴定确认贸易公司工商登记档案材料中“汤某”的签名非汤某本人签写，贸易公司及其他股东均认可汤某非该公司的股东，法院能否确认汤某不是贸易公司的股东。

【法院裁判要旨】

北京市平谷区人民法院经审理认为：股东的资格问题，不但涉及股东自身的身份、财产权益，也涉及公司债权人的利益。贸易公司系依法成立的有限责任公司，工商登记材料记载汤某是该公司的股东，该记载对外具有公示效力。戴某、纪某虽认可汤某非贸易公司的股东，但是自认并不排斥法院依法进行事实审查。对于股东资格，并不能通过认诺来认定，特别是当股东资格争议涉及第三人利益时，法院更应慎重审查。

公司章程等有关工商登记材料，是认定股东资格的重要依据，第三人基于此股东身份产生真实、合法的信赖。一般情况下，如果签字并非股东本人所签，经登记的股东系被他人冒用或盗用身份进行公司登记，应确认其非公司股东。但如果该股东在知道被冒用或盗用身份后不作反对表示，或虽未明确表示，但实际以股东身份参与公司经营、行使股东权利，或同意他人利用自己的身份设立、经营公司的，其关于确认其非公司股东的诉讼请求不应得到支持。因此，工商登记档案材料上非本人签字不能得出被登记的股东不是股东的结论，需要结合当事人有无作为公司股东的事实或同意他人利用自己的身份设立、经营公司的事实进行判断。需要注意的是，“代签”可以在被代签者明知或默认的情形下发生，并不等同于被冒用或盗用身份签名。本案中，贸易公司工商登记档案材料中“汤某”的签名并非汤某本人所签，汤某并未提供证据证明“代签者”未经其同意“冒用或盗用”其身份。汤某自称其曾于2001年前后将身份证交给过李某，曾在贸易公司上班，该公司的老板有纪某、李某；纪某亦自称李某将汤某的身份证给纪某注册贸易公司使用。汤某作为完全民事行为能力人，将其身份证交给他人，汤某应对这一行为产生的后果承担相应责任。现汤某以其不知情为由，主张其并非贸易公司的股东，缺乏事实及法律依据。汤某如因他人冒用身份造成了损失，可向实际侵权人另行主张。

本案现有证据，无法推翻工商登记所记载的内容，不能达到否定汤某股东资格的程度。故，对汤某要求确认其非贸易公司股东的诉讼请求，本院难以支持，依照《最高人民法院关于适用〈中华人民共和国民事诉讼法〉的解释》第九十条之规定，判决如下：

驳回汤某的诉讼请求。

汤某不服一审判决，提出上诉。

北京市第三中级人民法院经审理同意一审法院的裁判意见，判决如下：

驳回上诉，维持原判。

【法官后语】

股东资格是股东享有和行使股东权利并承担股东义务的前提和依据，是一种具有法律意义的身份。股东资格确认纠纷是指股东与股东之间或者股东与公司之间就股东资格是否存在，或者具体的股权持有数额、比例等发生争议而引起的纠纷。

在公司及其他股东均认可原告不是公司股东的背景下，笔者认为法院也不能据此直接否定原告的股东身份。即便在原告未提交充分证据推翻公司章程、公司登记记载内容的情况下，法院仍需综合整个案情审慎裁判，不可轻易否定原告的股东身份。

法院应综合考量多种因素来判定有限责任公司股东资格，包括是否有出资设立公司的意思表示、是否在对外具有公示性质的工商登记、公司章程和股东名册的记载中被列为股东、是否履行了股东出资义务、是否实际行使了股东权利等因素。具体个案结合具体情况分别侧重考量。在司法实践中，多数股东资格确认纠纷案件是正向的，即主张确认其具有股东资格。在本案，汤某的主张是要求确认其不是贸易公司的股东，属股东资格否定之诉，法院更需谨慎裁判。

在公司内部股东资格确认纠纷中，签署公司章程是股东投资公司、加入公司以成为股东及其他股东予以同意的真实意思表示。公司章程是公司成立的基础性法律文件，对公司内部股东资格和股权确认具有决定性效力。本案中，从贸易公司自2001年注册成立至今，汤某的股东身份始终被记载于章程之中。

主体法定是商法中的基本原则，公司经由公权力介入、进行公司登记而取得商事主体资格。公司事项一经登记公示即具有相应的法律效果。为了维护交易安全，善意第三人对相关登记外观产生的信赖利益应予保护，即便登记存在瑕疵或错误。工商登记既具有国家公权力介入形成的公信力，又便于相关利益方查询得知。在发生股东资格纠纷时，特别是涉及公司外部债权人利益时，工商登记应当作为确认股东资格与身份的最重要的法定依据，除非有相反证据足以推翻工商登记内容的真实性。[①] 本案中，债权人财富公司正是基于对贸易公司工商登记公示的合理信赖，才提起股东损害公司债权人利益责任纠纷之诉的。即便贸易公司及其他股东均认可汤某非该公司的股东，法院也必须平衡公司外部债权人的利益。况且，汤某是在财富公司对其起诉的情况下，才提起本案诉讼否认其股东资格的，难免存在逃避债务、虚假诉讼的可能。因此，汤某应对其主张提供充分证据推翻公司工商登记中的相关内容。汤某虽提交证据证明贸易公司工商登记材料中“汤某”的签名非其本人所签，但汤某并未就其身份信息出现在贸易公司工商登记中作出合理的、令人信服的解释说明，并不足以否定工商登记中的相关记载。同时，结合汤某所述其将身份证外借他人、曾在贸易公司任职等情况，法院最终不予支持汤某的诉讼主张。

**编写人：北京市平谷区人民法院　张卫**

① 刘凯湘：《股东资格认定规则的反思与重构》，载《国家检察官学院学报》2019 年第 1 期。

# 二、请求变更公司登记纠纷

7

## 公司与法定代表人不存在实质关系后应办理变更法定代表人

——赵1诉中2公司、中1公司请求变更公司登记案

【案件基本信息】

1. 裁判书字号

北京市房山区人民法院（2019）京0111民初23212号民事判决书

2. 案由：请求变更公司登记纠纷

3. 当事人

原告：赵1

被告：中2公司、中1公司

【基本案情】

中2公司是法人独资有限责任公司，唯一股东为中1公司，2015年12月10日中2公司章程记载："第九条公司设董事会，成员三人，由股东决定产生，任期届满，可连选连任；董事会设董事长一名，由董事会选举产生。第十条董事会行使下列职权……（八）决定公司内部管理机构的设置，（九）决定聘任或者解聘公司经理及其报酬事项，并根据经理的提名决定聘任或者解聘公司副经理……第十二条公司设经理，由董事会决定聘任或者解聘，经理对董事会负责……第十五条执行董事为公司的法定代表人，由股东决定产生。"中2公司

工商登记信息记载，自2015年12月10日起，股东中1公司股权比例100%，主要人员：董事长甄1，董事胡1，董事赵1，经理赵1，监事胡1。

2013年1月1日，原告和中2公司签订劳动合同，约定原告担任中2公司总经理。2017年1月1日续订劳动合同，续订期限至2020年12月31日。2018年12月，赵1，向中2公司提出辞职。2018年12月10日，中1公司总裁办发出任免书：经集团公司研究决定，现对以下人员任免，赵1免去原中2公司总经理职务；胡1拟聘任为中2公司总经理，经董事会决议后再正式聘任。此任免自2018年12月10日起生效。2019年1月18日，中1公司召开董事会，对于《公司董事兼全资子公司中2公司总经理赵1辞职的议案》，审议结果：建议赵1担任公司副董事长。

2019年1月，中2公司对原告停止发放工资、交纳社保，原告自行负担社保交纳，原告不再参与中2公司经营管理工作。2019年五六月，中2公司为原告办理社保迁出手续。

2019年9月5日，原告向中2公司发出律师函，要求中2公司到工商部门协助原告办理法定代表人变更事宜。当月，原告即起诉本案。

**【案件焦点】**

1. 赵1与中2公司是否存在实质关系；2. 根据公司法规定中2公司是否应变更法定代表人，涤除赵1作为法定代表人登记。

**【法院裁判要旨】**

北京市房山区人民法院经审理认为：公司法第十三条规定，公司法定代表人依照公司章程的规定，由董事长、执行董事或者经理担任。中2公司章程规定执行董事为公司的法定代表人，由股东决定产生。但是中2公司存在董事会，董事会成员三人，且存在董事长职务。根据公司法规定，只有公司在不设立董事会的情况下，才有执行董事职务。原告作为董事之一，没有被选择为执行董事，也不是董事长。原告担任法定代表人不符合中2公司自身章程和公司法规定。

原告与中2公司没有股权关系，原告作为中2公司总经理，是基于与中2

公司的劳动合同约定担任总经理职务，且负责公司日常经营管理。原告在担任总经理期间被登记为法定代表人，是基于中 2 公司对原告的委托和受托关系。原告与中 2 公司劳动合同虽然没有到期，但是原告 2018 年年底提出辞职，唯一股东中 1 公司以任免书形式告知原告免去其总经理职务，且中 2 公司对其停止发放工资和交纳社保，后又办理了社保迁出手续，表明中 2 公司与原告已经解除了劳动合同和委任关系。原告继续被登记为中 2 公司法定代表人不符合公司法规定，也不符合公司章程规定。因中 2 公司章程规定，法定代表人由股东决定，即中 1 公司应该决定中 2 公司的新法定代表人，故中 1 公司对于中 2 公司办理法定代表人变更登记具有协助义务。原告主张中 2 公司变更原告在中 2 公司作为法定代表人的登记，主张中 1 公司予以配合办理，本院予以支持。

本案审理中，当庭已经释明当事人，变更后的法定代表人人选确定是公司自治事项，必须由中 2 公司按照公司章程决定人选，如中 1 公司或者中 2 公司不能决议出新的法定代表人，在原告诉讼请求成立的情况下，应涤除原告的法定代表人登记，中 2 公司自行承担因工商登记必备要素欠缺导致的不利后果，即如不及时变更新的人选，其登记事项将不符合《中华人民共和国公司登记管理条例》，可能存在被工商行政管理部门依法吊销公司营业执照的风险。

依据《中华人民共和国公司法》第十三条之规定，判决如下：

被告中 2 公司于本判决生效之日起三十日内至注册登记所属市场监督管理局申请变更法定代表人登记，被告中 1 公司应予协助履行；如被告中 2 公司届时未予办理变更法定代表人登记，被告中 2 公司则于本判决生效之日起四十五日内至注册登记所属市场监督管理局办理涤除原告赵 1 作为被告中 2 公司法定代表人的登记事项，被告中 1 公司应予协助履行。

## 【法官后语】

首先，从程序角度出发，关于法定代表人请求公司办理变更法定代表人工商登记的可诉性问题，之前有裁判观点认为法定代表人的变更属于公司自治事项，法定代表人与公司并非平等的民事主体之间的争议，故不符合人民法院受理民事诉讼的范围，应裁定不予受理。2020 年 4 月 29 日最高人民法院作出

(2020)最高法民再88号裁定①，即王1诉某公司变更公司登记纠纷一案裁定，关于法定代表人请求公司办理变更法定代表人工商登记的诉讼请求应否受理的问题，最高人民法院认为王1该项诉讼请求系基于其已离职之事实，请求终止与公司之间法定代表人的委托关系并办理法定代表人变更登记，该纠纷属于平等主体之间的民事争议。因王1并非某公司股东，其亦无法通过召集股东会等公司自治途径，就法定代表人的变更事项进行协商后作出决议。若最高人民法院不予受理王1的起诉，则王1因此所承受的法律风险将持续存在，而无任何救济途径，故法定代表人起诉公司变更登记法定代表人的诉讼请求具有诉的利益，该纠纷系平等主体之间的民事争议，属于法院受理范围。

其次，从实体审理角度出发，法定代表人与公司之间系委任关系，有公司股东会决议任命法定代表人，但不是任何人都可以经股东会决议任命为法定代表人或者任命后一直持续。其一，法定代表人需与公司之间存在股权关系，或者劳动关系，或者委托管理关系。避免挂名“法定代表人”的存在，避免实际控制人以挂名“法定代表人”作为公司清算责任或者失信或者违法责任的“替罪羊”，达到解脱实际控制人责任的目的。其二，公司与法定代表人系委任关系，属于双向关系，公司委任、法定代表人接受委任才能成立并存续，公司通过股东会决议可以撤销原法定代表人变更新的法定代表人，法定代表人也可以辞任，在与公司解除劳动关系且不属于公司股东，亦不承担主要管理职责的情况下，应认为法定代表人与公司脱离实质关系，公司应及时作出股东会决议变更法定代表人。

最后，法院审理此类案件过程中应释明当事人，变更后的法定代表人人选确定是公司自治事项，必须由公司按照公司章程自行决定新的法定代表人人选，如公司不能决议出新的法定代表人，在原告诉讼请求成立的情况下，应涤除原告的法定代表人登记，公司自行承担因工商登记必备要素欠缺导致的不利后果。

编写人：北京市房山区人民法院　栾林林

① 案例来源于中国裁判文书网，2021年11月1日访问。

# 三、股东出资纠纷

8

## 股权多轮转让后未履行出资义务的转让股东仍应履行出资义务

——浙江某某公司诉卢某某等股东出资案

【案件基本信息】

1. 裁判书字号

浙江省台州市椒江区人民法院（2019）浙 1002 民初 4371 号民事判决书

2. 案由：股东出资纠纷

3. 当事人

原告：浙江某某公司

被告：卢某某、王某某、杨某甲、徐某某

【基本案情】

浙江某某公司成立于 2005 年 1 月 11 日，注册资本为 50 万元。原股东为徐某某占股 33%；杨某 1 占股 33%；杨某 2 占股 34%。2012 年 11 月 12 日，股东持股变更为徐某某占股 33%；杨某甲占股 33%；卢某某占股 34%。同日，浙江某某公司法定代表人由杨某乙变更为卢某某。2012 年 12 月 18 日，股东持股变更为徐某某占股 4%；杨某甲占股 8%；王某某占股 39%；卢某某占股 49%。

2013 年 1 月 22 日，被告卢某某、王某某、杨某甲、徐某某分别转账至浙江某某公司账户 719.32 万元、572.52 万元、117.44 万元、58.72 万元。同日，台州安信会计师事务所有限公司出具验资报告，确认浙江某某公司已收到股东缴纳的新增注册资本 1468 万元，变更后的注册资本为 1518 万元。浙江某某公司章程也进行相应变更。上述增资款系向金某某公司所借。2013 年 1 月 23 日，浙江某某公司开具本票三份，将 1468 万元归还金某某公司指定的人员。

2013 年 1 月 28 日、5 月 29 日、7 月 4 日、8 月 23 日，2014 年 4 月 28 日，浙江某某公司股东及持股份额又经过多次变更。

2014 年 4 月 8 日，浙江某某公司曾委托台州合一会计师事务所有限公司对公司资产进行审计，并出具台合会审（2014）第 026 号审计报告，反映了浙江某某公司 2014 年 3 月 31 日的财务状况及 2014 年度 1~3 月的经营成果和现金流量。其中资产负债表载明资产总计为 14707776.06 元。现金流量表载明年末现金及现金等价物余额为 1087247.62 元。

2015 年 11 月 5 日，王某某、王某华作为转让方，程某某、徐某军、应某富、徐某友、王某、陈某德作为受让方签订《股权转让协议》一份，约定：甲方将其所持有的浙江某某公司 50%的股权分别转让给程某某 12.5%、徐某军 13%、应某富 12.5%、徐某友 5%、王某 4%、陈某德 3%。程某某于 2015 年 12 月 30 日出具欠条一份，载明今欠王某某 627500 元，利息按月利一分计算，该款项在 2018 年 12 月底前还清。

2015 年 11 月 16 日，浙江某某公司股东及持股份额再次变更。同日，浙江某某公司法定代表人由王某某变更为程某某。

因程某某未支付股权转让款，王某某、王某华将程某某起诉至椒江法院，要求程某某支付股份转让款及利息。椒江法院于 2019 年 8 月 21 日作出（2019）浙 1002 民初 2767 号民事判决书，判决：程某某支付给王某某、王某华股份转让款 627500 元及利息。

**【案件焦点】**

1. 浙江某某公司现有资产情况及现有资产能否认定各被告已履行出资义

务；2. 浙江某某公司现股东受让股权时，是否明知浙江某某公司资产情况，在明知受让股权存在瑕疵的情况下，是否有权以浙江某某公司名义主张原股东补足出资；3. 如各被告要承担补足出资义务，被告卢某某是否要承担连带责任。

**【法院裁判要旨】**

浙江省台州市椒江区人民法院经审理认为，浙江某某公司 2013 年 1 月 22 日增资的 1468 万元来源于中介机构，该款项已于 2013 年 1 月 23 日转回到中介机构，该行为构成抽逃出资。本案的争议焦点有以下几点：1. 浙江某某公司现有资产情况及现有资产能否认定各被告已履行出资义务？2. 浙江某某公司现股东受让股权时，是否明知该公司资产情况，在明知受让股权存在瑕疵的情况下，是否有权以该公司名义主张补足出资？3. 如各被告要承担补足出资义务，被告卢某某是否要承担连带责任。

关于焦点一，浙江某某公司股权经过多次转让，2013 年 1 月 22 日增资之后又于 2013 年 1 月 28 日、5 月 29 日、7 月 4 日、8 月 23 日，2014 年 4 月 28 日，2015 年 11 月 16 日发生过股权变更登记。被告王某某提供了 2014 年 4 月 8 日委托台州合一会计师事务所有限公司出具的审计报告，认为浙江某某公司资产有 1500 万元左右，是各股东陆续投入形成。对此，椒江区人民法院认为，公司资产的累积既有股东投入原因，也有公司经营过程中产生利润增值的原因。且从浙江某某公司增资到审计报告制作期间，股份变动过多次，存在非四被告的股东加入浙江某某公司的情况。故仅凭审计报告，只能反映一定时期公司的资产状况，无法证明各被告在抽逃出资后分别向浙江某某公司投入了多少。而本案账册原来在王某某丈夫徐某谊处，其陈述已将账册全部交给浙江某某公司，但未举证证明该事实，且从原告提供的程某某与股东应某富、徐某友的通话录音反映，该两名股东认为徐某谊并未将账册交给公司。从原告与徐某谊的通话录音反映，程某某要求徐某谊提供以前的账套，徐某谊并未否认账套在其处，只是回答“可以”“没事”等内容。故各被告是否在后续经营中补足了出资，浙江某某公司无法提供公司账册证明，各被告应进一步举证证明其对公司进行了出资。现各被告未举证证明，本案无法认定各被告已履行出资义务。

关于焦点二，浙江某某公司现股东共八名，于2015年11月16日股权发生变更。其中程某某占股12.5%，徐某友占股12.5%，该两名股东在受让股权前，曾于2015年6月23日与浙江某某公司签订承包经营合同，应认为两人对公司资产情况较为了解。其受让浙江某某公司股权是在对浙江某某公司现有价值有充分了解的基础上做出的决定。但本案是以浙江某某公司名义提起的诉讼，有限责任公司股东对公司的出资义务为法定义务，未尽出资义务即转让股权，转让股东的出资义务并不因此免除，公司仍有权请求转让股东承担相应责任。正因如此，浙江某某公司向未履行出资义务的股东起诉主张权利，并不以其他股东的意思表示为前提，因为即使其他股东同意未出资股东无须履行出资义务，也不能构成对原股东法定义务的免除。

关于焦点三，原告要求被告卢某某对其他被告的出资义务承担连带责任，是依据《最高人民法院关于适用〈中华人民共和国公司法〉若干问题的规定（三）》第十四条的规定，原告认为，卢某某使用了印章。根据查明事实，卢某某印章是加盖在原告出具的三张本票上，至于本票交给他人时，并无证据证明卢某某也提供了协助义务。故对原告要求被告卢某某对其他被告的出资义务承担连带责任的诉讼请求，本院不予支持。

综上，浙江省台州市椒江区人民法院依照《中华人民共和国公司法》第二十八条、第一百七十八条，《最高人民法院关于适用〈中华人民共和国公司法〉若干问题的规定（三）》第十二条、第十三条第一款，《中华人民共和国民事诉讼法》第六十四条第一款、第一百四十四条及《最高人民法院关于适用〈中华人民共和国民事诉讼法〉的解释》第九十条的规定，判决如下：

一、被告卢某某于本判决发生法律效力之日起十日内返还给原告浙江某某公司出资款7193200元；

二、被告王某某于本判决发生法律效力之日起十日内返还给原告浙江某某公司出资款5725200元；

三、被告杨某甲于本判决发生法律效力之日起十日内返还给原告浙江某某公司出资款1174400元；

四、被告徐某某于本判决发生法律效力之日起十日内返还给原告浙江某某公司出资款587200元；

五、驳回原告浙江某某公司的其他诉讼请求。

【法官后语】

本案关键点在于：股东抽逃出资后将股权转让他人，公司是否仍可要求其返还出资款。在案件审理过程中，我们主要考虑了两个问题，一是公司有无权利主张返还出资款，二是瑕疵股份已实际被转让是否影响公司主张返还出资款。

一、关于公司有无权利主张返还出资款的问题

股东出资义务不仅具有约定义务的性质，还具有较强的法定义务性质，是股东对公司需履行的法定义务。公司成立后具有独立人格，股东的出资构成公司的法人财产，这个财产是公司开展经营活动、承担相应法律后果的保证。如果股东违反出资义务，实际上就是损害了公司的法人财产权，从而侵犯了公司的权利。因此，股东存在抽逃出资行为的，公司可以向股东主张返还出资款。即使公司其他股东同意免除四被告的出资义务，也不影响公司上述主张。

二、关于瑕疵股份已实际被转让是否影响公司主张返还出资款的问题

《最高人民法院关于适用〈中华人民共和国公司法〉若干问题的规定（三）》第十八条第一款规定："有限责任公司的股东未履行或者未全面履行出资义务即转让股权，受让人对此知道或者应当知道，公司请求该股东履行出资义务、受让人对此承担连带责任的，人民法院应予支持……"该司法解释首先明确了瑕疵股权转让情况下，公司仍有权要求转让股东履行出资义务。但考虑到本案需要补足出资金额很高，而各轮股权转让约定的股份转让款相比较而言明显较低。同时，从各轮股权转让情况来看，转让方与受让方都是对企业现状有充分了解后才确定转让价款，应该说双方的权利义务达到了一定平衡。如果四被告向浙江某某公司补足出资款后，公司的资产将大幅增加，其现有股东持有的股份含金量将不可同日而语，转让股东与受让股东之间的利益天平会被打破。那么为重新实现转让股东与受让股东之间的利益平衡，转让股东可在履行

补足出资义务后要求撤销原股权转让合同，并要求受让股东补充股权转让款。

股权转让价款的确定以当事人真实意思表示为依据，本案股权转让价格是针对瑕疵股权由双方自行协商达成，在补足出资后，交易的股权已发生变化，如以原来的价格确定转让价款，符合显失公平的认定。当然，四被告主张补充股权转让款，要以其实际补足出资为前提，仅凭法院判决确定履行义务，并不当然享有该权利。本案还有一个难点是，涉案股权经过多轮转让，中间的受让股东实际上并未受益，真正的受益人是公司现有股东。那么如果按照合同相对性原则，一层一层主张将非常烦琐，且中间股东又得在补足合理的股权转让款后再要求下一层受让人补足，也不尽合理，故我们认为可以突破合同相对性，在得到中间受让股东的认可下，直接向现有受益股东主张。

综上，瑕疵股东需向公司补足出资是法定义务，具有法律上的支撑；同时，瑕疵股东在补足出资后请求受让股东补充股权转让款也可以解决转让股东与受让股东利益失衡的问题，故该案判决支持公司要求四被告补足出资的诉讼请求。

编写人：浙江省台州市椒江区人民法院　杜鹃

9

# 认缴期限届满前股东出资所享的期限利益受法律保护

## ——陈某诉建筑机械科技公司等股东出资案

**【案件基本信息】**

1. 裁判书字号

广西壮族自治区南宁市西乡塘区人民法院（2020）桂0107民初2875号民事判决书

2. 案由：股东出资纠纷

3. 当事人

原告：陈某

被告：建筑机械科技公司、闫某、王某

【基本案情】

建筑机械科技公司成立于2017年1月18日，工商登记的股东为张某（认缴出资450万元，持股比例为45%）、闫某（认缴出资550万元，持股比例为55%），出资期限为2025年12月31日。闫某持有的建筑机械科技公司55%股权是代王某持有，王某是隐名股东，闫某是显名股东。

陈某于2017年7月24日至2018年12月30日累计向建筑机械科技公司出资1250710元。

因陈某将闫某的股权变更登记至陈某名下，闫某于2019年1月31日向柳北区法院起诉，诉请要求陈某向闫某返还其所持有的建筑机械科技公司55%的股权并办理变更登记，柳北区法院于2019年4月24日作出（2019）桂0205民初680号民事判决书，支持了闫某的诉讼请求。陈某对以上判决不服上诉至柳州中院，柳州中院于2019年12月14日作出（2019）桂02民终4801号民事判决书，判决维持原判。在以上两份民事判决书中确认了陈某已累计向建筑机械科技公司出资1250710元的事实，并对陈某关于其与闫某之间属于代持股权关系的主张不予支持。

因建筑机械科技公司未将陈某登记为股东，陈某遂诉至法院，要求建筑机械科技公司返还投资款1250710元并支付利息，同时要求闫某在未履行出资义务的范围内对本案债务承担连带清偿责任、王某在被告闫某所承担连带赔偿责任的范围内承担连带清偿责任。

【案件焦点】

有限责任公司股东的认缴出资期限未届满时，股东对公司的债务应否承担责任。

【法院裁判要旨】

广西壮族自治区南宁市西乡塘区人民法院经审理认为：陈某已向建筑机械科技公司出资1250710元，却无法获得建筑机械科技公司的股东资格，建筑机械科技公司也未进行增资程序，故陈某要求建筑机械科技公司退回投资款1250710元并从2019年1月3日起计付资金占用利息的诉讼请求合法有据，本院予以支持，本院确定利息按全国银行间同业拆借中心发布的一年期贷款市场报价利率计算。闫某辩称陈某是建筑机械科技公司的隐名股东，上述投资款是代另一股东张某出资，但未提交股权代持协议等证据予以佐证，本院不予采信。

建筑机械科技公司股东的出资期限为2025年12月31日，现尚未到期，建筑机械科技公司也未出现破产或者因公司解散被强制清算等会导致股东出资期限提前到期的情形，因此陈某要求闫某、王某对建筑机械科技公司的上述债务承担连带清偿责任没有依据，本院不予支持。

广西壮族自治区南宁市西乡塘区人民法院依照《中华人民共和国公司法》第二十八条、第三十二条，《中华人民共和国企业破产法》第三十五条，《中华人民共和国民事诉讼法》第六十四条第一款，《最高人民法院关于适用〈中华人民共和国公司法〉若干问题的规定（二）》第二十二条，《最高人民法院关于适用〈中华人民共和国民事诉讼法〉的解释》第九十条之规定，判决如下：

一、被告建筑机械科技公司返还原告陈某投资款1250710元；

二、被告建筑机械科技公司支付原告陈某资金占用利息（计算方式：以1250710元为基数，按全国银行间同业拆借中心发布的一年期贷款市场报价利率，从2019年1月3日起计算至被告建筑机械科技公司清偿之日止）；

三、驳回原告陈某对被告闫某、王某的诉讼请求。

【法官后语】

公司一旦成立，即独立于股东、发起人，并且享有法律赋予的民事能力，以其全部财产对公司债务承担无限清偿责任。股东是否在认缴期限内按照认缴的出资额履行出资义务，对债权人利益有重大影响。2013年公司法修改后使“资本认而不缴”成为可能。在认缴资本制下，股东可以约定出资期限，那么如何在债权人利益与股东期限利益之间寻求平衡点、股东的出资责任在什么条件下可以加速到期值得深究。

笔者认为，从认缴制设立初衷、债权人利益保障等方面分析，在公司股东认缴出资期限未届满时，债权人要求股东在认缴出资范围内对公司债务承担连带或补充赔偿责任的，不应得到法院支持。

一、认缴制设立初衷

改革后资本的缴纳事宜交由股东和公司自治，何时缴足由股东自主约定并记载于公司章程，且通过企业信用信息系统进行公示。认缴制扩大了市场主体的意思自治范围，通过减少对出资事项的干预，激发了市场活力，赋予了股东出资的期限利益。股东出资认缴制系现行公司法的明文规定，股东依法获得分期缴纳出资的期限利益应当予以保护。因此，在股东出资缴纳情况已公示的情况下，以损害股东期限利益为代价保障债权人权利实现，有悖设立认缴制的初衷。

二、债权人利益保障

在经济活动中，债权人基于自己的商业判断评估经营风险、选择交易对手，同时通过多种方式审查债务人公司的资信、财产状况以防范经营风险，如通过设定担保、放弃交易、合同约束等保护自己的权利。认缴制虽加大了债权不能如期实现的风险，但这种交易风险已事先进行了公示，债权人对此应当知道或者稍加注意就可获悉。因此，债权人如果怠于履行注意义务导致债权受损，属于经营风险问题。

而就公司法所担负的保护债权人功能而言，除资本制度外，还规定了公司人格否认制度。当公司资本构成中存在较多长期缴纳的资本，且此种资本比例与公司日常经营需要已明显不符，抑或公司已经不能清偿对外债务，在此情况下，债权人可以向法院请求否认公司的法人人格，追究股东们企图利用认缴资本制来转移风险、逃避债务的责任。

此外，除法律规定的在公司破产或解散时股东出资可加速到期外，《全国法院民商事审判工作会议纪要》（法〔2019〕254号）第六条亦在认可注册资本认缴制下股东依法享有期限利益的前提下，规定了两种允许债权人主张债务人的股东出资加速到期的两种情形，即在公司执行不能或者恶意延长股东出资期限时，债权人可以要求股东出资加速到期以实现债权的保护与清偿。

回到本案中，陈某认为根据《最高人民法院关于适用〈中华人民共和国公司法〉若干问题的规定（三）》第十三条之规定，公司其他股东应在未履行出资义务的范围内对本案债务承担连带清偿责任，是对该条文的误解，出现了断章取义的错误，应当结合立法目的以及文义隐含的前提条件对其加以解释，因此在建筑机械科技公司非破产或清算情形下，要求股东在其未届期的认缴出资范围内对建筑机械科技公司债务承担责任，缺乏基础前提，换言之，即认缴期限届满前股东出资所享有的期限利益受法律保护。

编写人：广西壮族自治区南宁市西乡塘区人民法院　许晓彤　吴杨

10

# 特定情形下《企业年度报告》可以作为对股东未出资产生“合理怀疑”的证据

——在线公司诉金融控股公司等申请执行人执行异议案

## 【案件基本信息】

1. 裁判书字号

北京市第一中级人民法院（2020）京01民终5432号民事判决书

2. 案由：申请执行人执行异议纠纷

3. 当事人

原告（被上诉人、申请执行人）：在线公司

被告（上诉人、被申请追加人）：魏某

被告（被申请追加人）：金融控股公司、张某、旋某

被告（被执行人）：网络科技公司

【基本案情】

2016年11月3日，本院出具（2016）京0108民初17423号民事判决书，判决被告网络科技公司向原告在线公司支付电影票在线订票款7156133.58元。判决生效后，在线公司向本院申请强制执行，因未发现可供执行财产，本院于2018年3月24日出具（2017）京0108执8569号执行裁定书，裁定终结执行程序。后在线公司申请追加金融控股公司、张某、魏某、旋某为被执行人。2018年9月11日，本院出具（2018）京0108执异441号执行裁定书，驳回在线公司申请。在线公司对上述执行裁定书不服，2018年9月19日向本院提交本案起诉状。

网络科技公司是由金融控股公司与张某于2014年10月11日设立的有限责任公司，注册资本为20000万元，股东金融控股公司出资额为11000万元，出资方式为货币，出资时间为2014年10月；股东张某出资额为9000万元，出资方式为货币，出资时间为2014年10月。2015年12月8日，网络科技公司通过股东会决议，并修改公司章程。魏某受让金融控股公司持有的网络科技公司55%的股权，旋某受让张某持有的网络科技公司45%的股权。根据网络科技公司章程修正案，股东魏某出资额为11000万元，出资方式为货币，出资时间为2015年12月；股东旋某出资额为9000万元，出资方式为货币，出资时间为2015年12月。

2019年3月14日生成的网络科技公司国家企业信用信息公示报告，其中仅有2014年年度报告、2015年年度报告，年度报告显示股东及出资信息一栏中，金融公司以及张某、旋某、魏某实缴出资额一栏为空白。2017年7月7日以及2018年7月7日，上海市长宁区市场监督管理局分别将网络科技公司列入经营异常名录，原因是网络科技公司未按照规定的期限公示年度报告。

魏某称其仅为名义股东并未实缴出资，并称网络科技公司注册资本均已实缴，并提交以下证据：1. 档案机读材料，其中股东（发起人）出资情况记载，

魏某、旋某出资情况中出资方式一栏显示“实缴”二字划掉，更改为“货币”。2. 网络科技公司网页打印件，以证明网络科技公司的经营规模以及每日所需的运营成本之高，从而证明注册资本已经实缴。

## 【案件焦点】

1. 关于金融控股公司、张某、魏某、旋某是否已经履行出资义务；2. 金融控股公司、张某、魏某、旋某是否应被追加为被执行人以及如果被追加为被执行人应承担何种责任。

## 【法院裁判要旨】

北京市海淀区人民法院经审理后认为：

一、关于金融控股公司、张某、魏某、旋某是否已经履行出资义务

当事人之间对是否已经履行出资义务发生争议，原告提供对股东履行出资义务产生合理怀疑证据的，被告股东应当就其已履行出资义务承担举证责任。

首先，在线公司提交的证据可以认为是对被告出资义务产生合理怀疑的证据。理由如下：根据《企业信息公示暂行条例》，企业应当于每年1月1日至6月30日，通过企业信用信息公示系统向工商行政管理部门报送上一年年度报告，并向社会公示。有限责任公司应当自“其股东认缴和实缴的出资额、出资时间、出资方式”等信息形成之日起二十个工作日内通过企业信用信息公示系统向社会公示。企业对其公示信息的真实性、及时性负责，企业发现其公示的信息不准确的，应当及时更正。更正前后的信息应当同时公示。本案中，在线公司提交了网络科技公司的企业信用信息公示报告，其中2014年年度报告显示金融控股公司、张某的实缴出资额均为空白，2015年年度报告显示魏某、旋某的实缴出资额均为空白，根据《企业信息公示暂行条例》，上述年度报告信息是网络科技公司自主报送并向社会公示的，网络科技公司应该对该报告的真实性、及时性负责。在线公司可以根据该报告显示的内容怀疑网络科技公司股东未履行出资义务，其提交的证据已经可以认为是对网络科技公司股东出资义务产生合理怀疑的证据。

其次，在在线公司已经提交了对网络科技公司股东出资义务产生合理怀疑的证据的情况下，网络科技公司股东应当就其已经履行出资义务承担举证责任。金融控股公司、张某、旋某经本院合法传唤怠于应诉提交其已经履行出资义务的证据，应当承担不利后果。魏某在庭审时自认其未出资，本院对此不持异议。关于魏某称网络科技公司注册资本均已实缴的抗辩意见，并未提交有效证据证明，故本院不予采纳。

二、金融控股公司、张某、魏某、旋某是否应被追加为被执行人以及如果被追加为被执行人应承担何种责任

首先，关于魏某、旋某受让股权时对前手股东在公司设立时未履行出资义务是否知道或应当知道。本院认为，网络科技公司2014年年度报告显示金融控股公司、张某实缴出资额一栏为空白，而且魏某受让金融控股公司持有的网络科技公司55%的股权、旋某受让张某持有的网络科技公司45%的股权，作为持股比例如此大的股东对金融控股公司、张某设立时未履行出资义务应当知道。因此，在金融控股公司、张某、旋某经本院合法传唤未到庭应诉，以及魏某虽到庭应诉但均未提出其已经对其他债权人承担上述责任的抗辩意见及相应证据的情况下，金融控股公司、张某应在其未出资本息范围内对网络科技公司无力清偿在线公司的到期债务承担补充赔偿责任，魏某、旋某应当分别对金融控股公司、张某的上述赔偿责任承担连带责任。

其次，金融控股公司、张某作为网络科技公司未缴纳出资的原股东，未缴纳出资即转让股权，魏某、旋某作为网络科技公司未缴纳出资的股东，在受让股权时对此应当知道。现在线公司在网络科技公司无力清偿生效判决书确定的到期债务的情况下，追加金融控股公司、张某、魏某、旋某为被执行人，于法有据，本院予以支持，但在线公司主张金融控股公司、张某、魏某、旋某在未依法出资的范围内对上述债务承担连带责任，本院不予支持，本院依法判定金融控股公司、张某、魏某、旋某在其未出资范围内对网络科技公司无力清偿在线公司的到期债务承担补充赔偿责任，承担债务的范围为本院（2016）京0108民初17423号民事判决书所判令的网络科技公司对在线公司承担的7156133.58

元的付款义务及迟延履行期间的债务利息。

北京市海淀区人民法院判决如下：

一、准许原告在线公司追加被告金融控股公司、被告张某、被告魏某、被告旋某为北京市海淀区人民法院出具的（2016）京0108民初17423号民事判决书的被执行人；

二、被告金融控股公司、被告魏某、被告张某、被告旋某对北京市海淀区人民法院（2016）京0108民初17423号民事判决书所判令网络科技公司对原告在线公司承担的7156133.58元的付款义务及迟延履行期间的债务利息分别在其未出资的范围内（被告金融控股公司、被告魏某在其未出资的11000万元范围内；被告张某、被告旋某在其未出资的9000万元范围内）承担补充赔偿责任；

三、驳回原告在线公司其他诉讼请求。

二审法院同意一审法院裁判意见，判决如下：

驳回上诉，维持原判。

## 【法官后语】

本案是债权人将“企业信用信息公示系统”公示的《企业年度报告》作为股东未履行出资义务“合理怀疑证据”的案例，具有典型意义。

股东未履行或未全面履行出资义务损害债权人利益的，债权人有权请求股东在未出资本息范围内对公司债务不能清偿部分承担补充赔偿责任。实务中，债权人证明股东未履行或未全面履行出资义务的难度很大。因此，《最高人民法院关于适用〈中华人民共和国公司法〉若干问题的规定（三）》第二十条减轻了债权人的证明责任，规定债权人提出股东未全面履行出资义务的“合理怀疑证据”之后，即由股东承担其已履行出资义务的证明责任。即便如此，实务中债权人取得“合理怀疑证据”依然有难度。

司法实践中，关于能否以《企业年度报告》作为被告股东未出资的“合理怀疑证据”，有两种观点。一种观点认为：《企业年度报告》不能作为“合理怀疑证据”，理由如下：其一，《企业年度报告》是企业自行填报的，无须经过行政主管部门审核，且不需要提供填报内容的依据，具有自主性、任意性特点。

尽管《企业信息公示暂行条例》规定企业信息应当“真实、及时”，并规定企业对其公示信息的“真实性、及时性”负责，但“应然”不等于“实然”，不能以应当真实推断出其客观上就是真实的。其二，本案被申请追加人是公司股东，公司与公司股东是独立主体，公司填报的《企业年度报告》显示对公司股东不利的信息，不构成“自认”，在公司与公司股东存在利益关系的情况下，能否以该《企业年度报告》认定公司股东出资不实，存有疑问。另一种观点认为：股东是否出资是公司内部信息，公司外部人员很难提供相关证据，《企业年度报告》是由公司自行填报并上传至企业信息公示系统的，体现的是公司对其是否收到注册资本的陈述，应最接近事实真相。固然“企业对其公示信息的真实性负责”并不必然意味着该信息是真实的，但不能据此一概否认《企业年度报告》的证据效力，而应具体问题具体分析。

笔者同意第二种观点。公司注册资本制度由实缴制变更为认缴制，并不是减少对债权人利益的保护，而是意味着债权人利益保护机制的调整，即将之前强调政府监管、强调事前监督转向更多依靠建立透明诚信的市场秩序、建立企业信息公示制度来保护债权人利益。《企业信息公示暂行条例》建立了企业信息公示机制，赋予企业真实、及时公示其重要信息的义务，其目标即在于为社会大众判断企业信用状况提供依据，同时保护社会大众对披露信息的合理信赖。本案的被申请追加人均是网络科技公司的主要股东或控股股东，甚至同时在公司担任法定代表人等重要职务，《企业年度报告》的形成在很大程度上受其影响甚至是控制，而且《企业信息公示暂行条例》第十二条、第十三条给予了《企业年度报告》错误信息的更正机制，在此情况下，被申请追加人不启动更正机制亦未在诉讼中提供相反证据，在线公司提交的《企业年度报告》可以认为对股东未出资产生“合理怀疑”的证据。

编写人：北京市海淀区人民法院　张颖超

11

# 有限公司股东会适用资本多数决规则作出缩短股东出资期限决议的效力审查

## ——魏某诉朱某、黄某股东出资案

**【案件基本信息】**

1. 裁判书字号

上海市第一中级人民法院（2020）沪01民终2922号民事裁定书

2. 案由：股东出资纠纷

3. 当事人

原告（上诉人）：魏某

被告（被上诉人）：朱某、黄某

**【基本案情】**

天某公司成立于2006年7月6日，注册资本为100万元；2017年8月18日，天某公司增加注册资本至600万元，投资人为原告魏某一人。2019年3月1日，原告及两被告制定天某公司章程，两被告入股天某公司，成为公司股东，增加注册资本至4000万元，原告出资2000万元（股权比例50%）、两被告各出资1000万元（股权比例各为25%），出资时间为2026年6月6日前。同日，天某公司三股东就上述事宜作出股东会决议，全体股东签字同意。2019年3月12日，天某公司完成了工商变更登记，法定代表人变更为黄某。2019年2月27日，被告黄某在微信群聊中称“之后我朋友假如有投资意向的话，4000会好看一点，而且比较容易分配”，原告回复“好的”。2019年6月22日，被告黄某在天某公司微信群聊中称“23日上午10时召开临时股东会议的信函想必已经收到，敬请准时参加，届时需商讨公司经营重要事项”。被告朱某回复“收到”。2019年6月23日，天某公司召开股东会，商议对各股东认缴的注册资本中的30%提前至十天内缴纳事宜。就上述事项，会议作出股东会决议，决议内容为：三位股东以现金或货物的形式注资，并在十天内完成，注资数额为注册认缴资金的30%。原告及被告黄某表示同意并签字，被告朱某不同意且未签字。2019年7月4日，原告向两被告发函，要求及时履行出资义务。2019年7月6日，被告黄某回函，承诺尽快完成出资义务。但之后，两被告均未完成出资义务，故原告向法院提起本案诉讼。现请求：1. 要求确认股东会决议有效；2. 要求两被告依法履行股东会议关于注（出）资决议的义务，即被告朱某出资300万元、被告黄某出资400万元。

**【案件焦点】**

本案被告公司股东会适用资本多数决规则作出缩短股东出资期限决议是否合法有效。

**【法院裁判要旨】**

上海市奉贤区人民法院经审理认为，我国实行公司资本认缴制，我国公司法规定股东应当按期足额缴纳公司章程中规定的各自所认缴的出资额，即法律赋予公司股东出资期限利益，允许公司各股东按照章程规定的出资期限缴纳出资。本案中天某公司原章程作出时间为2019年3月1日，而诉争决议形成时间为2019年6月23日，即在原章程作出后短短三个多月时间突然要求全体股东提前缴纳30%的出资，将完成缴纳的期限从七年左右缩减于十日内，却未向股东说明提前缴纳出资的紧迫性及必要性，显然缺乏合理性。股东的出资期限利益，是公司资本认缴制的核心要义，系公司各股东的法定权利，如果公司股东会以多数决的方式决议修改出资期限，则占资本多数的股东可随时随意修改出资期限，这显然剥夺了其他中小股东的合法权益，不符合公司法的立法宗旨。因此，本院对涉及被告朱某的股东会决议内容认定无效；对于原告要求被告朱某提前缴纳出资的诉讼请求，本院不予支持。至于被告黄某，其对股东会决议内容无异议，且愿意继续提前缴纳出资400万元，系其对自己权利的处分，于法无悖，故本院对原告要求被告黄某提前缴纳出资的诉讼请求予以支持。

一审宣判后，原告魏某不服判决提起上诉。上海市第一中级人民法院以上诉人魏某收到缴纳上诉费用通知后仍不予缴纳为由作出裁定：该案按上诉人魏某自动撤回上诉处理。一审判决自裁定书送达之日起发生法律效力。

【法官后语】

资本多数决，又称股份多数决，是指在符合法定人数或表决权数的股东会或股东大会上，决议经出席股东会的股东表决权的多数通过才能生效，法律将股东会中多数股东的意思视为公司的意思，并对少数派股东产生拘束力。资本多数决规则作为公司决策机制的基础，其宗旨是维护股东实质上的平等，使持有多数股份的股东能够直接或间接行使支配权，保证公司决策的高效性。在司法实践中，有限公司股东会适用资本多数决规则修改股东出资期限的情形屡见不鲜。

虽然公司法规定了修改公司章程须经代表公司三分之二以上表决权的股东通过才可，但多数股东如滥用股东权利，利用其优势地位强行通过股东会决议，恶意修改股东出资期限，该公司决议形式上虽符合资本多数决规则，但实体上不具有合理性，违背了公司法“禁止股东权利滥用”原则，侵犯了中小股东的合法权益，司法对此应当予以规制，给予否定性评价。多数股东作出的缩短股东出资期限的股东会决议是否在实体上具有合理性，从而构成多数股东滥用股东权利的行为，可以从以下四个方面进行审查，予以综合判断：

一、决议起因是否具有现实必要性

公司章程中约定的出资期限是股东之间对出资安排的一致合意，股东对此安排享有合理期待，缩短出资期限要求股东提前出资意味着股东出资期限利益的丧失，因此，不应轻易改变。只有当公司在经营活动中出现资金不足，且外部融资渠道受阻等影响公司持续运营的情况下，公司要求股东提前出资具有现实必要性，才可以考虑修改公司章程。一般情况下，公司要求股东提前缴纳出资可能基于商业目的考虑，如调整公司战略布局、投资重大项目等急需资金，也可能基于维系公司正常运营，避免公司陷入经营困境，如公司经营管理面临严重困难，急需资金破解当前困局。因此，公司多数股东欲修改公司章程，应当举证证明公司客观上存在影响公司持续运营的特殊情形，要求股东提前出资确有必要，而非多数股东主观臆测或编造的事由。在公司无证据证明公司客观上存在影响公司持续运营的特殊情形，多数股东以表决权优势通过股东会决议的情况下，极有可能被认定为多数股东滥用股东权利。本案中，天某公司股东会虽作出修改出资期限决议，但在召开股东会时以及庭审中均未提供任何证据证明公司客观上存在影响公司持续运营的特殊情形，提前出资确有现实必要性，故可能涉及多数股东滥用股东权利。

二、决议目的是否具有正当性

资本多数决规则的宗旨是维护股权平等，保证公司经营决策的高效性，但该规则容易被多数股东滥用。当少数股东的意志与多数股东的意志发生冲突时，多数股东为实现己方意志，通常会不正当地利用资本多数决将己方意志上升为公司意志。因此，公司多数股东欲要求股东提前出资，应当举证证明其具有正当目的，即以维护公司整体利益、确保全体股东利益实现为目的。否则，其动机便可疑。审判实践中，经常出现公司股东之间产生矛盾后，多数股东欲将小股东排挤出公司，便滥用手中的股权优势，借提前缴纳出资手段让中小股东知难而退，不同意提前出资的股东将可能因未提前出资而被限制或剥夺股东权益。判断公司决议目的是否具有正当性，主要从公司多数股东是否具有拥有滥用股东权利的动机入手，具体还应当结合本文的其他因素进行综合判断。本案中，天某公司股东会在原章程作出后短短三个多月时间，要求全体股东在十日内将认缴注册资本的30%全部投入到位，公司多数股东却未提供任何证据证明其要求股东提前出资是为了维护公司整体利益的正当目的，故公司多数股东修改股东出资期限的动机存疑。

三、决议内容是否具有合理性

公司通过股东会决议，修改公司章程等缩短股东出资期限，应当体现公平合理原则。具体表现在三个方面：1. 对象是否具有普遍性。提前缴纳出资期限的对象应当是全体股东，而不能仅针对个别股东或部分股东，不应给个别股东或部分股东加重额外负担。如多数股东利用资本多数决规则，针对个别股东或部分股东的出资加速，既违背了该股东的真实意志，也违反了公司法“同股同权”原则，损害了其他股东的合法利益。2. 内容是否具有同等性。股东会决议要求股东提前缴纳出资的，应当做到各股东之间的出资义务对等，提前缴纳出资的比例相同、期限相同，各股东原则上应当按照各自认缴的出资比例缴纳出资。3. 时间是否具有合理性。这要求作出公司决议时，应当考虑提前缴纳的出资额大小、不同股东的资金实力、必要的筹资期限等因素而设立一个相对合理的筹资期限。要求全体股东均按相同期限和相同比例出资，但出资期限过短，未考虑不同股东的经济能力和合理的筹资期限，可能导致中小股东须在较短时间内筹措资金实缴出资，加重了中小股东的出资义务负担，进而因出资不实影响中小股东的股东权利，则可能涉及多数股东滥用股东权利。本案中，天某公司股东会作出的修改出资期限决议，虽符合对象普遍性、内容同等性要求，但不符合时间合理性要求。在原章程作出后短短三个多月时间，公司多数股东便要求小股东朱某在十日内提前缴纳300万元出资。通常情况下，自然人股东并不具有如此多的流动性资金，故要求股东朱某在十日内即完成出资，显然不具有合理性。

四、决议程序是否具有合法性

由于注册资本的实缴期限关系到每一位股东的根本利益，故多数股东如希望单方面修改各股东之前协商一致所确定的注册资本认缴期限，必须依照法律和公司章程规定的程序召开股东会会议。首先，其应当在召开股东会决议前，依法将提前缴纳出资的会议议题通知公司其他股东，并与公司其他股东进行必要的协商，争取公司股东对公司决策的理解与认同，避免因误会和猜忌而产生纠纷。多数股东在未经必要协商，获得公司其他股东认同的情况下，利用其优势地位，以资本多数决规则强行通过股东会决议，有可能涉及多数股东滥用股东权利。其次，公司以股东会决议形式修改股东出资期限，实质即为修改公司章程。故对股东出资期限进行修改时，应当严格按照《中华人民共和国公司法》以及公司章程中关于修改公司章程规定的程序进行。不符合法定程序的公司决议，可能导致公司决议被撤销。本案中，天某公司股东会召集程序和表决程序虽然合法，但公司多数股东在作出股东会决议前，并未就提前缴纳出资议题向公司其他股东进行必要的说明，亦未进行必要的协商，程序上存在一定瑕疵，可能涉及多数股东滥用股东权利，具体应结合其他因素综合判断。

综上，本案天某公司多数股东适用资本多数决规则于2019年6月23日通过股东会决议，要求全体股东在十日内将认缴注册资本的30%全部投入到位，但公司未举证证明决议起因具有现实必要性、决议目的具有正当性，且作出的决议内容明显缺乏合理性，决议程序尚有瑕疵，综合以上四个方面因素，可认定为该决议在实体上不具有合理性，对小股东朱某明显不利，构成公司多数股东利用优势地位滥用股东权利，损害公司其他股东权益的行为，该股东会决议应被认定为无效。

编写人：上海市奉贤区人民法院　谭文忠　王蕾

# 四、新增资本认购纠纷

12

## 投资人向目标公司履行增资义务后的股东资格认定问题

——彭1诉广西某商贸公司、覃1新增资本认购案

**【案件基本信息】**

1. 裁判书字号

广西壮族自治区南宁市中级人民法院（2020）桂01民终13810号民事裁定书

2. 案由：新增资本认购纠纷

3. 当事人

原告（被上诉人）：彭1

被告（上诉人）：广西某商贸公司、覃1

**【基本案情】**

2019年7月，覃1代表广西某商贸公司与彭1达成口头入资协议，约定彭1向广西某商贸公司出资6万元，并享有10%的股份和8%的表决权。至2019年8月7日，彭1共向广西某商贸公司支付“股金”6万元。广西某商贸公司向彭1出具《收据》予以确认，并加盖了广西某商贸公司印章。该款转至商贸公司财务人员江某莲的个人银行账户中，经覃1确认广西某商贸公司并未设立公司财务账户，财务人员江某莲系其妻子。

另查明，广西某商贸公司于2014年12月17日经工商登记设立，系自然人独资公司，法定代表人为被告覃1。

又查明，2019年5月8日，覃1（甲方）与案外人陈1（乙方）、黄1（丙方）、陈2（丁方）、邓1（戊方）签订《合伙协议》，约定：1. 合伙项目为广西某商贸公司。2. 合伙项目和范围为生鲜配送及相关经营。3. 合伙期限自2019年5月8日起长期。4. 出资金额、方式、期限：总投资20万元作为公司注册费用，甲方出资6万元，所占比例30%。乙方出资4万元，所占比例20%。丙方出资4万元，所占比例20%。丁方出资4万元，所占比例20%。戊方出资2万元，所占比例10%。以现金方式出资，于2019年5月30日前交齐。5. 入伙：新合伙人入伙，必须经全体合伙人同意，承认并签署本合伙协议。除入伙协议另有约定外，入伙的新合伙人与原合伙人享有同等权利和责任。入伙的新合伙人对入伙前合伙企业债务承担连带责任等。

还查明，庭审中广西某商贸公司提交了公司股东陈1、陈2、邓1于2020年3月19日分别出具的书面《声明》，载明上述股东了解并同意彭1对广西某商贸公司出资6万元，享有10%股权的事实。商贸公司陈述彭1出资后，广西某商贸公司注册资本为354384.9元，各股东出资款、所占股份分别为：覃1：138162.8元、38.09%；陈1：50120元、14.14%；黄1：43118.3元、20%；陈2：42287.4元、11.93%；邓1：20696.4元、5.84%；彭1：60000元、10%。

2020年1月10日，彭1以广西某商贸公司未履行增资扩股协议为由诉至本院，提出前述诉讼请求。

## 【案件焦点】

1. 投资人已经完成增资义务，但增资公司并未按照公司章程以及公司法的规定办理变更手续，投资人实质上也未享受股东权利的，投资人的股东资格如何认定；2. 投资人要求解除增资协议并返还出资款的，应否予以支持。

## 【法院裁判要旨】

广西壮族自治区南宁市兴宁区人民法院经审理认为：

根据《中华人民共和国公司法》第四十三条及第一百七十九条规定，本案首先要解决的是彭1作为投资人通过向广西某商贸公司增加资本的方式完成出资，彭1是否获得股东资格。公司增资并吸纳新股东同时表现为内容上的内外法律关系和过程上的前后两个阶段：一是公司与投资人之间的投资入股协议或股权认购协议；二是公司内部依法完成增加资本及吸纳新股东的法定程序。按照公司法的相关规定，公司增资并吸纳新股东的法定程序具体包括以下步骤：在公司章程有明确规定的情形下，股东会的议事方式和表决程序按照公司章程规定的内容方式进行，否则应依照公司法规定的公司就增资通过代表三分之二以上表决权或出席会议所持表决权三分之二以上的股东会决议；向新股东出具出资证明书并修改公司股东名册；增加的资本应按照缴纳出资或股款的有关规定进行；依法向公司登记机关办理变更登记等。由于法人意志的形成源于股东的共同表意行为，原股东各自或相互之间关于增资并吸纳新股东的意思表示尚不足以构成公司的意思表示，各原股东需共同形成一致意思并对外向新股东表示该意思。此后，公司还应履行向新股东出具出资证明、将新股东的出资及金额载入公司章程、将新股东变更为注册股东等法定程序，使得新股东就股权或股份的原始取得自此发生法律效力。

本案中，广西某商贸公司在公司注册登记中名为一人公司，股东为覃1，实质上还存在陈1、黄1、陈2、邓1四位隐名股东，各方于2019年5月8日签署的《合伙协议》约定了广西某商贸公司各合伙人的出资额、所占比例、出资期限、入伙退伙程序、公司经营管理等方面的内容，该合伙协议实质上为公司章程。彭1与广西某商贸公司虽未签订书面股权认购协议，但双方的交易行为表明彭1出资入股公司的意思表示并支付出资款6万元，广西某商贸公司向彭1出具内容为“股金”的收据，双方所实施的行为，事实上已形成了广西某商贸公司增资及吸纳新股东的外部法律行为，约定内容并不存在《中华人民共和国合同法》第五十二条规定的无效情形，故合法有效。但外部法律行为成立并不意味着广西某商贸公司依法完成了增资且彭1取得了股东资格。广西某商贸公司对外工商登记中虽仍未变更一人公司形态，但广西某商贸公司对内各股东共同签署的《合伙协议》约定新加入合伙人即股东应经各股东一致同意并签署本合伙协议。由此说明广西某商贸公司对于公司增资并吸纳新股东的议事方式和表决程序已经存在明确约定。彭 1 支付出资款 6 万元后，广西某商贸公司并未按照《合伙协议》的约定召开股东会议形成决议以确认彭 1 的股东身份并签署合伙协议，未将彭 1 出资及金额载入合伙协议，也未将彭 1 变更为注册股东，亦未就增资及确认新股东身份依法完成股东会决议等法定变更手续。在庭审中，广西某商贸公司股东陈 1、陈 2、邓 1 出具的声明也不符合《合伙协议》确定的议事方式和表决程序，本案并无证据证明在没有完成上述规定方式和程序外，彭 1 已经实际上享有并行使股东权利。综上，广西某商贸公司并未完成吸纳彭 1 成为股东的实质要件，故至此尚未发生彭 1 取得广西某商贸公司股权的法律效力。因彭 1 并未取得广西某商贸公司股东身份，其订立合同的意图已不能实现，其要求解除新增资本认购协议及返还出资款、利息的诉请，应予支持。覃 1 作为广西某商贸公司的法定代表人、股东，公司并未设立独立的财务账户以及未按法律规定编制年度财务会计报告并经外部审计，彭 1 支付的出资款亦是进入财务人员江某莲的个人银行账户，覃 1 承认该财务人员系其妻子。该行为充分说明覃 1 作为公司股东未尽到严明个人财产和公司财产分离的法定义务。公司与股东之间已经构成财产混同，公司已经失去独立承担债务的基础，该情形严重损害了公司债权人的利益，故覃 1 应对广西某商贸公司的债务承担连带清偿责任。

综上，依照原《中华人民共和国合同法》第九十四条、第九十七条、第一百零七条，《中华人民共和国公司法》第二十条、第三十一条、第三十二条、第四十三条、第一百零三条、第一百六十三条、第一百六十四条、第一百七十八条、第一百七十九条的规定，判决如下：

一、彭 1 与广西某商贸公司形成的新增资本认购协议于 2020 年 5 月 6 日解除；

二、广西某商贸公司向彭 1 返还出资款 6 万元；

三、广西某商贸公司向彭 1 支付利息（利息计算：以 6 万元为基数，自

2020 年 1 月 11 日起至实际清偿之日止，按全国银行间同业拆借中心公布的贷款市场报价利率分段计付）；

四、覃 1 对广西某商贸公司上述第二项、第三项债务承担连带清偿责任。

广西某商贸公司、覃 1 不服一审判决，提起上诉。在二审开庭审理中，广西某商贸公司、覃 1 经传票传唤无正当理由拒不出庭参加诉讼。

广西壮族自治区南宁市中级人民法院作出裁定：本案按广西某商贸公司、覃 1 撤回上诉处理。

一审判决自裁定书送达之日起发生法律效力。

## 【法官后语】

《中华人民共和国公司法》第四十三条规定："股东会的议事方式和表决程序，除本法有规定的外，由公司章程规定。股东会会议作出修改公司章程、增加或者减少注册资本的决议，以及公司合并、分立、解散或者变更公司形式的决议，必须经代表三分之二以上表决权的股东通过。"第一百七十九条规定："公司合并或者分立，登记事项发生变更的，应当依法向公司登记机关办理变更登记；公司解散的，应当依法办理公司注销登记；设立新公司的，应当依法办理公司设立登记。公司增加或者减少注册资本，应当依法向公司登记机关办理变更登记。"公司增资中，投资人认购出资，以增加公司的注册资本金，但目标公司如未按约定办理相应增资手续，并确认投资人的股东身份的，投资人在诉讼中可能会有两种诉请：一是因合同目的不能实现要求目标公司返还出资款；二是要求目标公司确认其股东身份。上述两种诉请均涉及公司增资中投资人股东资格的认定标准。

公司增资并吸收新股东加入，应从三个方面进行判断：一是增资合意的达成。目标公司具有增资意愿、吸收新股东的意思表示，投资人投资入股的意思表示。具体表现为投资人与目标公司签订增资协议、入股协议等。二是投资人向目标公司缴纳出资，通过直接支付货币或者非货币财产交付、转移给公司，投资人的出资转化为公司注册资本金。三是目标公司为投资人履行完成吸纳成为新股东的程序。在公司章程有明确规定的情形下，股东会的议事方式和表决程序按照公司章程规定的内容方式进行，否则应依照公司法规定的公司就增资通过代表三分之二以上表决权或出席会议所持表决权三分之二以上的股东会决议；向新股东出具出资证明书并修改公司股东名册；增加的资本应按照缴纳出资的有关规定进行；依法向公司登记机关办理变更登记等。增资协议是投资人与目标公司之间就新增公司注册资本达成的合意，投资人已经履行增资义务，如出资款已经转化为公司资本，投资人已经取得股东身份的情况下，应当适用公司法关于公司资本维持的规定，投资人不能任意抽回出资，应采取股权转让、公司完成法定减资程序等情形，投资人方可取回投资款。如投资人出资行为未符合前述股东资格确认的形式和实质要件的，当其合同不能实现的情况下，可以解除增资协议，并要求目标公司返还其出资款。

具体到本案，彭1作为投资人与目标公司广西某商贸公司达成增资入股的合意，彭1也已经将出资款缴纳至目标公司的指定账户，但广西某商贸公司并未按《合伙协议》约定的议事方式和表决程序完成吸纳彭1为新股东的义务，彭1的出资款也未转化成广西某商贸公司的注册资本金，而是进入法定代表人覃1妻子的银行账户，也未有证据证明彭1实质已参与公司经营管理，并享受到股东权利。据此，彭1虽然已经完成增资义务，但并未取得广西某商贸公司的股东资格，导致其合同不能实现，其主张解除增资协议并返还出资款的诉请，并不涉及抽逃出资或者不当减资损害公司债权人利益的问题，应予支持。

**编写人：广西壮族自治区南宁市兴宁区人民法院　王星**

13

# 未经授权控股股东代表公司签字行为的法律效力认定

## ——左某诉某投资公司、任某新增资本认购案

**【案件基本信息】**

1. 裁判书字号

北京市第三中级人民法院（2020）京03民终2510号民事判决书

2. 案由：新增资本认购纠纷

3. 当事人

原告（上诉人）：左某

被告（被上诉人）：某投资公司、任某

**【基本案情】**

2016年12月31日，某投资公司（甲方）与左某（乙方）签订《增资扩股协议》，约定基于目标公司已参与了北京某科技公司的股份改制，甲方通过向北京某科技公司增资1000万元获得5%的股份（以下简称A股份），同时又向某生物技术股份公司以货币形式出资1000万元购买其所拥有北京某科技公司的5%股份（以下简称B股份），基于甲乙双方协商同意乙方出资200万元货币金额增资甲方股份，作为定向资金购买乙方在B股份中的20%股份比率。

2018年10月17日，任某与左某等5人签订《补充协议》，该协议首部列明甲方为某投资公司，法定代表人为任某，乙方为左某等5人，丙方为任某，约定某投资公司行使退出权利后，收到足额退还的增资款1000万元和股权出资款1000万元后，在10个工作日内，按照《增资扩股协议》乙方每个人的实际投资款本金数额，转账划款到乙方指定账号；丙方对上述条款承担担保责任。

任某在该协议甲方处及丙方处签字。

左某提交一份《承诺书》，内容为：2019年3月1日，某投资公司负责人任某在股东会议承诺将汉氏联合集团返回投资款本金、投资收益，投资本金2000万元、投资收益400万元，按照年化率10%，2年期，返还投资人，基金公司扣除收益2%。2019年3月31日前返还投资人，逾期未退回则按照金额0.5%收取滞纳金。该《承诺书》落款处打印了“投资基金公司（公章）负责人签字：2019年3月1日”的内容，任某在负责人处签字。

左某主张其只收到退回的投资款200万元，故诉至法院，要求某投资公司给付左某投资收益40万元及逾期付款违约金，任某承担连带责任。某投资公司、任某表示任某虽为控股股东，但公司法定代表人为胡某，签署《承诺书》时具备法定代表人签字及盖章的条件，正因《承诺书》不被某投资公司认可，因此没有法定代表人签字及盖章，任某的签字行为不发生效力。

【案件焦点】

1. 控股股东任某在《承诺书》中的签字行为是否对某投资公司发生法律效力；2. 任某是否应承担责任。

【法院裁判要旨】

北京市朝阳区人民法院经审理认为：一、左某与某投资公司签订的《增资扩股协议》，以及左某与某投资公司、任某签订的《补充协议》，系当事人的真实意思表示，并不违反法律、行政法规的强制性规定，应属有效。二、上述两份协议中，并未约定某投资公司、任某应当在2019年5月31日前给付左某投资款本金及投资收益40万元，现左某要求某投资公司、任某支付投资收益及违约金的依据是《承诺书》，该《承诺书》并未加盖某投资公司的公章，而是由任某在某投资公司负责人处签字，但某投资公司和任某均主张任某并未取得某投资公司的授权，左某也不能证明任某已取得某投资公司的授权，故该《承诺书》对某投资公司没有约束力，左某要求某投资公司支付投资收益及违约金缺乏依据，一审法院不予支持。三、任某在《承诺书》上签字，并不是表示其个人给付左某投资款本金、投资收益，左某要求任某支付投资收益及违约金也没有充分依据，一审法院不予支持。

北京市朝阳区人民法院依照《最高人民法院关于适用〈中华人民共和国民事诉讼法〉的解释》第九十条的规定，作出如下判决：

驳回左某的诉讼请求。

左某不服一审判决，提出上诉。北京市第三中级人民法院经审理认为：在签署《承诺书》时，任某既不是法定代表人也未取得授权，此种情形下左某主张任某有权代表某投资公司签署《承诺书》缺乏事实与法律依据。左某主张任某构成表见代理成立的前提是左某举证证明其有理由相信任某有代理权。左某系作为投资人购买某投资公司的股份，其作为投资人对某投资公司的法定代表人、股权结构等可以公开查询的工商登记信息应较为关注和了解，其应当知晓任某并非某投资公司的法定代表人。根据各方陈述的《承诺书》签署场景，签署《承诺书》时明显具备由某投资公司法定代表人签字和加盖公章的条件，在左某要求加盖某投资公司公章而被拒绝时，左某亦没有审查某投资公司是否向任某出具授权委托书，左某没有合理的理由认为仅有任某签字的《承诺书》系某投资公司的真实意思表示，其认为任某构成表见代理缺乏依据。同时，左某不知道任某没有代理权并非善意且无过失的，其并非《中华人民共和国民法总则》第一百七十一条第三款规定的善意相对人，故法院对其要求任某就无权代理的行为承担赔偿责任的请求亦不予支持。

北京市第三中级人民法院依照《中华人民共和国民事诉讼法》第一百七十条第一款第（一）项的规定，作出如下判决：

驳回上诉，维持原判。

## 【法官后语】

本案系一起较为典型的当事人在经济活动中出于对控股股东能够代表公司的信赖，认为控股股东所作承诺即可代表公司但被否认而产生的纠纷。控股股东究竟能否当然代表公司，控股股东未经公司授权代表公司实施的如签订合同、作出承诺等民事法律行为是否有效，控股股东就其行为是否应承担责任是本案所映射出的共性法律问题。

一、控股股东是否能够代表公司

在公司人格独立制度下，公司为拟制的法人，系独立作出意思表示。法定代表人无须另行授权，即可一般性地代表公司从事民事活动。虽然股东和公司之间是天然利益共同体，但在公司人格独立制度下，股东和公司是相互独立的主体，股东参与公司治理只能按照法律和公司章程规定通过股东会进行，公司股东会或股东不能以自己的名义直接代表公司作出意思表示或承受相关后果。故除法定代表人外，其余人代表公司作出意思表示均需得到公司授权，公司股东亦不例外，未取得授权的股东无论持股比例大小均不能直接代表公司。

二、控股股东未经授权代表公司对外实施的法律行为能否构成表见代理

本案中，左某多次主张因为任某是持股90%的大股东，故其认为任某能够代表某投资公司。实践中，控股股东代表公司在经济活动中对外磋商、签订合同的情况也较为普遍。控股股东在未取得公司授权的情况下对外实施的如签署合同、作出承诺等法律行为能否构成表见代理。笔者认为，根据现代公司治理要求，公司人格独立，控股股东不当然具有代理权的外观，判断控股股东是否有代理权外观仍应结合具体案情运用构成表见代理的普适标准进行审查。判断相对人是否有合理理由信赖控股股东有代理权也不能仅以控股股东持有的股权比例能够控股目标公司即认为信赖理由合理，还应结合控股股东是否曾经取得公司授权、签署合同的场景、合同上有无公章、合同内容等情况予以综合判断。

三、股东承担责任的基础条件

根据《中华人民共和国民法典》第一百七十一条第三款、第四款的规定，公司控股股东对外代表公司实施法律行为系无权代理且不构成表见代理的情况下，相对人要求该股东履行债务或者就其受到的损害请求行为人赔偿的基础条件应是相对人系善意相对人。根据谁主张谁举证的原则，相对人要求该股东履行债务或者就其受到的损害请求行为人赔偿时，相对人应举证证明其系善意相对人，即其不知道该股东没有代理权，且对其不知道不存在过失。因当事人难以就不存在的事实进行举证，在该类案件中，我们认为相对人首先应对其在签

订合同时认为控股股东有代理权的事实进行举证，举证内容可参考表见代理构成要件中有代表权的外观部分的情形。完成该初步举证责任后，行为人如抗辩称相对人并非善意相对人应提供证据，行为人提供相应证据证明其主张后，相对人仍应就其系善意相对人承担举证责任。

**编写人：北京市第三中级人民法院　龚勇超　郭妍子**

# 五、股东知情权纠纷

14

## 存在业务竞争关系时股东知情权行使目的的正当性的认定标准

——丁甲诉家具公司股东知情权案

### 【案件基本信息】

1. 裁判书字号

江苏省南通市中级人民法院（2020）苏06民终2575号民事判决书

2. 案由：股东知情权纠纷

3. 当事人

原告（被上诉人）：丁甲

被告（上诉人）：家具公司

### 【基本案情】

家具公司成立于2017年5月，持股情况为：丁甲15%、丁乙15%、张甲10%、张乙60%。丁甲系公司监事，张甲为总经理（法定代表人）。经营范围为：家具、木制品、沙发、纺织品加工、销售，室内装饰设计服务，建筑装潢材料销售，船舶配套工程施工。

上海家具公司成立于1998年5月，股东为丁1、吴1，经营范围为：家具、沙发的生产加工，木制品，室内装潢；批发，零售，代购供销。丁甲系上海家具公司分公司负责人。丁甲与丁乙系父子关系。

2020年1月7日，张甲向丁甲邮寄了关于2020年1月22日上午9时30分召开家具公司2020年第一次股东会会议的通知，议案为……解散家具公司；成立清算组，清算组由全体股东组成。为了解公司真实经营状况，丁甲分别于2020年1月13日、17日向家具公司或张甲提出要求查阅公司的会计账簿等，但时至庭审时家具公司仍未提供。

2020年1月22日，家具公司召开股东会会议，丁甲、丁乙均未参加。会议形成两份股东会决议，决议内容涵盖解散家具公司，并成立清算组对公司资产进行清算。启东市行政审批局已登记家具公司注销备案/公告。

张甲与张乙于2020年4月又重新设立了船舶家具公司，经营范围与家具公司相似。

现丁甲以行使股东知情权、了解公司真实经营状况为由，要求查阅、复制公司相应财务会计报告、会计账簿、会计凭证等，并将家具公司诉至法院。家具公司则以丁甲自营或为他人经营的业务与公司业务存在竞争关系，行使知情权目的不正当，可能损害公司利益为由予以拒绝。

**【案件焦点】**

1. 丁甲提起股东知情权诉讼是否符合规定；2. 丁甲行使股东知情权是否存在不正当目的；3. 丁甲请求查阅的范围是否合理。

**【法院裁判要旨】**

江苏省启东市人民法院经审理认为：丁甲行使股东知情权依法有据，理由如下：

首先，其已按《中华人民共和国公司法》第三十三条规定，以发律师函、微信通知等方式，明确请求提供公司会计账簿等以供查阅，但家具公司并未予以回复，实际拒绝了其查阅申请。遂丁甲提起本案诉讼符合规定。

其次，《最高人民法院关于适用〈中华人民共和国公司法〉若干问题的规定（四）》第八条规定，有证据证明股东存在下列情形之一的，人民法院应当认定股东有公司法第三十三条第二款规定的“不正当目的”：（一）股东自营或者为他人经营与公司主营业务有实质性竞争关系业务的……家具公司认为上海家具公司和其经营地址、范围相同，而丁甲父子一直在从事上海家具公司的业务，其行使股东知情权目的不正当，但未举证证明双方之间存在何种具体利益冲突。家具公司已无法继续经营，并决议解散，丁甲行使股东知情权不可能损害公司利益。

最后，丁甲请求的查阅范围并无不当。如果仅允许丁甲查阅三大会计报表而不能查阅原始凭证等，其必然无法充分、真实、全面了解公司信息，行使股东知情权的目的亦难以实现。

江苏省启东市人民法院依照《中华人民共和国公司法》第三十三条、第九十七条，《最高人民法院关于适用〈中华人民共和国公司法〉若干问题的规定（四）》第七条第一款、第十条的规定，判决如下：

一、家具公司于本判决生效之日起十日内提供自 2018 年 6 月 1 日至 2020 年 1 月 31 日家具公司的财务会计报告，供丁甲进行查阅和复制；

二、家具公司于本判决生效之日起十日内提供自 2018 年 6 月 1 日至 2020 年 1 月 31 日家具公司的会计账簿（含总账、明细账、日记账、其他辅助性账簿）和会计凭证（含记账凭证、相关原始凭证及作为原始凭证附件入账备查的有关资料），供丁甲进行查阅；

三、上述材料由丁甲在家具公司正常营业时间内查阅，查阅地点在家具公司办公区域内，查阅时间为二十个工作日；丁甲委托的会计师、律师可予以辅助（会计师、律师辅助查阅时，须丁 1 在场，出示相应的会计师、律师证书后，方可进行）。

家具公司不服一审判决，并提起上诉。江苏省南通市中级人民法院经审理认为，家具公司上诉称上海家具公司与其经营地址、经营范围相同，推定丁甲行使股东知情权存在不正当目的的理由不能成立。首先，丁甲系家具公司监事与股东，竞业禁止义务不是公司一般股东的法定义务。其次，家具公司对上海家具公司的经营范围、经营地址、员工相同已然明知。再次，家具公司确认其已处于完全歇业状态，丁甲行使股东知情权的目的可能损害公司利益，缺乏相应依据。最后，既然张甲可另行设立经营范围雷同的公司，又怎可以同业竞争为由排斥丁甲行使股东知情权。

江苏省南通市中级人民法院依照《中华人民共和国民事诉讼法》第一百七十条第一款第（一）项的规定，判决如下：

驳回上诉，维持原判。

**【法官后语】**

股东知情权是实现股东其他权利的基础和前提。实践中，股东行使知情权，要求查阅公司会计账簿等资料时，公司可能以股东自营或为他人经营的业务与公司主营业务存在实质性竞争关系，进而可能损害公司利益为由予以拒绝。在此情形下，人民法院如何判定股东知情权行使目的是否正当?

首先，应结合工商信息、涉案主体日常商业交易的竞争性与排斥性、涉案主体之间是否明知和默许等对股东自营或为他人经营业务与公司主营业务是否存在实质性竞争关系进行初断。股东自营或为他人经营业务与公司主营业务范围一致、类似，非一定构成《最高人民法院关于适用〈中华人民共和国公司法〉若干问题的规定（四）》规定的实质性竞争关系。我国公司法及其司法解释并未禁止公司股东自营或为他人经营同类业务。非章程及股东明确约定下，公司股东并非竞业禁止的义务主体。本案中，虽然丁甲父子所在的上海家具公司及分公司的经营范围与家具公司存在高度相似，但两者之间存在何种具体的互相排斥且已损害公司利益的竞争关系仍需家具公司举证，而不能以形式上的登记经营范围直接认定为存在实质性竞争关系。况且，本案家具公司对上海家具公司搬迁至同址经营、员工一致亦明知，彼此已然存在一种默许，在实际经营中并不一定构成竞争，亦可能为合作。因此，不能仅凭外观直接认定丁甲行使股东知情权存在不正当目的。

其次，应考察股东知情权行使义务主体的公司经营状况。如本案中，家具公司已停止业务活动，并已决议解散清算，申请了注销/公告。此时，即便丁甲通过行使知情权，获悉了公司经营信息，可能为其所用，业已无法与家具公司再发生实质性竞争关系。事实上，原告丁甲行使股东知情权主要为了了解家具公司解散清算前的经营状况。因此，认定其行使股东知情权存在不正当目的缺乏事实依据。

最后，应查明公司管理层及控股股东是否亦存在自营或为他人经营业务与公司主营业务存在实质性竞争关系的情形。家具公司控股股东张乙与股东张甲（法定代表人、执行董事兼总经理）共同设立的船舶家具公司的经营范围与家具公司存在雷同之处。公司管理层或控股股东利用优势地位，一般可便利地获取公司核心经营信息，如果其自身可违反法律规定，同时又以该规定对抗其他股东行使知情权，显然有违公平原则，事实上也损害了其他股东的合法权益。基于此，人民法院继续严格按照《最高人民法院关于适用〈中华人民共和国公司法〉若干问题的规定（四）》第八条的规定，认定丁甲在本案中行使知情权存在不正当目的显然失之偏颇。

编写人：江苏省启东市人民法院　王同武

15

# 股东因抽逃出资被股东会决议除名的，该股东不具有提起知情权诉讼的资格

——汪甲诉科技公司股东知情权案

## 【案件基本信息】

1. 裁判书字号

江苏省无锡市中级人民法院（2020）苏02民终1831号民事判决书

2. 案由：股东知情权纠纷

3. 当事人

原告（上诉人）：汪甲

被告（被上诉人）：科技公司

**【基本案情】**

2010 年 3 月 16 日，科技公司设立，注册资本为 51 万元。其中，汪甲认缴出资 15.3 万元（持股 30%）、陈甲认缴出资 35.7 万元（持股 70%）。科技公司未设立董事会和监事会，由陈甲担任法定代表人、执行董事兼总经理，汪甲担任监事。

2019 年 7 月 12 日，汪甲向科技公司邮寄《查阅会计账簿请求函》1 份，内容为：汪甲系丰行公司股东，为全面了解公司运营及财务状况，要求科技公司：1. 提供自 2010 年 3 月 16 日至 2019 年 6 月 30 日的公司章程、股东会会议记录、董事会会议决议、监事会会议决议、财务会计报告给汪甲查阅、复制；2. 提供自 2010 年 3 月 16 日至 2019 年 6 月 30 日的会计账簿（包括总账、明细账、日记账和其他辅助性账簿及税务局 2018 年税务年报表）和会计凭证（含记账凭证、相关原始凭证、附件入账备查的有关资料复印件）给汪甲查阅。

2019 年 8 月 8 日，汪甲诉至法院，要求行使其作为科技公司股东的知情权。诉讼中，科技公司提供企业存款对账单以及银行凭证，证明科技公司于 2010 年 3 月 19 日将 51 万元出资入账后于当日转至陈甲账户，陈甲于同日将 51 万元转至验资代办公司经办人账户，并表示其公司于 2019 年 9 月 5 日书面通知汪甲补足出资 15.3 万元，但汪甲未补缴。2019 年 10 月 8 日，科技公司召开临时股东会并作出股东会决议，决议内容为免去汪甲股东身份。科技公司认为上述股东会决议有效，但尚未变更股东名册，也未完成工商变更登记手续。汪甲则对上述股东会决议不认可，并表示其在科技公司设立时即已经实际出资到位，但其尚未提起公司决议效力确认之诉。

**【案件焦点】**

汪甲是否有行使科技公司股东知情权的资格。

**【法院裁判要旨】**

江苏省无锡市惠山区人民法院经审理认为，对于股东资格和股东权利的判断，不仅应当根据工商登记的对外公示记载，还应当结合股东之间的约定以及公司内部决议等证据进行判断。虽然科技公司的股东名册及工商登记信息中，汪甲系科技公司股东，但科技公司提供的证据显示该公司已于2019年10月8日召开股东会并形成决议，解除了汪甲的股东资格，若汪甲认为该股东会决议不成立、无效或者可撤销，或对该除名行为的效力有异议，可另行提起诉讼。股东会是公司的权力机构，在有关股东会决议效力未被否定之前，应尊重股东会这一公司自治机构所作之决议。因此，目前汪甲的股东资格存在争议，汪甲也未能举证证明其在持股期间合法权益受到损害，故其不具备股东知情权诉讼的主体资格，应当驳回起诉。

江苏省无锡市惠山区人民法院依照《中华人民共和国公司法》第三十三条，《最高人民法院关于适用〈中华人民共和国公司法〉若干问题的规定（三）》第十七条，《最高人民法院关于适用〈中华人民共和国公司法〉若干问题的规定（四）》第七条、第九条，《中华人民共和国民事诉讼法》第一百一十九条之规定，作出如下裁定：

驳回汪甲的起诉。

汪甲不服一审判决，向江苏省无锡市中级人民法院提出上诉。江苏省无锡市中级人民法院经审理后认为：关于股东资格的争议是公司内部纠纷，股东资格及权利的判断应主要考虑股东内部之间的决议，而非对外公示的工商登记信息。本案中，虽然科技公司工商登记的股东有汪甲，但科技公司已于2020年10月8日作出将汪甲除名的股东会决议，在该决议未被确认不成立、撤销或无效之前，应依据该股东会决议确认相应股东身份。在2020年10月8日股东会决议未被确认不成立、宣告无效或撤销前，汪甲起诉要求行使股东知情权，主体不适格。

江苏省无锡市中级人民法院依照《中华人民共和国民事诉讼法》第一百七十条第一款第（一）项之规定作出如下判决：

驳回上诉，维持原判。

**【法官后语】**

公司中小股东常常不能掌握公司如会计账簿等财务资料的核心信息，故为维护中小股东的合法权益，法律赋予中小股东行使股东知情权的权利。股东行使知情权的证明责任相对较轻，仅需证明其系公司股东，且行使知情权不具有不正当目的即可。因此，具有股东资格是行使知情权最基本的条件。

一、股东不因瑕疵出资而当然丧失其行使股东知情权的资格

虽然股东未实际出资或者出资后抽逃，但其在未经法定程序除名前仍具有股东身份，其只是需要向公司承担资本充实的责任。既然股东身份还持续存在，其当然还享有股东知情权，尤其是股东知情权是股东享有的对公司经营管理等重要情况或信息真实了解和掌握的权利，是股东依法行使资产收益、参与重大决策和选择管理者等权利的基础性权利。如仅因瑕疵出资就直接剥夺股东行使股东知情权的权利，显然会使知情权的行使处于不稳定的状态，因为只要补足出资，瑕疵出资的情形就可以消除。

二、公司有权以股东会决议形式对瑕疵出资的股东除名

虽然瑕疵出资并不直接导致丧失股东资格，但是，公司可以按照法定程序将瑕疵出资的股东予以除名，从而导致股东资格的丧失。《最高人民法院关于适用〈中华人民共和国公司法〉若干问题的规定（三）》第十七条第一款规定："有限责任公司的股东未履行出资义务或者抽逃全部出资，经公司催告缴纳或者返还，其在合理期间内仍未缴纳或者返还出资，公司以股东会决议解除该股东的股东资格，该股东请求确认该解除行为无效的，人民法院不予支持。"据此，公司对瑕疵出资的股东可以催告缴纳或者返还出资，该股东未缴纳或返还出资的，公司有权以股东会决议的形式将该股东除名，这也是釜底抽薪式阻却小股东行使股东知情权。因为股东权是一种社员权，股东权利不能与股东身份相分离。一旦丧失股东资格，基于股东身份所享有的财产收益权、参与公司治理权随之丧失。主要的股东权既已消灭，股东知情权也就无须加以保障了。因此，从原则上讲，股东丧失身份后无权再行使知情权。而且，股东丧失身份并不局限于诉讼前，如诉讼中丧失股东身份，一样带来股东知情权行使资格的丧失。

三、股东资格的确认应以内部有效决议为准

关于股东身份是否已丧失，不以工商登记机关是否完成股东的变更登记为

准，而是以公司内部的除名决议为准。这是因为法律尊重公司的自治，涉及公司股东之间的内部纠纷时，在公司已经作出除名决议的情况下，工商变更登记仅是对该决议的履行程序，而非对除名决议效力的确认。如果被除名的股东对除名决议有异议，其应另行起诉。但在该决议未被确认不成立、撤销或无效之前，被除名的股东要求行使股东知情权，属于主体不适格。

就本案而言，汪甲提起本案知情权诉讼时，尚为科技公司的股东。但是，在诉讼过程中，科技公司催告汪甲缴纳抽逃的出资，汪甲未予缴纳。据此，科技公司作出将汪甲除名的股东会决议，符合法律规定。在该决议未经法定程序否定其效力之前，应以该除名决议认定汪甲目前不具有科技公司股东身份。至于汪甲称其并未抽逃出资，实际是审查除名决议是否有效的问题，并非本案股东知情权审理的范围，应由汪甲另案主张。因此，基于汪甲目前丧失股东身份，属行使股东知情权主体不适格，应驳回其起诉。

编写人：江苏省无锡市中级人民法院 王俊梅

16

## 与有限公司董事会会议决议、会计账簿联系极其紧密的公司文档，应允许股东查阅

——周某见诉贸易公司股东知情权案

【案件基本信息】

1. 裁判书字号

湖北省武汉市中级人民法院（2020）鄂01民终6546号民事判决书

2. 案由：股东知情权纠纷

3. 当事人

原告（被上诉人）：周某见

被告（上诉人）：贸易公司

【基本案情】

贸易公司系成立于2001年4月3日的有限责任公司，周某见系贸易公司股东。2019年12月1日，周某见向贸易公司邮寄《关于要求查阅公司相关资料的函》，载明：贸易公司的股东周某见等12人，持有公司超过22%的股权，为了了解公司经营状况，以便更好地参与公司事务，根据《中华人民共和国公司法》（以下简称《公司法》）以及公司章程赋予的权利，要求公司在收到本函之日起三日内，提供自公司成立以来的公司章程、股东会会议记录及决议、董事会会议记录及决议、监事会会议记录及决议、财务会计报告、会计账簿、会计凭证（含记账凭证、原始凭证等）、财务报表等材料供委托的专业人员查阅、复制。同时请公司财务人员回答质询。因贸易公司未予提供，故周某见诉至法院，请求判如所请。

【案件焦点】

1. 周某见行使股东知情权是否具有目的的正当性；2. 周某见行使股东知情权查阅公司文档的范围有哪些；3. 周某见如何行使查阅复制等股东知情权。

【法院裁判要旨】

湖北省武汉市青山区人民法院经审理认为：周某见自贸易公司成立至今一直系公司股东，根据《公司法》第三十三条规定，享有查阅、复制公司章程、公司股东会会议记录及决议、董事会会议记录及决议、财务会计报告的权利，并无其他限制性条件。因此，周某见要求查阅、复制公司财务会计报告，查阅会计账簿（含总账、明细账、日记账、其他辅助型账簿）和会计凭证（含记账凭证、相关原始凭证及作为原始凭证附件入账备查的有关资料），均于法有据；贸易公司并未提供证据证明周某见申请查阅会计账簿具有不正当目的，故贸易公司应当履行相关信息报告义务。

根据《最高人民法院关于适用〈中华人民共和国公司法〉若干问题的规定（四）》（以下简称《公司法司法解释（四）》）第十条第二款之规定，对于周某见委托专业人员查阅会计账簿、会计凭证的诉讼请求，予以支持。但是必须严格按照上述司法解释的规定，专业人员仅限会计师、律师等依法或者依据执业行为规范负有保密义务的中介机构执业人员，且周某见必须在场并承担相关费用。

关于查阅时间和查阅地点。根据《公司法司法解释（四）》第十条第一款的规定，周某见、贸易公司均认可查阅地点定在公司现办公地点即青山区开元公馆×栋×单元×××室，法院予以照准。根据贸易公司的实际经营状况，查阅时间应为七个工作日，且在贸易公司正常工作时间内进行。

湖北省武汉市青山区人民法院依照《公司法》第三十三条、《公司法司法解释（四）》第十条、《中华人民共和国民事诉讼法》第一百四十二条之规定，判决贸易公司将包括董事会会议记录、会计凭证在内的公司文档提供给周某见查阅、复制；并在判决中列明了可供查阅复制及仅供查阅的公司特定文件材料名称，明确了股东行使查阅权的地点为公司现办公地点，时限为七个工作日；且满足了股东需在其委托的专业会计人员辅助下查阅财务报表的合理要求。

贸易公司不服一审判决，提出上诉。湖北省武汉市中级人民法院经审理认为：关于财务会计报告的查询时间是否超过法律规定的范围。会计档案的保存期限依法分为永久和定期保存，对保存的时间虽有规定，但针对会计档案最基本的保管时间，各企业单位可以根据自身需求和技术手段自行确定财务会计报告、银行账单原始凭证的保管期限。周某见自贸易公司成立至今一直系该公司股东。因此，周某见基于享有的股东知情权，要求贸易公司提供自公司成立至今已实际依法客观保存的财务会计报告，具有事实与法律依据。

关于董事会会议记录是否超出了法律查询范围。因贸易公司一审陈述公司仅有董事会会议记录而无决议，且法律并未对出现上述情况时股东要求对董事会记录复制、查阅权予以明确禁止，故一审法院实体处理并无不当。

关于周某见是否有权查阅会计凭证。《中华人民共和国会计法》（以下简称

《会计法》）规定会计凭证包括原始凭证和记账凭证，会计凭证是制作会计账簿的基础和依据。虽然《公司法》没有明确规定股东可以查阅会计凭证，然而基于利益平衡以及确保信息真实的考虑，尤其对于人合性较高的有限责任公司，不宜限定在一个不可伸缩的区域，严格限定知情权范围并不利于实现知情权制度设置的目的。故，对于贸易公司认为查阅范围包括会计凭证超越法律范畴的上诉请求和理由，不予支持。

对于周某见行使股东知情权是否具有目的的正当性。贸易公司未提供实质性证据证明周某见会利用股东身份滥用股东知情权，从而干扰公司的经营秩序，危害公司和其他股东的利益，侵害公司利益，对此贸易公司应承担举证不能的不利后果。故对贸易公司的该项上诉请求，亦不予支持。

湖北省武汉市中级人民法院依照《中华人民共和国民事诉讼法》第一百七十条第一款第（一）项之规定，判决：

驳回上诉，维持原判。

## 【法官后语】

公司法下的股东知情权主要是查阅权，就是查看公司档案的权利。[①]《公司法》自 2005 年 10 月修订增加查阅权条款以来，查阅权诉讼频频发生。诉讼争议焦点通常是：原告是否具有股东资格；股东查阅目的是否正当；股东是否有权查阅会计凭证，是否有权复制会计账簿或会计凭证，是否有权邀请专业人员协助查阅；股东是否有权基于查阅权启动对公司的独立审计等[②]。本案判决集中体现了法院对上述争议的司法态度及裁判观点。

一、查阅文档范围

1.《公司法》第三十三条规定的查阅范围不限于董事会会议决议，而应该包括董事会会议记录。董事会是公司的执行机构，董事会决议是董事会会议记录的结果，董事会会议记录系属于和董事会决议有着等值性或紧密性联系的公

① 朱锦清：《公司法学》，清华大学出版社 2019 年版，第 375 页。

② 王军：《中国公司法》，高等教育出版社 2017 年版，第 321 页。

司文档；且公司于庭审时自述仅有董事会会议记录而无决议。如限制股东查阅董事会会议记录，股东将无从知晓董事会掌管公司内部事务、代表公司经营决策所采取的行动，有悖法律设置股东查阅权的规范目的，即股东作为公司资本的提供者和经营风险的最终承担者，有权知悉公司的人事、财务、经营、管理等方面情况。故此，本案中股东应当有权查阅、复制公司董事会会议记录。

2.《公司法》第三十三条规定的查阅范围不限于会计账簿本身，而应该包括会计凭证。详言之，包括原始凭证和记账凭证①。法院对股东查阅会计凭证的诉讼请求，在既往判决书中判断标准不一。法院不支持股东查阅会计凭证的理由是：根据《会计法》第十五条的规定，会计账簿包括总账、明细账、日记账和其他辅助性账簿。因此，会计账簿并不包括会计凭证②。但早在2003年，江苏省高级人民法院就在其司法指导意见中明确规定，有限公司股东有权查阅的公司会计账簿，包括记账凭证和原始凭证③。

本案中，法院将《公司法》第三十三条规定的“会计账簿”解释为会计账簿和会计凭证，属于超越法律文义的扩大解释。从法律方法上说，这里的“扩大解释”实际上是填补法律漏洞④。而法院采用扩大解释的依据在于，将《公司法》规定的“会计账簿”延伸开去包括公司法没有规定的会计凭证，是因为二者的联系极其紧密。如果没有这种紧密的联系，法院就不会作扩大性的解释，而严格限制在公司法的明文列举⑤。譬如，原告龚某某诉被告上海某装潢建材超市有限公司股东知情权纠纷案⑥中，原告要求被告提供2004年1月1日至今

---

① 原始凭证是在经济业务发生时取得或填制的进行会计核算的初始资料和依据，如发票、收料单、领料单、差旅费报销单等。记账凭证是会计人员根据审核无误后的原始凭证或原始凭证汇总表填制的，据以登记会计账簿的会计凭证。参见刘桔主编：《会计学基础》，大连出版社2006年版，第130~132页。

② 相关案例判决书参见（2012）浙商外终字第49号、（2018）闽0203民初9664号，载中国裁判文书网，2021年11月12日访问。

③ 江苏省高级人民法院：《关于审理适用公司法案件若干问题的意见（试行）》（2003年）第六十六条，转引自王军：《中国公司法》，高等教育出版社2017年版，第322页。

④ 王军：《中国公司法》，高等教育出版社2017年版，第322页。

⑤ 朱锦清：《公司法学》，清华大学出版社2019年版，第379页。

⑥ 朱锦清：《公司法学》，清华大学出版社2019年版，第379页。

的全部装潢合同、会计账簿及原始凭证供原告查阅，上海市黄浦区人民法院认为，查阅被告对外签订的全部装潢合同，超越了法定的文件范围，故对原告此项诉请不予支持。该案中，法院之所以将装潢合同排除在查阅的范围之外，是因为它们与会计账簿的联系不如会计凭证那么紧密①。

3.《公司法》第三十三条规定的查阅范围不限于在一定时期之内的文档。实践中，各公司对文档保管的需求和技术手段不尽相同，故应以公司实际依法客观保存的文档为限，供股东查阅。但是对此笔者认为，需要确定一个时间界限以对股东知情权作出合理限制，如加以只允许股东查阅其成为股东之后的公司文档等条件，以避免股东向公司索求大量文件的可能②。

二、正当查阅目的

《公司法司法解释（四）》第八条列举了同业竞争、向他人通报信息等四种不正当目的的情形，但是并没有从正面阐述什么样的目的属于正当的查阅目的。通过本案可见，一般地，如果股东查阅的目的与保护股东的利益具有直接关系，例如，希望了解公司的财务状况、调查可能存在的管理不善、通过行使知情权对管理者的错误行为提起诉讼等，法院都应认定股东具有正当目的③。至于正当查阅目的的证明，《公司法》只要求股东说明目的即可，而要求公司拒绝需要说明理由。因此，公司应承担证明股东行使查阅权的非正当性的责任。贸易公司提交处罚决定书、证人证言，证明周某见滥用股东查阅权以干扰公司的经营秩序，危害公司和其他股东的利益，侵害公司利益，该理由并不在《公司法司法解释（四）》第八条列举的不正当目的范围之内，故法院对贸易公司关于周某见不具有正当查阅目的的抗辩意见及上诉请求，均未予支持。

三、查阅权的行使

为便利胜诉股东行使查阅权，《公司法司法解释（四）》第十条第一款要

① 朱锦清：《公司法学》，清华大学出版社 2019 年版，第 380 页。

② 可资参考的是，美国律师协会：《示范商事公司法》§16.02（股东对记录的检查），转引自施天涛：《公司法论》，法律出版社 2014 年版，第 269 页。

③ 朱锦清：《公司法学》，清华大学出版社 2019 年版，第 392 页。

求，人民法院对股东诉讼请求予以支持的，“应当在判决中明确查阅或者复制公司特定文件材料的时间、地点和特定文件材料的名录”。同时，因股东可能不具备查账所必需的财务知识，故而其聘请一名会计师作为助手或顾问一同查阅会计账簿，或者委托专业人员查阅，在通常情况下，这是一个合理的要求[①]。《公司法司法解释（四）》第十条第二款规定，股东依生效判决查阅公司文件材料的，“在该股东在场的情况下，可以由会计师、律师等依法或者依据执业行为规范负有保密义务的中介机构执业人员辅助进行”。本案判决列明了公司特定文件材料名称，并明确了股东行使查阅权的地点为公司现办公地点，时限为七个工作日；且满足了股东需在其委托的专业会计人员辅助下查阅财务报表的合理要求。

编写人：湖北省武汉市青山区人民法院　王明华

17

# 股东查阅会计账簿具有不正当目的的认定标准

## ——张1诉制冷设备公司股东知情权案

**【案件基本信息】**

1. 裁判书字号

北京市第一中级人民法院（2020）京01民终7710号民事判决书

2. 案由：股东知情权纠纷

3. 当事人

原告（上诉人）：张1

被告（被上诉人）：制冷设备公司

① 王军：《中国公司法》，高等教育出版社2017年版，第326页。

【基本案情】

1999年，制冷设备公司成立，股东为杜1、杜2、张1、王1，法定代表人为杜1，经营范围为：制造风机、销售家用电器、制冷空调设备、仪器仪表、建筑材料。2019年1月，张1向制冷设备公司邮寄了律师函，要求制冷设备公司置备自1999年成立之日至查阅之日的会计账簿及会计凭证，供张1查阅。查阅目的如下：1. 了解公司财务实际状况，核查股权投资损益情况；2. 核实海淀区某小区的房屋出售情况，需通过会计账簿及会计凭证了解拆迁款项的用途及流向。2019年2月，制冷设备公司召开股东会，以空气净化公司与其具有同业竞争关系，张1实际参与空气净化公司经营为由拒绝提供。

2005年，张1以其还有其他股东身份为由从制冷设备公司离职，并设立空气净化公司，担任股东和法定代表人。空气净化公司建筑风机系列产品与制冷设备公司建筑通风机系列产品在产品说明方面基本一致，后张1虽不再担任空气净化公司股东，但其姐夫马1、其妻卢1仍为空气净化公司股东，并分别担任法定代表人、监事；张1曾在2017年以空气净化公司经理身份参与诉讼。证人盛1出庭作证称，其原在制冷设备公司任职，2005年随张1进入空气净化公司，两公司产品种类相同，都是风机设备，且张1从制冷设备公司离职时带走部分销售人员进入空气净化公司。

【案件焦点】

1. 张1是否存在为他人经营之情形；2. 空气净化公司与制冷设备公司是否存在实质竞争关系。

【法院裁判要旨】

北京市海淀区人民法院经审理认为：张1要求查阅会计账簿有两个前提：一是需要张1履行完毕公司的内部救济程序；二是张1查阅公司会计账簿并不具有不正当目的。关于第一个前提，张1向制冷设备公司邮寄了律师函，其中载明了张1查阅的范围及目的，故张1已经完成了公司的内部救济程序。

关于第二个前提，张1查阅会计账簿是否存在不正当目的。该院认为，第一，从主体来看，空气净化公司由张 1 申请设立，在设立初期，张 1 为股东，现空气净化公司股东已变更为马 1、卢 1。在判断股东查询公司账簿目的正当性与否的时候，需结合公司经营情况和股东个人行为、转让时间、受让对象等客观事实综合审查，在本案中，张 1 在庭审中认可马 1 是其姐夫，卢 1 为其爱人，2017 年空气净化公司与设备公司合同纠纷案件中，张 1 仍作为空气净化公司经理出庭应诉，故其仅于 2005 年至 2007 年在空气净化公司工作，现已不再从事空气净化公司经营管理行为的主张与事实不符，该院不予认可。即便张 1 现已不在空气净化公司任职，但其与空气净化公司股东仍具有极其密切的身份关系，且因股东身份不符合要求才退出公司的理由，使得张 1 实际参与公司经营活动更具合理性，符合“以自营或为他人经营”的构成要件。故空气净化公司与张 1 存在主体上的关联。第二，从经营业务方面来看，制冷设备公司工商登记材料中记载的营业范围为：制造风机、销售家用电器、制冷空调设备、仪器仪表、建筑材料。空气净化公司工商登记材料中记载的营业范围为：销售机械设备、电子产品、机械加工、家用电器修理、仪器仪表维修。一审庭审中，张 1 主张空气净化公司的主营业务为“销售中央空调、净化设备、机电控制设备”，亦认可空气净化公司曾经销售过风机产品，与制冷设备公司营业执照中“销售制冷空调设备”有过重合。此外，根据常识，中央空调系统一般主要由制冷压缩机系统、冷媒循环水系统、冷却循环水系统、盘管风机系统、冷却塔风机系统等组成。盘管风机作为中央空调系统的末端，其生产、销售亦与中央空调有着密切的关联性，综上，该院认定空气净化公司与制冷设备公司存在同业竞争的情形。

北京市海淀区人民法院依照《中华人民共和国公司法》第三十三条、《最高人民法院关于适用〈中华人民共和国公司法〉若干问题的规定（四）》（以下简称《公司法解释四》）第八条、《最高人民法院关于适用〈中华人民共和国民事诉讼法〉的解释》第九十条之规定，判决如下：

驳回张 1 的诉讼请求。

张 1 不服一审判决，提出上诉。北京市第一中级人民法院经审理认为：二审法院同意一审法院裁判意见，一审法院认定空气净化公司与制冷设备公司存在实质竞争关系的认定并无不当。

北京市第一中级人民法院依照《中华人民共和国民事诉讼法》第一百七十条第一款第（一）项之规定，判决如下：

驳回上诉，维持原判。

【法官后语】

有限责任公司股东在行使账簿查阅权时需要股东以出于正当目的为前提条件。实践中，对于目的正当与否的理解与判定往往产生诸多争议。结合本案，本文针对《公司法解释四》第八条第（一）项的情形阐述具体理解以及司法实践的适用，现分述如下：

一、“为他人经营”的认定标准应重点关注股东实际参与公司经营活动是否具有合理性

该规定中的“他人”往往是指公司的竞争者或诉讼对手，但不排除其他第三人。判断股东是否为他人经营，应从股东主体的角度来审查其是否具有为他人经营的合理性，即股东是否与他人公司存在利益关系、是否与他人公司股东存在亲朋等密切的身份关系等能够让人合理怀疑股东为他人经营的因素，该因素的合理程度至少需要达到让法官内心确信的标准。本案中，空气净化公司最初由张1申请设立，且张1曾系空气净化公司的股东和法定代表人，综合2017年张1曾作为空气净化公司经理出庭应诉的情形，法院认定张1与空气净化公司存在利益关系无可非议。考虑到空气净化公司现任法定代表人及股东分别系张1的姐夫和爱人，与张1存在十分密切的身份关系的情形，张1甚至大概率为空气净化公司背后的实际控制人，因此认定张1实际参与空气净化公司经营活动完全具有合理性，其为空气净化公司经营亦符合正常逻辑。

二、可从双方销售的产品以及常识的角度认定双方是否具有“实质性竞争关系”

所谓实质性竞争关系是指股东和公司之间存在利益冲突，最典型的如股东

或与股东有直接利益关系的企业与公司同事参加同一竞标。[①] 但现实情况纷繁复杂，难以对“实质性竞争关系”进行类型化、标准化、统一化的处理，因此需要具体问题具体分析，法官在自由裁量时需考虑各项因素。审判人员在审查营业执照经营范围的基础上，还可进一步审查双方公司的固定资产、库存商品、原材料、销售合同等能够证明双方实际生产或交易的产品是否具有关联性、同一性，并结合双方的实际经营情况来审查双方是否存在竞争关系。本案中，张1 系从制冷设备公司离职后设立了空气净化公司，张 1 曾作为制冷设备公司的股东，理应了解并掌握制冷设备公司的商业秘密，包括经营理念、供货渠道、销售方式、客户资源等与企业经营相关的重要信息。并且从张 1 设立的空气净化公司的经营产品和范围来看，空气净化公司曾经销售过风机产品，与制冷设备公司生产的制冷空调设备明显重合。同时，从常识角度上看，空气净化公司生产的风机是制冷空调设备的核心部件，双方的产品明显具有关联性、同一性，结合张 1 曾作为制冷设备公司股东的情况，可以认定空气净化公司与制冷设备公司存在“实质性竞争关系”。

综上，由于“不正当目的”属于主观心理，因此在认定股东是否符合《公司法解释四》第八条第（一）项情形时，应借助股东的客观行为来合理认定或进行法律推定，提高公司法第三十三条第二款在实践中的可操作性。

**编写人：北京市第一中级人民法院　杨颜金**

---

① 最高人民法院民事审判第二庭编著：《最高人民法院公司法司法解释（四）理解与适用》，人民法院出版社 2017 年版，第 192 页。

18

# 近亲属在不同地域设立同行业公司，是否构成实质性竞争

## ——孙1诉云计算科技公司股东知情权案

### 【案件基本信息】

1. 裁判书字号

北京市第二中级人民法院（2020）京02民终816号民事判决书

2. 案由：股东知情权纠纷

3. 当事人

原告（上诉人）：孙1

被告（被上诉人）：云计算科技公司

### 【基本案情】

云计算科技公司于2014年11月24日成立，根据2019年7月30日企业信用信息公示报告显示：孙1与云服务公司为公司股东，孙1为经理，孟1为监事。经营范围为软件开发、技术推广、技术咨询、技术服务；计算机系统集成服务；销售计算机、软件及辅助设备、通信设备、电子产品、文具用品、五金交电；经营电信业务。孟1系孙1的配偶。

2019年4月29日，孙1通过EMS专递向云计算科技公司发送律师函。函件要求孙1作为拥有云计算科技公司33%股权的股东，根据《公司法》之规定要求查阅、复制2017年度、2018年度的公司章程等相关材料，并查阅2017年1月1日至2018年1月31日的会计账簿（包括原始凭证等会计资料）等其他资料。云计算科技公司认可其收到了该律师函，并称孙1于2018年8月亦曾发出过律师函且对其进行了书面回复。

2018 年 11 月 23 日，科技公司成立，孙 1 持股 75%，并担任法定代表人、执行董事，经营范围及一般经营项目均为从事互联网信息、网络、计算机科技专业领域内的技术开发、技术转让、技术咨询、技术服务；计算机数据处理，商务信息咨询；企业管理咨询；市场营销策划；从事货物及技术进出口业务。2019 年 9 月 16 日，“科技公司”名称变更为“贸易公司”，经营范围及一般经营项目均变更为“家用电器、母婴用品、食用农产品销售、商务信息咨询；翻译服务；国内货物运输代理；货物或技术进出口”，孙 1 称科技公司一直从事的主营业务为进出口贸易，玫瑰水、玫瑰精油进出口。

2016 年 7 月 18 日，网络公司成立，法定代表人为赵 1，董事为孟 1。云计算科技公司称孟 1 为孙 1 的配偶，赵 1 为孙 1 大学同学，该公司实际控制人为孙 1。网络公司网站宣传网页显示“网络公司是一家致力于云计算中心运营、云计算中心部署的互联网服务公司，主营业务为互联网云计算中心服务、互联网增值服务”。云计算科技公司控股股东云服务公司的网站宣传网页显示“云服务，云服务业务是云服务公司发展战略的重要方向，云服务公司自建三大云计算中心，为客户提供高安全云服务”。

2011 年 8 月 2 日，电子商务公司成立。其法定代表人、股东、执行董事兼总经理均为孟 1，经营范围为电子商务、计算机、电子产品的销售，网络技术开发等。

另查 2011 年 9 月 15 日成立的助通信息公司，2017 年 8 月 15 日成立的信息公司，2018 年 3 月 15 日成立的上海云计算公司，孙 2 均为股东及执行董事，三公司经营范围均主要为从事信息科技领域内的技术开发、技术咨询转让服务、计算机系统服务。云计算科技公司称孙 2 为孙 1 的弟弟。

孙 1 称云计算科技公司在北京，云计算科技公司所主张的存在竞争关系的公司位于上海，地域不同，不能构成竞争关系。

孙 1 诉至法院要求云计算科技公司提供 2017 年 1 月 1 日起的公司章程、股东会会议记录、执行董事决定、监事决定和财务会计报告供孙 1 查阅、复制；并提供 2017 年 1 月 1 日至 2018 年 1 月 31 日的会计账簿（包括总账、明细账、日记账和其他辅助性账簿）及记账凭证、原始凭证、作为原始凭证附件入账备查的有关资料供孙1查阅。或在孙1在场的情况下供孙1委托的会计师、律师协助查阅、复制。

**【案件焦点】**

1. 近亲属设立的公司与涉案公司经营范围存在重叠时可否认定实质性竞争关系；2. 在自营公司经营范围已经变更的情况下，还能否认定存在实质性竞争关系；3. 自营公司经营范围与涉案公司经营范围存在重叠，但主要经营地域不同，是否构成实质性竞争关系。

**【法院裁判要旨】**

北京市大兴区人民法院经审理认为：孙1系云计算科技公司的股东。孙1向云计算科技公司提出书面申请要求查阅公司的会计账簿和财务会计报告，云计算科技公司认可收到了申请，但未提交证据证明其进行了答复。根据《中华人民共和国公司法》第三十三条第二款和《最高人民法院关于适用〈中华人民共和国公司法〉若干问题的规定（四）》（以下简称《公司法司法解释（四）》）第八条的规定，针对上述争议，云计算科技公司与经营范围变更前的科技公司、电子商务公司从事的主要业务均为计算机技术开发服务咨询等，因此三公司的主营业务以及所针对的客户群基本一致，应认定为存在业务上的竞争关系。孙1在是云计算科技公司股东的同时，也是科技公司占股75%的股东，并任法定代表人；孟1系孙1的配偶，孟1在是云计算科技公司监事的同时，也是上海电子商务公司占股90%的股东，并担任法定代表人。孙1的配偶任控股股东、法定代表人的电子商务公司与云计算科技公司的经营范围非常近似，电子商务公司与孙1之间形成了实际的利益链条，另，孙1自营的科技公司在本案起诉时的经营范围亦与云计算科技公司存在业务上的竞争关系，孙1通过查阅云计算科技公司的会计账簿，可以获知云计算科技公司的客户资料和合同底价等属于商业秘密的信息，使得云计算科技公司在以后的业务竞争中可能处于不利地位，继而损害了云计算科技公司的利益。因此，云计算科技公司认为孙1存在不正当目的，有相应的事实依据，本院予以采信。

科技公司于 2019 年 9 月 16 日变更名称及经营范围，孙 1 称该公司一直从事的主营业务为进出口贸易，玫瑰水、玫瑰精油等的进出口，与云计算科技公司不存在竞争关系的意见，本院认为，因其变更时间系本案受理立案之后，考虑到变更前后经营范围差异巨大，且孙 1 未提交其他相关证据予以佐证其一直从事的业务为进出口贸易，故对孙 1 的该证据及意见本院不予认可。对于云计算科技公司经营区域为北京，科技公司、电子商务公司经营区域位于上海，不能构成竞争关系的意见，本院认为，当前为互联网信息时代，通信发达，区域不同不足以认定不存在竞争关系。

对于孙 1 要求查阅和复制的云计算科技公司自 2017 年 1 月 1 日起至判决生效之日止的公司章程、股东会会议记录、执行董事决定、监事决定和财务会计报告的诉讼请求，根据《中华人民共和国公司法》第三十三条第一款的规定，并未规定股东查阅和复制上述文件时也应说明目的。因此，股东对上述内容享有绝对知情权。

据此，判决如下：

一、云计算科技公司于本判决生效之日起十日内在其住所地于其正常营业时间内提供其自 2017 年 1 月 1 日起至本判决生效之日止的公司章程、股东会会议记录、执行董事决定、监事决定和财务会计报告供孙 1 查阅、复制，包括在孙 1 在场的情况下，由其委托的会计师、律师辅助进行，查阅时间不得超过十五个工作日；

二、驳回孙 1 的其他诉讼请求。

原告不服一审判决，提出上诉。

北京市第二中级人民法院经审理认为，关于会计账簿的问题。孙 1 上诉提出科技公司和电子商务公司注册后实际并未进行经营活动，但孙 1 没有提交充分证据证明，与其一审关于科技公司一直从事的业务为进出口贸易的事实主张亦不相符。综合上述情况，孙 1 的上诉理由，没有事实和法律依据，本院不予支持。据此，判决如下：

驳回上诉，维持原判。

**【法官后语】**

我国公司法并没有对于行使股东知情权的正当目的标准予以正面规定，而是从消极标准的角度在《公司法司法解释（四）》第八条[①]对不正当目的的情形以列举或概括，其中第（二）项、第（三）项情形均比较确定，使用范围较为特定，第（四）项是兜底条款；第（一）项在司法实务中认定的时候，争议较多，有时需要根据不同情况进行分析。

一、近亲属设立的公司与公司经营范围存在重叠时可否认定为存在实质性竞争关系

公司股东的配偶、父母、子女或兄弟姐妹等近亲属，由于与股东之间存在家庭成员与近亲属的关系，基于我国传统的亲属观念与家庭观念，除非有相反证据予以推翻，否则应当认定公司股东与近亲属之间具有亲密关系。近亲属出资设立的公司，基于亲属关系，与股东之间自然形成了实际的利益链条。尤其是配偶出资设立的公司，由于股东与其配偶具有共同的财产利益，更是与配偶出资设立的公司具有天然的利益关联。若近亲属设立的公司与公司经营范围存在近似性，近亲属设立的公司一旦知悉公司具有商业秘密性质的信息，将有可能使公司在竞争中处于不利地位，因此当近亲属设立的公司与公司经营范围存在重叠时，尤其是配偶设立的公司，除非有相反证据足以切断二者的亲密关系、利益链条，否则应认定与公司存在实质性竞争关系，阻却股东知情权。

二、自营公司或为他人经营的公司经营范围已经变更的情况下，还能否认定存在实质性竞争关系

本案中，本案的开庭时间是2019年9月19日，科技公司的经营范围变更

---

① 《公司法司法解释（四）》第八条规定：有限责任公司有证据证明股东存在下列情形之一的，人民法院应当认定股东有公司法第三十三条第二款规定的“不正当目的”：（一）股东自营或者为他人经营与公司主营业务有实质性竞争关系业务的，但公司章程另有规定或者全体股东另有约定的除外；（二）股东为了向他人通报有关信息查阅公司会计账簿，可能损害公司合法利益的；（三）股东在向公司提出查阅请求之日前的三年内，曾通过查阅公司会计账簿，向他人通报有关信息损害公司合法利益的；（四）股东有不正当目的的其他情形。

时间为2019年9月16日，且变更前后差异巨大，包括股东在一审中主张其自营公司长期经营的就是其变更后的项目，但未提交任何与交易活动相关的材料予以佐证，二审中又主张公司注册后实际并未进行经营活动。关于自营公司或为他人经营的公司经营范围已经变更的情况，应当结合变更的时间、变更前后的经营范围、变更后的经营项目是否进行了实际经营，是否有一年至两年内相关业务合同等材料综合判断到底是否存在实质性竞争关系。

三、自营公司经营范围与涉案公司经营范围存在重叠，但主要经营地域不同，是否构成实质性竞争关系

本案中，云计算科技公司与其股东的自营公司的主营业务均为计算机等业务，主要依托科技互联网开展。根据公司重叠的经营项目，结合当前为互联网信息时代，通信发达的情况下，因此区域不同不足以认定不存在竞争关系。在司法实践的认定中，应当以公司的主营业务类别进行分析，同时还可以根据公司以往的合同、订单等，判定公司开展业务的范围，作为参考。但在当前的全球化信息时代，大部分行业的开展均是开放性的，设立区域的不同不足以推翻对存在实质性竞争关系的认定。

总体而言，公司法及其司法解释以保障公司权益与股东知情权不受损害互为条件，在保护股东利益的同时也应适当保障公司利益，使双方利益均衡，因此股东行使知情权应受到一定限制，且该限制不以已实际产生损害为条件。司法诉讼中公司对于股东查阅目的的不正当性负有举证责任，通常要达到高度可能性之证明标准，才能阻却股东查阅公司会计账簿。

**编写人：北京市大兴区人民法院　魏若男**

# 六、请求公司收购股份纠纷

19

## 公司法第七十四条中“转让主要财产”的标准认定

——实业公司诉房地产公司请求公司收购股份案

### 【案件基本信息】

1. 裁判书字号

上海市第二中级人民法院（2020）沪02民终2746号民事判决书

2. 案由：请求公司收购股份纠纷

3. 当事人

原告（上诉人）：实业公司

被告（被上诉人）：房地产公司

第三人：卓某实业公司、置业公司

### 【基本案情】

被告房地产公司经营范围包括房地产开发经营、建筑装潢材料。其原股东情况为原告实业公司持股10%，第三人置业公司持股90%。原告于2016年10月前为第三人置业股份公司的控股股东，之后转让了持有的第三人置业公司的全部股份。2018年8月，第三人置业公司将持有的被告公司90%的股权转让给了其新设的全资子公司即第三人卓某实业公司，原告持股10%不变。被告公司章程明确股东会行使下列职权：决定公司的经营方针和投资计划等。

2018年9月21日，第三人置业公司召开股东大会，审议通过决议并发布公告：出售被告公司所有的本市天目中路大厦101室、102室、201室、301室、401室、1301室、1901室、2001室房产，建筑面积为7118.15平方米。被告公司于2018年9月在资产负债表中将上述房产由投资性房产调整记载为存货，在未召开公司股东会的情况下，于2018年9月28日将上述房产转让给偲邑公司等八家物业管理公司，转让价共计132397589.63元（含税）。第三人置业公司于2018年11月14日公告，出售房产的款项已于2018年11月12日履行完毕，本次出售为公司增加约35000000元净利润，为公司主营业务发展提供资金支持。

另外，2016年9月，在原告作为第三人置业公司、被告公司实际控制人期间，被告公司未经股东会决议，出售了大厦9384.32平方米房产，转让价159533440元，案涉房产为该次出售后剩余的房产。2017年被告公司营业收入8592943.23元，其中租金收入6820000元，当时被告公司在大厦的房产的出租率约90%。2018年被告公司营业收入132131906.67元。2018年9月30日，因被告转让房产，委托银信资产评估有限公司对被告资产作了评估，评估报告确认被告公司总资产为296064800元，总负债为30510700元，所有者权益为265554000元，转让房产可变现价值为78610000元（不含税费53790600元）。2019年上半年被告的营业收入为198521.14元。2019年9月19日，被告公司账上有资金98805479.44元。被告出售案涉房产后仍继续经营房屋租赁等与房地产经营相关的业务。

2019年3月6日，原告向被告经营地寄送快递，要求被告收购原告股权。但被告否认收到该函。原告遂认为，其于2019年2月才知悉上述2018年9月案涉房产出售，被告及第三人处理被告公司主要财产却不召开被告公司的股东会，致原告未能提出异议，原告有权根据公司法第七十四条的规定要求被告收购股权，故诉请被告以26555400元的价格收购原告持有的被告公司10%的股权。

被告辩称：不同意原告的诉讼请求。1. 被告转让案涉房产属公司正常的经营行为，无须召开股东会讨论决定，公司章程中明确的股东会职权并不包含讨论案涉情形。2. 案涉房产并非公司主要财产，其占公司资产的比重尚未达到50%，转让房产也并不涉及公司经营方针的变更，更不涉及损害小股东利益的问题。3. 本案原告主张时已过法律规定的九十天期间，该权利已归于消灭。

二第三人共同述称，同意被告的答辩意见，请求法院驳回原告的诉讼请求。

## 【案件焦点】

1. 被告出售案涉房产是否应当经过股东会表决；2. 原告主张由被告收购股权时是否已过法律规定的主张期间；3. 被告出售房产是否属于转让《中华人民共和国公司法》第七十四条第一款第（二）项所规定的主要财产。

## 【法院裁判要旨】

上海市静安区人民法院经审理认为：

1. 被告公司章程规定股东会的职权包括决定公司的经营方针和投资计划等，被告转让公司案涉房产的事项符合被告公司关于股东会职权的相关规定，应当提交股东会讨论表决。理由如下：第一，被告公司原来的经营方式以自有房产出租为主，其出售房产后，转为以转租方式经营，与原有的经营方式相比发生了重大的变化，符合经营方针转变的评价标准。第二，被告公司原将案涉房产记载为投资性房产，从持有变为出售就是对投资计划的变更。第三，从小股东权利保护角度来看，作为房产实际所有人的被告公司的小股东应有权参与讨论表决。因此，被告转让公司案涉房产的事项应当提交股东会讨论表决。

2. 原告主张由被告收购股权时未过法律规定的主张期间。《中华人民共和国公司法》第七十四条第二款规定的期间应以异议股东参加股东会并提出异议为前提，在公司应召开而未召开股东会进行表决的情况下，则应以异议股东知道或者应当知道异议事项时起算主张期间。就本案来看，应以被告通知原告转让房产的事实这一时间点作为判断原告主张期间起算的时点。鉴于被告始终未正式通知原告，而原告自认于2019年2月28日知悉该事实，故应以该时点起算主张期间。

3. 被告转让房产的行为并不足以被认定为公司法意义上的转让公司主要财产。判断是否属于公司法意义上的公司主要财产，应当以转让财产是否导致公司发生根本性变化，即对公司的设立目的、存续等产生实质性影响，作为判断的主要标准，以转让财产价值占公司资产的比重、转让的财产对公司正常经营和盈利的影响作为辅助性判断依据。从本案来看，被告转让房产尚未达到造成公司产生根本性变化的程度：首先，从转让房产价值占比角度来看，被告转让的房产价值占被告公司实有资产价值的比重尚未达到 50%，故认定其为公司法意义上的公司主要财产，依据尚不够充分。其次，从公司是否正常经营角度来看，被告公司转让房产实际上是一次性兑现收益还是分期实现收益的商业判断问题，被告公司仍可以转让房产所得收益用于投资经营。原告对房产转让价格也未提出异议，因此不能就此认为公司利益受损、经营不可持续。最后，从被告公司设立目的来看，被告公司章程从未将公司经营业务范围限定为从事自有房产的出租业务这一项，且原告公司在作为被告公司实际控制人期间也曾出售房产获取大量资金，因此被告公司此次转让房产的行为不能被认定为违背公司设立的目的。被告公司因此次房产出售发生的变化都谈不上是根本性的变化。综上，法院认为，被告转让房产的行为并不足以被认定为公司法意义上的转让公司主要财产，原告不能据此获得要求公司收购股权的权利。

综上所述，本案中原告主张异议股东收购请求权，法律上的依据并不充分，依照《中华人民共和国公司法》第七十四条之规定，判决如下：驳回原告实业公司的诉讼请求。

一审宣判后，原告向上海市第二中级人民法院提起上诉。

二审判决：驳回上诉，维持原判。

【法官后语】

《中华人民共和国公司法》第七十四条规定股东在对“有限责任公司转让主要财产”的股东会决议有异议时，可以请求公司回购股权。但实践中，一方面存在有公司以不召开股东会进行决议的方式，来规避异议股东行使股权回购请求权；另一方面公司法未对“转让主要财产”进行定义，导致在司法实践中对该条款适用难以把握。笔者认为从法理及具体法律规定两个角度出发，可以明确以下标准：

1. 异议股东在公司应召开股东会决议事项却未召开时，有权行使股权回购请求权。有限责任公司转让财产，属于公司章程规定的股东会职权的，应当提交股东会讨论表决，如未召开，异议股东仍可通过其他途径表示反对，并有权自知道或应当知道异议事项之日起九十日内要求公司收购其股权。

2. 对于“主要财产”的认定，应以转让财产是否导致公司发生根本性变化为主要的判断标准，以转让财产价值占公司资产的比重、转让的财产对公司正常经营和盈利的影响为辅助性判断依据。一是从法理上来说，资本维持不变始终是公司法上的基本原则，法律规定中小股东可请求公司收购自身股权是基于保护异议中小股东的例外安排，该安排突破了资本维持原则，因此必须是以公司的重大决议导致公司发生根本性的变化，从而将使异议股东遭受重大损失为前提。二是从具体的法律规定来看，《中华人民共和国公司法》第七十四条规定异议股东可以主张公司收购股份的事由仅包括三项，充分体现了法律对异议股东请求公司收购股份这一例外安排的严格把握。其中第一款第（二）项规定异议股东反对公司合并、分立、转让主要财产的，可以要求公司收购股权。公司合并、分立导致了责任主体的变动，因此是根本性的变化无疑。对转让主要财产的评价也应符合前述严格把握的法律精神。因转让主要财产与公司合并、分立并列作为异议成立的理由，故应将该行为对公司的影响程度与公司合并、分立造成的影响程度相当作为判断标准。

3. 值得注意的是，依法妥善处理股东之间的权益纠纷，平等保护各方主体的合法权益，对保障民营企业的合法投资利益、塑造法治化营商环境具有重要意义。在民营企业的发展进程中，股东为了满足自己利益最大化，通常会在企业重大事项的决策上产生意见对垒。此时，中小股东需要制度保障其退出企业的意思表示得以顺利实现，防止因“资本多数决”原则使其利益受到严重侵害；反之民营企业也需要防止中小股东随意退出的制度保证，排除某些中小股东滥用回购请求权威胁其正常运营，对其整体发展造成不良影响。本案的判决，保障了民营企业异议股东回购请求权的正确行使，最大限度地保护了企业的合法投资利益，提高企业运营效率，以期民营企业能持续健康经营，从而平等地维护民营企业所涉各方主体的合法权益，为今后此类案件的处理提供了重要参考。

编写人：上海市静安区人民法院　朱建国　孙鸿波

# 七、股权转让纠纷

## 20

## “零元”价格处分股份并不必然是赠与

### ——张1诉张2、王1股权转让案

**【案件基本信息】**

1. 裁判书字号

河北省石家庄市裕华区人民法院（2020）冀0108民初3925号民事判决书

2. 案由：股权转让纠纷

3. 当事人

原告：张1

被告：张2、王1

**【基本案情】**

原告张1系商贸公司的原股东，被告王1与被告张2系夫妻。原告与二被告就商贸公司的转让事宜多次协商，2019年3月21日，被告王1与原告签订了《收购协议》，协议约定收购款共计18万元，2019年3月21日支付定金10万元，剩余部分于2019年9月30日前付清。原告有义务协助被告王1办理相关手续。另约定2019年3月21日至付清尾款之前的销售额及顾客2019年3月21日前所配机器应付补交费用（不受取机器日期限制）归原告张1所有。协议签订当日，被告王1通过银行转账向原告支付转让款10万元整。

2019 年 3 月 25 日，原告与被告王 1 就股权转让事宜补充签订了《公司转让合同》，双方就剩余 8 万元股权转让款的支付方式进行了补充约定。被告王 1 于同日出具《欠条》，明确写明欠原告 8 万元，承诺自 2019 年 10 月 31 日起利息按照年利率的 10%计算，且原告因追债产生的律师费、诉讼费、仲裁费、交通费、误工费等费用或其他损失由被告王 1 承担。从该日起商贸公司实际由两被告经营管理。2019 年 4 月 3 日，原告依约配合被告完成了股权变更登记。

截至 2019 年 10 月 30 日，两被告未按照协议的约定向原告支付剩余的股权转让款 8 万元。《收购协议》中约定的应属于原告的机器补交费用 1 万元已由被告收取，也未依约返还给原告。另外，被告应向原告返还的房屋租金押金 8832 元也未予以支付。上述款项经原告多次催要，被告均以各种理由推托。为维护自身的合法权益，原告特起诉至法院。

## 【案件焦点】

1. 如何确认零元处分股权的性质是赠与还是转让；2. 以夫妻一方名义所负债务的责任承担问题。

## 【法院裁判要旨】

河北省石家庄市裕华区人民法院经审理认为，2019 年 3 月 21 日、25 日分别签订的《收购协议》《公司转让合同》及欠条，系原告张 1 与被告王 1 的真实意思表示，不违反法律、行政法规的强制性规定，合法有效。关于 8 万元股权转让款及利息的问题。原告张 1 称，双方约定以零元转让公司股权的《股权转让协议》及《股东决定》，系双方为办理股权转让登记而签订，并非双方真实意思表示。根据原、被告提交的收购协议、公司转让合同、欠条、被告王 1 向原告支付的 10 万元转让定金及原、被告之间的通话录音内容等证据，可以证实原告张 1 与被告王 1 系以 18 万元转让的公司股权。因被告王 1 已经向原告张 1 支付了 10 万元，故还应向原告张 1 支付剩余转让款 8 万元。对于利息问题，因被告王 1 向原告张 1 出具的欠条中约定，利息自 2019 年 10 月 31 日起按照年利率 10%计算，该约定不违反法律规定。

关于被告张2是否应当承担责任的问题。首先，根据商贸公司的企业信用信息公示报告显示，2019年4月3日商贸公司的高级管理人员变更为张2。其次，根据原告张1提交的电话录音可知，被告张2与原告多次就收购商贸公司后续工作进行协商讨论。最后，根据《最高人民法院关于审理涉及夫妻债务纠纷案件适用法律有关问题的解释》第三条的规定，夫妻双方共同签字或者夫妻一方事后追认等共同意思表示所负的债务，应当认定为夫妻共同债务。根据本案证据可知，被告张2对被告王1收购商贸公司的事实清楚并进行参与，属于法律规定应当认定为夫妻共同债务的情形。综上，被告张2应对本案债务承担偿还责任。

综上所述，河北省石家庄市裕华区人民法院依照《中华人民共和国合同法》第七条、第八条、第六十条，《中华人民共和国民事诉讼法》第六十四条，《最高人民法院关于审理涉及夫妻债务纠纷案件适用法律有关问题的解释》第三条，《最高人民法院关于审理民间借贷案件适用法律若干问题的规定》第二十六条的规定，作出如下判决：

被告王1、被告张2于本判决生效后十日内共同向原告张1支付股权转让款8万元及利息（利息计算为，以8万元为基数，自2019年10月31日起至清偿之日止，按年利率10%计算）。

**【法官后语】**

股权自由转让制度，是现代公司制度的基本精神。但实践中，过度的“自由”恰恰预示着更高的法律风险。特别是处于创业期的企业，因为法律风险防控意识不强，股东在处分股份时，出于自觉或不自觉的原因，通过签署《股权转让协议》的方式明确约定了股权交易的价格为“零元”，但又并未明确表示该等股权处分的性质是转让还是赠与，这就给事后法律纠纷留下了隐患，可能损害交易各方的合法利益。

通常来说，这类案件具备如下几个特征：(1) 双方签署有形式上具有“转让”特征的协议，如协议名称即为“股权转让协议”，协议通篇语义表达为“转让”；(2) 协议约定的“转让价”为零元，这就使协议具有了“赠与”的表面特征；（3）该等股权未完成工商变更登记，双方在股权是否“实际交付”问题上各执一词。本案中，原告张1出具的两份《商贸公司股东决定》载明，股东张1将所持有的占公司100%的股权（认缴500万元，实缴零元），以零元人民币的价格无偿转让给王1，并委托公司员工王1办理公司变更手续。商贸公司在决定上盖章，王1、张1签字。同日，双方签订商贸公司《股权转让协议》，约定内容同上，张1、王1在该协议上签字。表面上具有赠与意思表示。但根据原、被告提交的收购协议、公司转让合同、欠条、被告王1向原告支付的10万元转让订金及原、被告之间的通话录音内容等证据，可以证实原告张1与被告王1系以18万元转让的公司股权。并且双方对工商登记变更事项不存在争议，即张1与王1之间零元交易股权并非赠与而是买卖转让。

所以“零元”价格处分股份并不必然是赠与。股权对价的表现形式多种多样，货币现金仅仅是股权对价的一种表现形式。另外，“零元”价格受让标的股权的收益未必为正，也可能是负收益。因股权的权利与义务的集合性、风险的不确定性等因素，所以并不能仅凭股权转让的对价为“零元”来推测其赠与性质。

随着时代的发展，夫妻共同债务的认定愈显重要，特别是对以夫妻一方名义对外举债的债务性质的认定。从意思自治的角度看，夫妻一方以个人名义与债权人形成约定之债时，债权人信赖的是举债方的信用和偿还能力，他所依赖的是借贷方的隐性担保即举债方的个人全部财产。但在我国一般将夫妻一方以个人名义所负债务认定为夫妻共同债务，夫妻双方对该类债务承担连带清偿责任，即不仅要求用举债方的个人全部财产清偿，而且还要求用举债方配偶的全部财产清偿。《最高人民法院关于适用〈中华人民共和国婚姻法〉若干问题的解释（二）》第二十四条让夫妻之间非举债方承担连带责任的规定，实际上将债务的担保延伸到举债方的配偶的个人财产上，对债权人的债权给予了充分的保护。

本案中涉及的合同或协议均以夫妻中一方名义即王1一人名义签订，如《收购协议》《公司转让合同》《欠条》《股东决定》等，关于被告张2是否应当承担责任的问题，首先应明确此项债务是否为夫妻共同债务。所谓夫妻共同债务，通常是指在婚姻关系存续期间，夫妻一方或者双方为维持共同生活需要，或出于共同生活目的而从事经营活动所引起的债务。即主要是夫妻在婚姻关系存续期间为解决共同生活所需的衣、食、住、行等活动以及共同生产、经营过程中所负的债务。判断是否属于夫妻共同债务，一看夫妻有无共同举债的合意。如果夫妻有共同举债的合意，则不论该债务所带来的利益是否为夫妻共享，该债务均应视为共同债务。二看夫妻是否分享了债务带来的利益。尽管夫妻双方事先或事后均没有共同举债的合意，但该债务发生后，夫妻双方共同分享了该债务所带来的利益，则同样应视其为共同债务。根据商贸公司的企业信用信息公示报告显示，2019 年 4 月 3 日商贸公司的高级管理人员变更为张 2，被告张 2 也多次就收购商贸公司后续工作与原告进行协商讨论。可以看出被告张 2 对被告王 1 收购商贸公司的事实清楚并进行参与，属于法律规定应当认定为夫妻共同债务的情形。

编写人：河北省石家庄市裕华区人民法院　高云

21

# 有限责任公司股权转让自股东名册记载变更时生效

## ——李 1 诉夏 1、丁 1 股权转让案

**【案件基本信息】**

1. 裁判书字号

江苏省无锡市梁溪区人民法院（2020）苏 0213 民初 230 号民事判决书

2. 案由：股权转让纠纷

3. 当事人

原告：李 1

被告：夏 1、丁 1

【基本案情】

婚庆礼仪公司于2012年11月14日登记成立，注册资本为10万元，股东为夏1、丁1，二人各出资5万元，分别持有50%股权，夏1为执行董事、总经理、法定代表人；丁1为监事。

2016年11月10日，夏1、丁1（甲方）与李1（乙方）签订股权转让合同一份，约定甲方将其持有的婚庆礼仪公司20%的股权以60万元转让给乙方。本合同生效且满足合同约定的条件后，甲、乙双方应当就股权转让事宜要求婚庆礼仪公司将乙方的姓名、住所、受让的出资额及股权比例记载于股东名册，并办理完毕包括但不限于工商登记等手续，婚庆礼仪公司应就该转让已记载于股东名册并办理完毕工商登记等手续的事实通知甲、乙双方；婚庆礼仪公司应当在满足本合同及附属条款约定条件之日起15个工作日内向相关部门申请进行股权变更登记，并在法定时限内办理完毕股权转让变更登记手续。同日，丁1、夏1、李1签署股权转让备忘录一份，约定付款事宜。

合同及备忘录签订后，李1于2016年12月31日前，支付夏1、丁1转让款60万元。

夏1、丁1未向李1提供出资证明并将李1受让股权、出资额及股权比例情况记载于婚庆礼仪公司股东名册，未就股权转让、股东变更情况召开股东会、形成股东会决议并修改婚庆礼仪公司章程、进行工商变更登记。李1未参与婚庆礼仪公司经营，未参加婚庆礼仪公司股东会、未获得股权分红。

自2018年年初起，婚庆礼仪公司停业，但未办理注销手续。夏1、丁1称婚庆礼仪公司停业后的亏损及债务由其二人按投资比例负担，未要求李1承担，但其已将婚庆礼仪公司停业的事实通知李1。

2020年1月7日，李1诉至法院要求判令解除其与夏1、丁1签订的股权转让合同，夏1、丁1共同返还其股权转让款60万元及利息损失。

【案件焦点】

股权转让合同生效后，夏1、丁1是否履行合同义务将股权交付给李1，李1是否有权单方解除股权转让合同。

**【法院裁判要旨】**

江苏省无锡市梁溪区人民法院经审理认为：夏1、丁1与李1签订的股权转让合同及备忘录依法成立、有效，双方均应按约履行。股权转让合同生效后，转让人所负主要合同义务是交付股权，受让人所负主要合同义务是支付约定的价款。李1于2016年12月31日付清了股权转让款60万元，按约履行了合同义务。

关于股权的交付，根据《中华人民共和国公司法》第三十二条的规定，除法律、行政法规规定应当办理批准手续才能生效的股权转让以外，股权转让对内以记载于股东名册之时生效，对外以公司登记机关变更登记之时产生对抗第三人效力。按照股权转让合同关于股权交付的约定，夏1、丁1应当要求婚庆礼仪公司将李1记载于股东名册并办理完毕包括但不限于工商登记等手续，婚庆礼仪公司应就该转让已记载于股东名册并办理完毕工商登记等手续的事实通知夏1、丁1与李1。

夏1、丁1一方面既未提供在约定期限内将李1记入婚庆礼仪公司股东名册的证据，亦未提供婚庆礼仪公司股东会议纪要、章程等能够证明婚庆礼仪公司认可李1为新股东的证据；另一方面未要求婚庆礼仪公司办理变更登记，李1在婚庆礼仪公司内部或对外均未获得受让的股权。夏1、丁1未履行转让方交付股权的主要合同义务，已构成根本违约。夏1、丁1关于办理变更登记是婚庆礼仪公司的责任的抗辩，婚庆礼仪公司并非合同相对方，要求婚庆礼仪公司将李1记入股东名册、办理股权变更登记等手续属于夏1、丁1的合同义务；且夏1、丁1作为婚庆礼仪公司出资比例100%的股东，夏1作为婚庆礼仪公司的法定代表人，二人有义务也有能力履行该项义务。因婚庆礼仪公司未履行义务造成夏1、丁1违约的，违约责任仍由夏1、丁1承担。夏1、丁1关于未办理公司变更登记是因李1未予以配合的抗辩，没有证据予以证明。关于夏1、丁1抗辩李1未催告其履行合同义务，不符合合同解除条件，其现在随时可以配合李1办埋变史登记，李1仍可获得婚庆礼仪公司股权、实现合同目的意见，本院认为，催告系债权人的权利而非其义务，债权人行使法定解除权也不以催告为前提条件。李 1 签订股权转让协议是为了获得当时双方确认总资产为 300 万元的婚庆礼仪公司的股权。合同约定的履行期限至今已逾 3 年，婚庆礼仪公司也已经停业 2 年，在此情况下交付股权，明显不符合李 1 签订股权转让合同时的目的。

江苏省无锡市梁溪区人民法院依照《中华人民共和国合同法》第九十四条第（四）项、第九十七条、第一百二十一条，《中华人民共和国公司法》第三十二条，《中华人民共和国民事诉讼法》第六十四条第一款之规定，作出如下判决：

一、解除李 1 与夏 1、丁 1 于 2016 年 11 月 10 日签订的股权转让合同；

二、夏 1、丁 1 应于本判决发生法律效力之日起十日内向李 1 返还股权转让款 60 万元、赔偿利息损失（以 60 万元为基数，自 2017 年 1 月 1 日起至 2019 年 8 月 19 日止，按照中国人民银行同期同类贷款基准利率计算，自 2019 年 8 月 20 日起至实际给付之日止按照全国银行间同业拆借中心公布的贷款市场报价利率计算）。

**【法官后语】**

本案涉及股权转让合同生效后，是否发生股权转让。有限责任公司股权转让自股东名册记载变更生效。受让人取得股权是股权转让合同与股东名册变更共同作用的结果。在不存在规范股东名册的情况下，有关的公司文件，如公司章程、会议纪要等，只要能够证明公司认可受让人为新股东的，都可以产生相应的效力。如果因转让人不履行交付股权的义务导致公司不变更股东名册，则受让人有权就股权转让合同纠纷提起诉讼，追究转让人的违约责任。

一、股权转让合同生效不等同于股权转让生效

当事人之间订立有关转让有限责任公司股权的合同，除法律另有规定或者合同另有约定外，自双方意思表示一致，合同成立时生效。股权转让合同生效后，并不当然发生股权转让的效力。转让人所负主要合同义务是交付股权，而受让人所负主要合同义务是支付约定的价款。股权转让属于股权转让合同中转让人的履行行为。

二、有限责任公司股权转让自股东名册记载变更时生效

《中华人民共和国公司法》第三十二条规定："有限责任公司应当置备股东名册，记载下列事项：（一）股东的姓名或者名称及住所；（二）股东的出资额；（三）出资证明书编号。记载于股东名册的股东，可以依股东名册主张行使股东权利。公司应当将股东的姓名或者名称向公司登记机关登记；登记事项发生变更的，应当办理变更登记。未经登记或者变更登记的，不得对抗第三人。"根据上述条款，除法律、行政法规规定应当办理批准手续才能生效的股权转让外，有限责任公司股权转让，股东对内以记载于股东名册之时行使股东权利，对外以公司登记机关变更登记之时产生对抗第三人效力。

《全国法院民商事审判工作会议纪要》第八条规定："当事人之间转让有限责任公司股权，受让人以其姓名或者名称已记载于股东名册为由主张其已经取得股权的，人民法院依法予以支持，但法律、行政法规规定应当办理批准手续生效的股权转让除外。未向公司登记机关办理股权变更登记的，不得对抗善意相对人。"该条款确定了有限责任公司股权转让自股东名册记载变更时生效。

该条款的法理依据是公司法第三十二条确立的有限责任公司股东名册记载，在效力上属于设权登记，即有关事项登记后产生创设权利或者法律关系的效力，而非对股权变更结果的一种公示。股东名册登记的设权性质决定股权转让合同生效并不会使受让人自动取得股权。受让人只有在公司股东名册上记载了自己的姓名或者名称后，才能以股东身份对公司主张行使股东的权利，此时才取得了股权。因此，受让人取得股权是股权转让合同与股东名册变更共同作用的结果，而股东名册的变更是受让人取得股权的标志。股权变更登记仅具有公示效果，产生对第三人的对抗力，但不影响股权转让合同及股权转让的效力。

三、司法实践中股权转让生效的判断标准

八民会议纪要也指出，虽然公司法中明确要求有限责任公司应当置备股东名册，但是目前实践中部分公司管理不规范，存在股东名册形同虚设甚至不设股东名册的情况。针对这一现实情况，考虑到股东名册记载变更的目的归根结底是公司正式认可股权转让的事实，审判实践中可以根据案件实际审理情况，

认定股东名册是否变更。在不存在规范股东名册的情况下，有关的公司文件，如公司章程、会议纪要等，只要能够证明公司认可受让人为新股东的，都可以产生相应的效力。笔者认为，如受让人存在实际参与公司决策、经营，领取分红等实际享有股东权利的事实，也可证明公司已认可股权转让的事实，从而认定转让人已经实际履行转让股权的合同义务。

四、公司不变更股东名册时受让人的救济途径

股权转让自公司股东名册变更时生效，产生的问题就是公司如果没有按照法律规定履行股东名册变更义务时，受让人如何救济自己的权利？

股权转让实际是股权转让合同的履行行为。股权转让合同生效后，转让人所负的主要合同义务就是向受让人交付股权，而转让人与受让人股权转移的标志是股东名册变更，故转让人交付股权的义务就具体体现为将股权转让的事实以书面方式通知公司，请求公司办理变更登记手续，并在需要时进行协助配合。而根据公司法及《公司登记管理条例》的相关规定，有限责任公司股东转让股权的，公司负有将股权转让结果记载于股东名册、修改公司章程、申请变更工商登记的义务。故根据股权转让合同，双方当事人有权要求公司办理股东名册的变更，公司有义务将受让人的姓名或者名称、住所地在股东名册上记载，从而使受让人取得股东资格。如果因转让人不履行交付股权的义务导致公司不变更股东名册，则受让人应当就股权转让合同纠纷提起诉讼，追究转让人的违约责任。如果转让人通知了公司股权转让的事实，请求公司办理变更登记手续，而公司怠于或者拒绝履行义务，既造成转让人不能履行自己的合同义务，妨碍了转让人转让股权，又造成受让人不能正常取得股东身份或者行使股东权利，则转让人、受让人均可以公司为被告起诉请求办理股东名册变更，得到法律救济。法院可以判令公司履行法律规定的义务，排除对股东行使权利的妨碍。

**编写人：江苏省无锡市梁溪区人民法院　王晓芬**

22

# 显名股东依据代持股协议履行权利受法律保护

## ——谢1、温1诉钟1、赖1股权转让案

**【案件基本信息】**

1. 裁判书字号

广西壮族自治区崇左市扶绥县人民法院（2020）桂1421民初1261号民事判决书

2. 案由：股权转让纠纷

3. 当事人

原告：谢1、温1

被告：钟1、赖1

第三人：曾1、钟2、许1、石灰岩矿

**【基本案情】**

2014年5月9日，东滕建材召开股东会，出席人员为该公司全体股东（谢1、温1、杨1、曾1、许1、东滕投资、钟1），会议内容：1. 东滕建材采取认缴100万元方式注册成立石灰岩矿（性质：个人独资）。2. 将石灰岩矿的100%股权交由自然人赖1代为持有，同时聘请赖1先生担任拟成立的石灰岩矿（个人独资）的法人代表。3. 由东滕建材同赖1先生签订代持股协议。4. 东腾建材的股权结构为创始股东许1占20%、曾1占19%、谢1占18%、杨1占16%、温1占16%，新进股东钟1占6%、钟2占5%。于2015年9月16日召开关于石灰岩矿股权问题会议，并通过以下决议：1. 石灰岩矿股东股权比例为谢1占22%、温1占19%、曾1占7%、钟1占14%、钟2占19%、许1占19%（其中赖

1作为法人持有该股份2%的干股)。2. 由许1授权曾1代持，两人股权合计26%，温1授权谢1代持，两人股权合计41%，钟1授权钟2代持，两人股权合计33%，由谢1、曾1、钟2行使公司管理权和运营的相关文件，委托人钟1、温1、许1均认可，但委托人钟1、温1、许1有知情权。3. 石灰岩矿由东滕建材全资控股，由曾1作为董事长。但决策权必须经曾1、钟2、谢1三人一致同意，方可生效，即一票否决制。4. 钟1同时为石灰岩矿法人赖1的授权代表，参加会议，具有法律效力。会议制作了会议纪要，参会人员（曾1、钟1、谢1、钟2、温1、许1、赖1）均在会议纪要上签字确认。2014年5月21日重新注册成立石灰岩矿。营业执照注明投资人是赖1，属个人独资企业。2015年11月6日，赖1与钟1签订《石灰岩矿股权转让协议》，将所持有石灰岩矿100%的股权全部转让给钟1，企业注册登记投资人于2015年11月26日变更为钟1。

【案件焦点】

谢1、温1是否有权行使撤销权，撤销由第三人许1代理赖1与其于2015年11月6日签订的《石灰岩矿股权转让协议》。

【法院裁判要旨】

广西壮族自治区崇左市扶绥县人民法院经审理认为：根据《中华人民共和国个人独资企业法》第八条、第十七条的规定，“设立个人独资企业应当具备下列条件：（一）投资人为一个自然人……”“个人独资企业投资人对本企业的财产依法享有所有权，其有关权利可以依法进行转让或继承”。在本案赖1签订转让协议前，石灰岩矿工商登记的投资人为赖1。赖1作为石灰岩矿工商登记的投资人，授权许1与钟1签订关于《石灰岩矿股权转让协议》，将所持有石灰岩矿股权全部转让给钟1，企业注册投资人已变更为钟1，故谢1、温1主张赖1无权处分股权转让没有法律依据。对于谢1、温1主张赖1对石灰岩矿股权是对外代持人，无权处分转让行为，《中华人民共和国合同法》第四十八条规定：“行为人没有代理权、超越代理权或者代理权终止后以被代理人名义订立的合同，未经被代理人追认，对被代理人不发生效力，由行为人承担责任。相对人可以催告被代理人在一个月内予以追认。被代理人未作表示的，视为拒绝追认。合同被追认之前，善意相对人有撤销的权利。撤销应当以通知的方式作出。”从《代持股协议书》看出，该持股协议书是东滕建材与赖1所签订，赖1并非代谢1、温1持有股份，东滕建材是依法登记成立的有限责任公司，具有独立法人资格，谢1、温1无权行使撤销的权利。

综上，广西壮族自治区崇左市扶绥县人民法院依照《中华人民共和国个人独资企业法》第八条、第十七条和《中华人民共和国合同法》第八条、第四十八条的规定，判决如下：

驳回谢1、温1的诉讼请求。

**【法官后语】**

随着市场经济向纵深发展，法律关系也在发生着深刻变革。正如善意取得制度对绝对物权的否定而保护交易人一样，市场经济的发展程度导致了对交易价值的保护程度不断加深。这点在代持股方面体现得尤为明显，投资者作为公司的实际出资人，可能因为种种原因而不愿意让外界知晓其投资的事实，通过代持股协议让受托人就投资的股份进行持有，这种以受托人名义持股的现象在当前的市场环境下十分常见。但是代持股过程中因为实际投资人是隐名的，导致在股东资格的认定、股东的出资责任、对于债权人的责任等方面问题频发，往往是利益主导时投资人和名义股东争当实际股东，责任主导时两方都拒当股东。这些都是司法实践中难以处理的问题。

本案纠纷涉及显名股东和实际出资人关系。显名股东和实际出资人因代持股协议而产生权利义务，显名股东和实际出资人是协议的主体，两者是合同关系。也可以认为两者是委托关系，实际出资人委托显名股东持有股份，显名股份根据代持股协议来完成报告义务或管理公司的义务。显名股东进行商业活动时则属于隐名代理，为实际出资人的利益，以自己的名义对外从事相关的管理或其他活动。

代持股行为属于私法领域，当事人的意思自治极为重要。实际出资人通过代持股协议约束显名股东的行为，显名股东和实际出资人的权利义务主要就是通过代持股协议来约定。但是在外部对于公司以及公司的债权人则应当以显名股东来履行相关的责任，显名股东在承担责任之后，若代持股协议有约定的则按照代持股协议的约定执行，若协议没有约定则要向实际出资人追偿。若实际出资人或显名股东违反协议，如显名股东随意处分股份等，违约方应当承担赔偿损失、承担违约金的责任。本案中，从《代持股协议书》可以看出，该持股协议书是东滕建材与赖1所签订，赖1并非代谢1、温1持有股份，东滕建材是依法登记成立的有限责任公司，具有独立法人资格，谢1、温1无权行使撤销的权利。赖1作为石灰岩矿工商登记的投资人，根据法律的规定，个人独资企业投资人对本企业的财产依法享有所有权，其有关权利可以依法进行转让或继承。赖1将所持有石灰岩矿股权全部转让给钟1的行为合法有效。

编写人：广西壮族自治区崇左市扶绥县人民法院　黄全红

23

# “对赌”回购之债可认定为夫妻共同债务

## ——黄1诉李1等股权转让案

【案件基本信息】

1. 裁判书字号

北京市通州区人民法院（2019）京0112民初2968号民事判决书

2. 案由：股权转让纠纷

3. 当事人

原告：黄1

被告：李1、梁1、联合众投中心、互联科技公司

【基本案情】

李1、梁1于2001年2月1日登记结婚，系夫妻关系。互联科技公司成立于2008年4月29日，股东为李1、梁1、联合众投中心等，李1任法定代表人、董事长，梁1任董事。联合众投中心成立于2014年6月19日，执行事务合伙人为梁1，合伙人为李1、梁1等。

2015年5月6日，黄1与李1、联合众投中心、互联科技公司签订《股权融资协议》和《股权认购协议》，约定互联科技公司通过联合众投中心对黄1实施股权融资，黄1出资1060万元，持有联合众投中心53%的合伙份额，又因联合众投中心直接持有互联科技公司800万元股份，实际上黄1间接持有互联科技公司424万元股份。协议约定，黄1在1年锁定期内不得转让股份，此后转让退出只能在窗口期内行使，如黄1退出转让时，互联科技公司未上市或在公开市场无交易定价，则李1将以自有资金对投资人投资本金及收益进行保底，保底收益为“本金+12%年化收益”。各方确认，黄1投入的1060万元实际用于互联科技公司经营。互联科技公司截至本案开庭之日未上市，在公开市场亦无交易定价。

2015年5月15日，黄1通过网上银行转账，向李1账户支付投资款1060万元，互联科技公司出具股权证书，证明黄1完成出资，间接持有互联科技公司股份424万股。

2018年1月29日，黄1向李1、梁1、联合众投中心、互联科技公司发函，要求李1在2018年5月15日前完成回购股份，李1、梁1支付回购款。2018年11月14日，李1、联合众投中心、互联科技公司出具《回购函》，同意就股权出资款1060万元，由李1和梁1回购受让，并提出具体的回购方案。黄1不同意该回购方案，故诉至法院要求判令：1. 李1、梁1回购黄1持有的联合众投中心全部合伙份额（受让价款包括本金1060万元和以1060万元为基数，自2015年5月15日起算至实际付清之日止，按照年利率12%计算的收益）；2. 联合众投中心、互联科技公司对上述债务承担连带责任；3. 诉讼费由被告承担。

【案件焦点】

基于“对赌”回购产生的债务，是否可认定为夫妻共同债务。

【法院裁判要旨】

北京市通州区人民法院经审理认为：黄1要求由李1回购其持有的联合众投中心合伙份额，符合法律规定及合同约定，李1应履行回购义务、支付回购款。

关于梁1是否应承担共同还款责任，《最高人民法院关于审理涉及夫妻债务纠纷案件适用法律有关问题的解释》（以下简称《解释》）第三条规定，夫妻一方在婚姻关系存续期间以个人名义超出家庭日常生活需要所负的债务，债权人以属于夫妻共同债务为由主张权利的，人民法院不予支持，但债权人能够证明该债务用于夫妻共同生活、共同生产经营或者基于夫妻双方共同意思表示的除外。

本案中，从债务产生时间来看，李1、梁1于2001年2月1日登记结婚，2015年各方签订《股权融资协议》《股权认购协议》，后因黄1行使合同约定的回购权，要求李1支付受让价款，致使李1负担上述债务，可见，上述债务发生于李1、梁1夫妻关系存续期间。从债务款项用途来看，该债务系基于《股权融资协议》《股权认购协议》产生，款项用途为通过黄1持有联合众投中心的份额、间接持有互联科技公司股份的方式，实现向黄1融资的目的，黄1出资的1060万元全部用于互联科技公司的经营中。根据工商登记信息，梁1为联合众投中心执行事务合伙人，互联科技公司的股东、董事。可见，联合众投中心、互联科技公司是李1、梁1共同参与经营的合伙企业、公司。因此，李1、联合众投中心、互联科技公司因与黄1融资签订《股权融资协议》《股权认购协议》，后因黄1要求回购投资份额致使李1负担的债务，系用于夫妻共同生产经营、基于夫妻双方共同意思表示所负的债务，属于李1、梁1的夫妻共同债务，梁1应对其承担共同还款责任。

黄1要求联合众投中心、互联科技公司对债务承担连带责任于法无据，不予支持。

依照《中华人民共和国合同法》第八条、第六十条、第一百零七条，《中华人民共和国民事诉讼法》第六十四条、第一百四十四条，《解释》第三条规定，判决如下：

一、李1回购黄1持有的联合众投中心的全部合伙份额并支付价款1060万元及收益（以1060万元为基数，自2015年5月15日起算至实际付清之日止，按照年利率12%标准计算）；

二、梁1对本判决第一项确定的债务承担共同还款责任；

三、驳回黄1的其他诉讼请求。

【法官后语】

本案中，关于“对赌协议”产生的回购义务是否属于夫妻共同债务，主要涉及以下问题。

一、夫妻共同“债务”的范围

在当前的司法实践中，对于夫妻共同债务的认定，存在狭隘化理解的趋势，即认为夫妻共同债务仅限于“借款”，对于借款之外的合同之债，甚至于侵权、无因管理、不当得利之债，是否可认定为“夫妻共同债务”，存在诸多争议。笔者认为，从《解释》条文来看，通篇均使用“所负债务”的表述，其并未对“债务”的种类做限缩性、指向性的释义，故对夫妻共同“债务”范围也应从通常意义予以认定。在债的体系中，夫妻“债务”不仅限于借款，甚至不应局限于合同领域，只要其依法承担对债权人为或不为一定行为的义务，就可称为法律意义上的“债务”，在满足法定条件下，就可以认定为夫妻共同债务。

二、“对赌”回购义务的法律属性

“对赌协议”由投资方与融资方事先签订，在被目标企业未达成业绩目标、挂牌/上市、财务指标等“对赌”条件时，触发约定的“对赌”条款，投资方可进行估值调整，要求融资方进行业绩补偿、回购股份/份额等。股权/份额回购是“对赌”的常见条例和触发执行时的常见结果。回购的义务主体包括股东、管理层、企业等。在控股股东承担回购义务的情形下，回购主要包括两个行为：一是股权/份额变更，由股东自筹资金受让投资方的股份/份额，投资方从目标企业退出；二是资金补偿，由股东按照“成本+保底收益”向投资方支付补偿款。从该法律属性可见，回购义务是“对赌”失败时，由融资方向投资方承担的、以“受让股份/份额”和“支付补偿款”为行为内容的法律义务，是一种同时包含“受让”和“付款”两个行为的新型债务。

三、回购义务构成夫妻共同债务的认定标准

根据《解释》第三条规定，在婚姻关系存续期间，一方以个人名义所负债务，如系用于夫妻共同生活、共同生产经营、基于共同意思表示，则构成夫妻共同债务。由于“对赌”系企业融资的商业安排，一般与“夫妻共同生活”无涉。而在认定“对赌”回购之债是否构成“共同生产经营”和“共同意思表示”时，应重点考虑以下因素：一是目标企业的股权/份额结构。在股权融资中，如配偶一方在企业持有股份/份额，或系企业法定代表人、执行事务合伙人、高管、实际控制人的，应认定该目标企业属于夫妻共同经营的企业。本案中，梁1与李1同为目标公司互联科技公司的股东、高管，同时也是控股合伙企业联合众投中心的负责人、合伙人，应认定企业由夫妻二人共同经营。二是“对赌协议”的签订目的。常见的“对赌”标的包括“赌业绩”“赌上市”等，法院应根据不同的融资用途，分析“对赌”结果是否涉及配偶的利益。本案中，由于融资款项均用于互联科技公司的生产经营，梁1作为公司股东和高管，其可以从公司业绩提升和资产增值中受益。因此，该“对赌协议”的签订，符合夫妻双方的共同利益，由此产生的回购义务，也应属于夫妻共同债务。三是配偶在“对赌协议”履行过程中的参与度。本案中，李1提供的《回购函》中，回购方案明确约定由梁1共同承担回购责任，梁1虽未在该函上签字，但由其担任执行事务合伙人的联合众投中心在其中加盖公章，应认为梁1知晓并同意份额回购事宜，该“对赌”回购之债属于基于李1、梁1夫妻双方共同意思表示所负的债务，应认定为夫妻共同债务。

编写人：北京市通州区人民法院　杜鹏　梁睿诗

24

# 为目标公司上市而虚增经营业绩的“对赌协议”应为无效

## ——翁1诉王1、王2股权转让案

**【案件基本信息】**

1. 裁判书字号

北京市海淀区人民法院（2018）京0108民初16427号民事判决书

2. 案由：股权转让纠纷

3. 当事人

原告：翁1

被告：王1、王2

**【基本案情】**

2016年6月30日，翁1（甲方）与乙方（王1、王2）、丙方（马1、王3）共同签订了《股权转让协议》，约定王1、王2将其合计持有的商贸公司100%股权转让给翁1，翁1支付的对价为5000万元。同时乙方保证，科技公司通过与商贸公司的合作将获得专属于科技公司的利润如下：（1）2016年会计年度净利润达到5000万元；（2）2017年会计年度净利润达到7500万元；（3）2018年会计年度净利润达到1.1亿元。2016年度商贸公司给科技公司带来的净利润未达到乙方承诺的条件。翁1认为，王1、王2应当依约回购商贸公司的股权。

王1、王2认为，双方签订的《股权转让协议》无效，翁1要求支付转让款无事实和法律依据。2016年2月，科技公司持股比例最大的股东周1之子周2、唐1与王1协商一致，拟将科技公司在新三板挂牌上市，为满足挂牌所需“企业具有持续经营能力”的条件，采取受让王1持有的商贸公司股权的方式，以股权转让款的名义将资金汇入王1的账户。王1累计通过经销商账户向科技公司汇款4996万元。之后，因翁1未再向王1汇款，王1不再向科技公司汇款，科技公司终止申报新三板挂牌。

为此，王1提交其与科技公司王3的微信聊天记录，该记录显示在2016年8月至2017年2月，王3曾多次与王1沟通，告知其每月打款任务（月均600万元至700万元）及由20家至25家公司构成，每家20万元至40万元即可。此外，王1提交加盖有科技公司财务专用章的《K2服务费收入表》，该表显示从2016年5月至2017年2月，科技公司从多家公司及个人处收款共计4996万元。该表格显示科技公司每月收款客户在15家至25家。翁1称该表格上的款项对应有真实的基础贸易，但并未提交证据予以证明。

## 【案件焦点】

1.“对赌协议”设立目的是否为合法投资行为抑或隐匿包含有虚假意思表示的民事行为；2.《股权转让协议》中“对赌”条款的效力认定审查标准应如何确定。

## 【法院裁判要旨】

北京市海淀区人民法院经审理认为，结合翁1自认系受周1委托与王1、王2签订《股权转让协议》，以及王1与科技公司法定代表人王3的微信聊天记录可知，在翁1无法提交案外经销商与科技公司存在真实交易的情况下，王1存在与科技公司相关人员合谋，在没有真实交易的情况下，通过案外经销商向科技公司汇款，虚增科技公司业绩的行为。北京市第一中级人民法院（2019）京01民终4391号民事判决书中亦认为该案中所涉的750万元并非借款，该笔款项与王1的抗辩意见，即其收到的750万元是为了科技公司达到在新三板挂牌上市所需的利润数额，由唐1、周2等人预设每月利润数额，再由王1负责寻找经营商与科技公司签订信息服务协议，进而实现预设利润的抗辩意见高度相符。可见，王1、王2与翁1虽通过签署《股权转让协议》，从形式上完成了对商贸公司股权转让的交易，但签署《股权转让协议》的真实目的并非股权转让，而系通过此种交易模式将周1所持有的资金由王1通过案外经销商最终汇入科技公司账户，以此虚增业绩，进而获得新三板挂牌的可能。此种行为不仅违反了新三板挂牌的相应规则，同时依照《中华人民共和国会计法》第二十六条第（四）项规定，公司、企业进行会计核算不得随意调整利润的计算、分配方法，编造虚假利润或者隐瞒利润，故前述行为亦违反现行法律规定。虽然科技公司最终并未在新三板挂牌，但并不能据此否定此种交易模式所掩盖的非法目的。据此，《股权转让协议》中约定的翁1与王1、王2之间权利义务的条款应为无效。

结合《K2服务费收入表》载明的收款情况，王1已将其收到的4996万元款项汇至科技公司，基于周1在科技公司所处第一大股东的身份及委托翁1代其签订本案《股权转让协议》的事实，王1、王2无须向翁1返还该4996万元。对于剩余的4万元，王1虽称经销商扣除10%的税款后以信息服务费的名义向科技公司汇款，但依照其所提交的相关汇款单据，无法体现出10%的税款，故王1、王2应将该4万元向翁1返还。同时，翁1应将其持有的商贸公司股权向王1、王2返还。综上，一审法院判决如下：

一、翁1与王1、王2、马1、王3于2016年6月30日签订的《股权转让协议》中有关翁1与王1、王2之间权利义务的约定条款无效；

二、王1、王2于本判决生效之日起十日内返还翁1 4万元；

三、翁1于本判决生效之日起十日内将其持有的商贸公司股权向王1、王2返还（将持有的出资4500万元返还王1、将持有的出资500万元返还王2）；

四、驳回原告翁1的其他诉讼请求。

## 【法官后语】

本案单纯从双方签订的《股权转让协议》内容来看，双方对于转让方承诺的案外公司业绩及回购条件作出约定。从表面证据而言，回购条件作为双方约定事项，当事人应当按照约定内容履行各自权利义务。但基于本案查明事实，回购约定并非单纯的业绩承诺，通过协议隐含规避了上市交易所对于拟上市挂牌企业的既往业绩要求，进而对投资者产生误导。那么，针对该类合同，在实践中应当如何认定合同性质，成为审判工作的难点问题。

一、“对赌协议”的性质认定

所谓“对赌协议”，实践中又称估值调整协议，是指投资方与融资方在达成股权性融资协议时，为解决交易双方对目标公司未来发展的不确定性、信息不对称以及代理成本而设计的包含股权回购、金钱补偿等对未来目标公司的估值进行调整的协议。对于该类协议的效力判断，《最高人民法院全国法院民商事审判工作会议纪要》（以下简称《九民纪要》）明确规定，对于投资方与目标公司的股东或者实际控制人订立的“对赌协议”，如无其他无效事由，认定有效并支持实际履行，实践中并无争议。可见，通常情况下，该类合同效力并不存在异议。但应当注意到，《九民纪要》同时强调，人民法院应当针对“对赌协议”是否存在其他无效事由予以审查。

二、虚假意思表示行为的效力认定

《中华人民共和国民法典》第一百四十六条规定针对通谋虚伪行为的法律效力作出了规定。可见，该行为的认定标准把握，对当下该类案件的审判具有重要借鉴意义。实践中，行为人与相对人通谋以虚假的意思表示实施的民事法律行为，该行为意在以假意掩盖真意。该种虚假意思表示通常包含两个行为：一是伪装行为，即行为人和相对人通谋表示虚假意思的行为；二是隐藏行为，即被伪装行为所掩盖的，代表行为人和相对人真实意思表示的行为。

我们认为，规避上市交易所上市规则的虚假意思表示行为应认定为无效。就本案而言，在翁1无法提交案外经销商与科技公司存在真实交易的情况下，王1存在与科技公司相关人员合谋，在没有真实交易的情况下，通过案外经销商向科技公司汇款，虚增科技公司业绩的行为。北京市第一中级人民法院相关判决中亦认为双方所涉其他诉讼中涉及的款项，与王1的抗辩意见，即由其负责寻找经销商与科技公司签订信息服务协议，进而实现预设利润的抗辩意见高度相符。可以看出，王1、王2与翁1虽通过签署《股权转让协议》，从形式上完成了对商贸公司股权转让的交易。签署《股权转让协议》的真实目的并非股权转让，而系通过此种交易模式将周1所持有的资金由王1通过案外经销商最终汇入科技公司账户，以此虚增业绩，进而获得新三板挂牌的可能。此种行为不仅违反了新三板挂牌的相应规则，同时也违背了《中华人民共和国会计法》第二十六条第（四）项规定，即公司、企业进行会计核算不得随意调整利润的计算、分配方法，编造虚假利润或者隐瞒利润，故前述行为亦违反现行法律规定。一旦企业上市成功，不仅会对投资者产生误导，亦会严重影响资本市场交易秩序。虽然科技公司最终未能在新三板挂牌上市，但并不能据此否定此种交易模式所掩盖的非法目的。因《股权转让协议》中丙方已与乙方（即本案被告）在判决前调解，故《股权转让协议》中约定的翁1与王1、王2之间权利义务的条款应为无效。

编写人：北京市海淀区人民法院　宋硕

25

# 员工股权激励法律关系性质认定

## ——陆某、某信息技术公司诉王某股权转让案

**【案件基本信息】**

1. 裁判书字号

北京市第三中级人民法院（2020）京03民终4781号民事裁定书

2. 案由：股权转让纠纷

3. 当事人

原告（被上诉人）：陆某、某信息技术公司

被告（上诉人）：王某

【基本案情】

某信息技术公司成立于2005年4月4日，公司成立时的类型为有限责任公司，后变更为股份有限公司（非上市）。公司成立时的注册资本为人民币300万元，后经多次增资变更为人民币675576000元。股东为上海某投资管理有限公司、陆某、王某等。

王某于2007年5月16日受让某信息技术公司0.10%的股权，此后由于某信息技术公司进行股份制改革及增资，王某所持有某信息技术公司的股份数量及持股比例也随之发生相应变化。2019年9月，某信息技术公司的总股本增加至675576000股，王某的持股比例变更为0.0309%。

2007年5月16日，陆某作为甲方与乙方王某签署《股权转让协议》，主要条款包括：甲方按照本协议约定的条件和条款向乙方转让甲方所持有的某信息技术公司一定比例的股权，是某信息技术公司现时和将来实施的股权激励机制的一部分。乙方承诺，将遵守某信息技术公司现时和将来制订的股权激励计划（为避免歧义，股权激励计划的判断应基于其实质内容，而无论名称是不是股权激励计划），只要该等股权激励计划的全部或部分适用。协议就双方权利义务进行具体约定，同日，某信息技术公司全体股东签署了公司章程。章程的第三章记载，公司的注册资本为人民币300万元，其中股东王某的出资额为人民币3000元，持股比例为0.10%。

2014年5月16日，甲方（转让方）陆某、王某等15名自然人与乙方（受让方）昆山某公司、丙方某信息技术公司签订《股份转让协议》，其中王某转让50000股，转让份额为0.0079%，转让价款为人民币943396.23元。2014年5月23日，昆山某公司支付上述股权转让款。此后，王某出具《转让款收到确认》，确认收到转让款。

2014年7月，某信息技术公司制定《股权管理办法》，2014年7月29日，王某签字并确认已经阅读《股权管理办法（2014年7月版）》，同意遵守该管理办法的规定。

同日，王某向某信息技术公司出具《承诺函》，约定：本人承诺，自本人收到款项之日起，若本人于本次股份转让完成之日起的一定时限内，无论因何种原因，与某信息技术公司（包括某信息技术公司现有的关联方以及未来某信息技术公司的任何关联方）解除劳动关系（包括不再建立新的劳动关系、雇佣关系终止），则本人将于雇佣关系终止之日起的十五日之内，以人民币的形式向某信息技术公司支付特殊补偿金。

2016年5月31日，某信息技术公司向王某发送《回购某信息技术公司股份的通知函》，主要内容为因王某已经于2016年5月19日与某信息技术公司终止劳动关系，因此要求王某根据2007年5月签署的《股权转让协议》，在2016年6月30日之前办理相关股权回购的转让手续。但双方最终未能达成一致意见。

庭审中，关于王某获得某信息技术公司0.10%的股权支付股权转让款情况，某信息技术公司、陆某称按照《股权转让协议》，当时王某仅支付了人民币3000元获得相应股权，完全低于市场价值。

2007年5月21日，某信息技术公司作为甲方与乙方王某签订《劳动合同》和《劳动合同补充协议》，2007年9月21日，王某入职香港某信息技术公司，2016年5月19日，王某与香港某信息技术公司解除劳动关系。各方认可王某与香港某信息技术公司解除劳动关系即为与某信息技术公司终止劳动关系。

现某信息技术公司、陆某向法院起诉请求：1. 王某支付激励股份转让的特殊补偿金人民币754716.98元；2. 王某支付延期支付特殊补偿金的利息损失（以人民币754716.98元为基数，按照中国人民银行1~3年期贷款利率年化4.75%的标准，自2016年6月4日起计算至实际给付之日止）；3. 王某以人民币1136172.84元的价格向陆某转让208905股某信息技术公司股份，并配合办理股份转让的工商变更手续；4. 诉讼费用由王某承担。

**【案件焦点】**

1. 案涉股权激励纠纷是否属于劳动争议；2. 王某是否应当向某信息技术公司支付特殊补偿金；3. 王某持有的信息技术公司208905股股份的转让价格如何确定；4. 陆某是否为本案的适格原告。

【法院裁判要旨】

北京市朝阳区人民法院经审理认为：股权激励是一种通过让公司董事、监事、高级管理人员或普通员工持有公司股权，分享公司的剩余索取权，进而对其形成长效激励，并以此促进公司绩效的制度安排。由于被激励者通常具有劳动者和公司股东的双重身份，并且股权激励纠纷的产生往往与劳动关系的存续密切关联。因此，如何认定股权激励纠纷的法律性质直接决定了纠纷解决机制的选择和法律适用，是解决股权激励纠纷的首要问题。

关于争议焦点一，一审法院认为因股权激励产生的法律关系与劳动关系具有独立性，双方法律关系的主体、客体、权利义务内容，以及法律依据均不同。股权激励合同的主体是公司与被激励者，劳动关系的主体是用人单位和劳动者。股权激励关系中被激励者在劳动者的范围中一般是不确定的，通常是公司的董事、监事、高级管理人员或者关键员工，虽然二者主体存在重合的情形，但并不相同。本案中，虽然股权激励合同和劳动关系的双方均为某信息技术公司和王某，但是王某在两种法律关系中具有不同的主体身份。《股权转让协议》中明确表示实施股权激励的目的是“保留住对某信息技术公司的长远发展和营利性有关键性贡献的关键人士”“将乙方的利益和某信息技术公司股东的利益更好地联系起来，以培养某信息技术公司内部的所有者文化”。由此可知，某信息技术公司的股权激励并非面向全体劳动者，而是针对部分对某信息技术公司的发展能够做出特殊贡献的人士，这与王某担任某信息技术公司香港地区CEO暨高级管理人员的身份相符合，其方式是通过将这些关键人士发展为公司的“所有者”即公司股东，即使我们认为高级管理人员也属于劳动者，但其已经不是严格意义上普通的劳动者，并且王某在获得股权激励之后将获得某信息技术公司的股东身份。不可否认，王某获得股权激励建立在其与某信息技术公司存在劳动关系的基础上，王某实现股权激励的利益也与王某的劳动关系存续密切相关，但两种法律关系的产生、消灭到王某因不同法律关系而具有的权利义务均存在差异，具有独立性。王某与某信息技术公司之间因股权激励合同产生的争议系民事合同纠纷，主要受到《中华人民共和国合同法》（以下简称《合同法》)、《中华人民共和国公司法》(以下简称《公司法》)的调整。王某与某信息技术公司因为劳动合同的履行而发生的争议则属于劳动争议，应当受到《中华人民共和国劳动法》及《中华人民共和国劳动合同法》的调整。

关于争议焦点二，《承诺函》及《股权管理办法》是王某和某信息技术公司的真实意思表示，不存在违反法律、行政法规的强制性规定的情形，合法有效，王某应当按照《承诺函》的约定以及《股权管理办法》的规定支付特殊补偿金。

关于争议焦点三，该院认为王某持有的某信息技术公司 208905 股股份应当按照其所持有财产份额所对应的某信息技术公司经审计 2015 年年末净资产值为对价，转让给陆某，并应当配合办理股份转让的工商变更手续。

关于争议焦点四，该院认为王某获得的股权激励是受让于陆某持有的某信息技术公司股权，而根据《承诺函》和《股权管理办法》，王某离职后其持有的某信息技术公司股份应当转让给陆某，陆某作为标的股份的受让人，与某信息技术公司具有共同的诉讼标的，享有诉的利益，因此，陆某作为本案原告主体适格。综上，一审法院判决如下：

一、被告王某于本判决生效之日起十日内向原告某信息技术公司给付特殊补偿金人民币 754716.98 元；

二、被告王某于本判决生效之日起十日内向原告某信息技术公司给付延期给付特殊补偿金的利息（以人民币 754716.98 元为基数，自 2016 年 6 月 4 日至 2019 年 8 月 19 日按照中国人民银行同期同类贷款利率计算，自 2019 年 8 月 20 日起至实际给付之日止按照同期全国银行间同业拆借中心公布的贷款市场报价利率计算)；

三、被告王某于本判决生效之日起十日内以人民币 1136172.84 元的价格向原告陆某转让 208905 股原告某信息技术公司的股份，并配合办理该股份转让的工商变更手续。

判决作出后，王某不服，向北京市第三中级人民法院提起上诉。二审期间，王某申请撤回上诉，二审法院对王某撤回上诉的申请予以准许。

## 【法官后语】

股权激励系以本公司股权为标的，对公司董事、高级管理人员及其他核心人员进行附带条件的激励，使管理层和核心岗位员工直接或间接成为公司股东，从而在大股东和职业经营团队之间建立起长期稳定的利益共享和风险共担机制，以达到发挥高级管理人员的工作积极性和创造性，留住核心人才，促进业绩提升等多重目的的一种现代公司治理制度。本案属于非上市公司股权激励的一种较为典型的模式。本案主要争议焦点为：（1）因股权激励纠纷产生的法律关系认定问题；（2）享受股权激励政策的员工离职产生的特殊补偿金及股权回购问题的认定。

一、涉案股权激励模式的法律性质认定

因股权激励纠纷的产生往往与劳动关系的存续以及工作业绩的达成等密切关联，被激励者亦通常具有劳动者和股东的双重身份。因此，该类纠纷的法律性质成为实践中首要的认定难点。笔者认为，对此问题应当结合股权激励模式的一般属性特点作出分析和认定。

（一）股权激励模式的一般属性分析

第一，从股权激励对象来看，享受股权激励的主体一般是与公司建立劳动关系或聘用关系的员工，通常为公司的董事、监事、高级管理人员、对公司整体业绩和持续发展有直接影响的核心业务人员和管理骨干，以及公司认为应当激励的其他员工。因此，股权激励的对象一般以存在劳动、雇佣关系为前提，但并非面向全体劳动者，人员范围的确定系公司人员管理自主权的体现，而是否参与股权激励及具体方案的设定亦体现了员工的自主自愿选择。

第二，从制度设置目的来看，一般情况下系维持与激励对象劳动关系稳定及提高激励对象工作积极性和能动性，促进公司业绩和提升公司价值。因此，在制度设计上，股权激励的行权条件往往与劳动关系的存续及特定工作业绩的达成存在紧密的关联，公司往往会需要配置相应的业绩考核体系和股权管理计划，这在一定程度上亦体现了用人单位的劳动管理。

第三，从股权激励方式来看，实践中，公司往往会根据实际情况选择不同层面的股权激励措施，包括股权实权激励、股权期权激励、限制条件性股权激励、隐名股权激励等，上述激励方式在员工是否享有完整的股东权利、行权条件内容设置、是否改变公司股权结构等方面存在一定差异，这直接影响了双方权利义务的法律性质更偏向于劳动关系属性，还是股权关系属性，抑或合同关系属性。

实践中对于股权激励纠纷的法律关系性质认定仍然存在不同的观点：一种观点认为因员工股权激励产生的经济性利益本质上属于提供劳动给予的对价，股权激励具体的实施、履行与双方劳动关系建立、履行、解除紧密相连，因此应当属于劳动争议而非合同纠纷，应经仲裁前置程序。[①] 另一种观点则认为股权激励纠纷不属于劳动争议，应当按照合同纠纷予以处理，本案一审判决即持此种观点。

笔者认为，股权激励纠纷在法律关系认定上的复杂性一方面来自司法裁判对于该问题尚未达成统一观点，另一方面亦来自股权激励模式在实践中的多种表现形式，单一路径不足以覆盖和解决复杂多样的实践类型。实际上，无论是在劳动关系还是股权关系中，都不应排除用人单位与劳动者在不违反法律或行政法规强制性规定的情况下，基于自愿协商通过签署协议设置股权激励的具体行权条件，对双方的权利义务关系作出处分。而判断与股权激励协议相关纠纷的性质，亦应根据具体请求事项的依据来源于劳动关系、股权关系，还是一般合同关系进行，即是基于劳动关系中对劳动相关权利的主张，还是在相关劳动合同履行情况及劳动关系的权利义务已经确定的情况下基于股权关系对相关权利的主张。

（二）案涉股权激励模式的法律性质

对于本案股权激励模式，王某的行权条件与劳动关系的存续紧密关联，但是某信息技术公司对王某进行股权激励并非由一个单一的法律行为完成，而是

---

① 详见北京市第一中级人民法院（2020）京01民终4439号民事裁定书，载中国裁判文书网，2021年11月1日访问。该案中，用人单位在向劳动者发出的《入职通知书》中载明：在入职后享受集团针对企业核心高管所设计的长期持股计划，持有1.2%的公司股权/期权，具体的持股方式以及相关限制条件，将在公司整体持股计划完成后统一实施（时间应在三个月内确定）。

通过王某与陆某签署《股权转让协议》。王某向某信息技术公司出具《承诺函》以及签署《股权管理办法》作为一个合同组合，共同构成了王某与某信息技术公司之间因股权激励而产生的法律关系。

其一，在股权激励方式上，双方产生了实际的股权转让，王某直接取得了某信息技术公司工商登记载明的股东资格，其一部分经济性收入直接与某信息技术公司的股权价值挂钩，该类经济性收入与一般的劳动报酬相比具有不确定性和附条件性，其与某信息技术公司之间的法律关系内容也随之超越传统的劳动关系，而具备了明显的股权关系属性。

其二，在诉讼标的内容上，某信息技术公司主张的特殊补偿金请求来源于王某自股权转让中获取的受让款，股权回购请求来源于王某的股东身份，均指向的是劳动关系解除后股权回购及收益分割的问题，而双方对于劳动关系解除本身均不存在争议。

其三，在双方的一般劳动关系范畴上，根据《劳动合同补充协议》，王某的经济性收入包括年薪（月薪）收入、年终奖、销售额提成、住房补贴、股票期权等，具有明显的类别及结构性划分。除股权外，其他直接指向劳动要素的给付对价，均未有证据显示双方就此存在争议。

因此笔者认为，虽然股权激励收益的获得及股权回购条件的成就，均以劳动关系的存续为前提，但是，劳动关系的建立并不意味着双方不可以存在其他法律关系，也不意味着劳动关系吸收了双方之间所有的法律关系。在未有证据显示双方在一般劳动关系属性相关权利义务存在争议，而主要诉争内容来源于股权关系的情况下，一审判决以民商事纠纷对本案作出处理，并适用《合同法》《公司法》作出认定，并无不妥。

二、员工离职后产生的特殊补偿金及股权回购问题的法律认定

王某签署《股权管理办法》并向某信息技术公司出具《承诺函》，就其因股权激励而取得的收益限制以及离职后的股权处分进行了约定，通过将劳动期限与股权激励的收益相关联的方式，来调整王某所获得的股权激励利益，与股权激励制度的目的是一致的，该约定并不违反法律行政法规的强制性规定。王

某在诉讼中主张特殊补偿金在性质上属于离职违约金，违反了劳动法及劳动合同法的强制性规定，缺乏事实和法律依据。

同时，基于用人单位已经建立了较为完善的股权管理机制，对劳动者离职之后股权回购价款明确约定为“经审计上一年末净资产值”，虽然该约定并未明确是账面价值还是评估价值，一审判决从相关会计准则规定的文义解释、审计制度的目的设置、公司经营管理以及王某取得股权激励时的计算方式等综合判断，认定应当按照某信息技术公司上一年度《审计报告》记载的净资产值确定回购价格，王某要求按照股权实际评估价值，缺乏合理性和必要依据，理由充分合理。

编写人：北京市第三中级人民法院　田璐

北京金融法院　张禾

26

# 未经其他股东同意的股权转让协议的效力问题以及股东行使优先购买权是否符合“同等条件”的认定

## ——陈1诉郑1等股权转让案

**【案件基本信息】**

1. 裁判书字号

广东省广州市中级人民法院（2020）粤01民终24121号民事判决书

2. 案由：股权转让纠纷

3. 当事人

原告（上诉人）：陈1

被告（被上诉人）：郑1、互联网科技公司、投资管理公司

## 【基本案情】

投资管理公司的股东为郑1、潘1、林1、陈1，其中郑1认缴出资550万元，占股55%，潘1认缴出资250万元，占股25%，林1认缴出资100万元，占股10%，陈1认缴出资100万元，占股10%。

2015年8月6日，郑1（甲方）与互联网科技公司（乙方）签订了《股权转让及委托持股协议书》，约定鉴于：1. 投资管理公司是一家以关务管理、通关作业及保税仓储物流的投资与专业服务为主营业务的企业，投资报关公司为投资管理公司独资设立以报关报检为主营业务的企业。甲方持有投资管理公司55%的股权，间接持有投资报关公司55%的股权。乙方为一家“互联网+”战略落地一站式服务机构，为传统企业提供互联网模式和市值管理的企业。2. 投资报关公司根据不同情况定向增发部分股份给乙方，为了保证乙方的权利，甲方自愿将持有的投资管理公司4%的股权转让给乙方（即将甲方间接持有的投资报关公司的4%股权转让给乙方），乙方同意受让上述目标股权；同时乙方购买目标股权后自愿委托甲方继续以甲方名义代为持有目标股权。协议第一条约定了转让的股权及返还：1. 甲方将其持有的投资管理公司的4%股权以人民币零元的价格转让给乙方。2. 如果投资报关公司未能在本协议签订后的两年内在全国中小企业股份转让系统挂牌交易，则乙方将其持有的投资管理公司的4%的股权无偿返还给甲方。3. 乙方在合法合规的情况下，对投资报关公司进行市值管理。如果投资报关公司新三板做市后二年内年均市盈率（交易所年度数据为准）低于新三板做市企业平均年市盈率，则乙方将其持有的投资管理公司的4%的股权无偿返还给甲方；如果投资报关公司新三板做市后二年内年均市盈率低于新三板做市企业平均年市盈率的1.2倍，则乙方将其持有的投资管理公司的2%的股权无偿返还给甲方；如果投资报关公司新三板做市后二年内年均市盈率高于或等于新三板做市企业平均年市盈率的1.2倍，则4%股权仍归乙方所有。4. 当投资报关公司新三板做市起连续二年年均市盈率都高于或等于新三板做市企业平均年市盈率的1.2倍，则投资报关公司增发4%的股份给乙方后，乙方将持有的投资管理公司的4%的股权无偿返还给甲方。协议第二条约定了委托事项及委托权限：乙方自愿委托甲方以甲方名义代为持有目标股权，并以甲方名义代为行使相关股东权利。甲方自愿接受乙方委托，并以自身名义代为行使该相关股东权利。协议第六条保密条款约定双方保证对所有该等资料绝对保密，而在未得到双方同意前，不得向任何第三者披露任何相关资料。同日，投资管理公司、互联网科技公司、投资报关公司签订了《关务——互联网转型合作框架协议》。

2020年5月7日，原告向郑1发出邮件，告知其转让股权的行为并未以任何形式通知原告，未经全体股东过半数同意，违反公司章程，侵害了股东知情权、否决权及优先购买权利，并表示不同意郑1向股东以外的人转让郑1持有的投资管理公司4%的股权，明确要求购买该4%股权，并与其他股东要求购买愿意协商购买比例，明确本案原告主张优先购买的股权比例为1%。

**【案件焦点】**

1. 涉案股权转让协议是否无效；2. 原告能否以零元的价格优先购买投资管理公司1%的股权。

**【法院裁判要旨】**

广东省广州市黄埔区人民法院经审理认为，股东优先购买权的行使目的在于通过保障其他股东优先获得拟转让股份而维护公司内部信赖关系。因此，法律所要否定的是股东以外的股权受让人在同等条件下优先于公司其他股东取得公司股份的行为，而不是否定转让股东与股东以外的股权受让人之间订立的股权转让合同的效力。合同的效力亦是可以与权利变动的结果相区分的。因此，在股权转让协议本身不存在其他影响合同效力的事由，且转让股东和股东以外的股权受让人亦不存在恶意串通以损害其他股东优先购买权的情况下，股东向公司以外的受让方转让股份的协议效力应当得到肯定。另外，有限责任公司股东行使优先购买权应当满足前提条件、资格条件、购买条件、时间条件。其中“同等条件”为股东行使优先购买权的购买条件。“同等条件”作为对优先购买权人行使优先购买权的限制，要求优先购买权人提出的受让条件与第三人之间的交易对价相同。因此，转让人与第三人之间的交易对价应当是能被替代或复制的，不应包含无法替代履行的给付。在判断是否符合公司法第七十一条第三款及本规定所称的"同等条件"时，应当考虑转让股权的数量、价格、支付方式及期限等因素，而非机械以合同约定的"零元的转让价格"视为转让价格。故判决：驳回原告全部诉讼请求。

陈1不服一审判决，向广东省广州市中级人民法院提起上诉。

二审法院认为，陈1上诉要求实际履行优先购买权的请求缺乏履行的现实基础和法律依据，对此不予支持。一审判决认定事实清楚，适用法律正确，应予维持，故判决如下：

驳回上诉，维持原判。

## 【法官后语】

本案原告的请求实际涉及两个问题，一是未经其他股东同意的股权转让协议的效力问题；二是有限责任公司股东行使优先购买权应当满足的条件。

一、未经其他股东同意的股权转让协议的效力问题

《中华人民共和国公司法》第七十一条规定："有限责任公司的股东之间可以相互转让其全部或者部分股权。股东向股东以外的人转让股权，应当经其他股东过半数同意。股东应就其股权转让事项书面通知其他股东征求同意，其他股东自接到书面通知之日起满三十日未答复的，视为同意转让。其他股东半数以上不同意转让的，不同意的股东应当购买该转让的股权；不购买的，视为同意转让。经股东同意转让的股权，在同等条件下，其他股东有优先购买权……"由此可见，股东优先购买权的行使目的在于通过保障其他股东优先获得拟转让股份而维护公司内部信赖关系，法律所保护的是公司其他股东的优先购买权，而非禁止向公司股东以外的第三人转让股权，其所设立股权须经其他股东过半数同意的限定，只影响到股权最终是否能够实际转让于股东外的第三人，而并不阻却转让人与公司股东外的第三人签订股权转让协议的行为，应严格区分股权转让的合同行为和股权转让实际履行两者的关系，股东未经上述程序向股东以外的人转让股权与股权转让协议的效力无涉。虽然公司章程可以对

股权对外转让作出限制性规定，但该限制仅能对股权权属的变动即股权转让合同的履行构成影响，最终达到维护既有股东结构的目的，而不应违反合同自由原则，干涉当事人的意思自治，故股权转让协议是否有效应当按照协议自身的内容，根据合同法关于合同效力的规定加以认定。因此，本院根据对涉案股权转让协议的效力进行审查后，认定郑1与互联网科技公司签订的涉案股权转让协议系双方的真实意思表示，原告也未提交证据证明存在其他无效情形，原告主张涉案股权转让协议无效不予支持。

二、有限责任公司股东行使优先购买权应当满足的条件

《最高人民法院关于适用〈中华人民共和国公司法〉若干问题的规定（四）》第二十一条第一款规定："有限责任公司的股东向股东以外的人转让股权，未就其股权转让事项征求其他股东意见，或者以欺诈、恶意串通等手段，损害其他股东优先购买权，其他股东主张按照同等条件购买该转让股权的，人民法院应当予以支持，但其他股东自知道或者应当知道行使优先购买权的同等条件之日起三十日内没有主张，或者自股权变更登记之日起超过一年的除外。"可见，有限责任公司股东行使优先购买权应当满足资格条件、时间条件、购买条件、前提条件。

（一）资格条件。有限责任公司股东行使优先购买权的资格条件为有限责任公司股东。原告系互联网科技公司股东，是行使优先购买权的适格主体。

（二）时间条件。原告应自知道或者应当知道行使优先购买权的同等条件之日起三十日，或者自股权变更登记之日起一年内主张优先购买权。互联网科技公司主张原告作为投资管理公司股东应该知晓股权转让合作流程及协商过程，已超过主张优先购买权的法定期限，但其以及郑1均未提供证据证明已向原告告知股权转让事宜，故本院以（2020）粤0112民初4791号案件中，原告作为该案第三人收到诉讼材料之日即2020年4月30日为原告知道行使优先购买权的同等条件之日，原告于2020年5月7日向郑1发出优先购买权的主张，未超出主张优先购买权的法定期限。

（三）购买条件。"同等条件"为股东行使优先购买权的购买条件。"同等

条件”作为对优先购买权人行使优先购买权的限制，是平衡转让人与优先购买权利益的关键。“同等条件”要求优先购买权人提出的受让条件与第三人之间的交易对价相同。因此，转让人与第三人之间的交易对价应当是能被替代或复制的，不应包含无法替代履行的给付。《最高人民法院关于适用〈中华人民共和国公司法〉若干问题的规定（四）》第十八条规定：“人民法院在判断是否符合公司法第七十一条第三款及本规定所称的‘同等条件’时，应当考虑转让股权的数量、价格、支付方式及期限等因素。”本案中，从涉案股权转让协议约定的内容看，互联网科技公司为一家“互联网+”战略落地一站式服务机构，为传统企业提供互联网模式和市值管理的企业，协议第一条约定了转让的股权及返还条件。虽然第一条第一款约定了“甲方将其持有的投资管理公司4%的股权以人民币零元的价格转让给乙方”，但结合第二款、第三款、第四款中投资报关公司要两年内在全国中小企业股份转让系统挂牌交易、互联网科技公司对投资报关公司要进行市值管理、新三板做市后保证一定的市盈率等股权返还条件约定，可见郑1以零元价格将4%的投资管理公司股权转让给互联网科技公司，是附条件、附有服务对价的。如果约定返还条件成就时，互联网科技公司以人民币零元受让的目标股权就要予以返还。该作价既有对于互联网科技公司为传统企业提供互联网模式和市值管理能力的信任，又存在通过股权转让获得商业利益的预期。结合原告提交的《关于同意投资管理公司股票终止在全国中小企业股份转让系统挂牌的函》及交易情况截图、互联网科技公司提供的《关务——互联网转型合作框架协议》亦能佐证互联网科技公司存在的服务义务。零元的转让价格并非本次转让的“同等条件”，原告主张以零元价格，按照与其他股东协商确定的购买比例优先购买投资管理公司1%的股权，不符合优先购买权行使的“同等条件”，故不予支持。

（四）前提条件。即有限公司股东对外转让股权。郑1与互联网科技公司签订了涉案股权转让协议，郑1、投资管理公司主张目标股权返还条件已成就，股权已返还给郑1，转让行为已不存在，而互联网科技公司主张目标股权返还条件未成就，目标股权仍属互联网科技公司，郑1无权主张收回。针对上述主张，本院认为，如果目标股权返还条件已成就，根据《最高人民法院关于适用〈中华人民共和国公司法〉若干问题的规定（四）》第二十条“有限责任公司的转让股东，在其他股东主张优先购买后又不同意转让股权的，对其他股东优先购买的主张，人民法院不予支持，但公司章程另有规定或者全体股东另有约定的除外。其他股东主张转让股东赔偿其损失合理的，人民法院应当予以支持”的规定，则在郑1未同意转让股权的情况下，对于原告优先购买权的主张法院不予支持。如果目标股权返还条件未成就，则原告主张优先购买权需满足前述的“同等条件”。因此，无论目标股权的转让条件是否成就，原告关于以零元价格优先购买投资管理公司1%股权的主张，均不能得到支持。

编写人：广东省广州市黄埔区人民法院　胡梓苑

27

# 上市公司股权隐名代持合同效力与投资收益分配

——李1诉肖1股权转让案

## 【案件基本信息】

1. 裁判书字号

广东省深圳市中级人民法院（2019）粤03民终24176号民事判决书

2. 案由：股权转让纠纷

3. 当事人

原告（被上诉人）：李1

被告（上诉人）：肖1

## 【基本案情】

2014年11月13日，肖1签订《股权转让合同》。根据该合同：肖1系实业公司实际控股股东，持有后者64.5896%股权；肖1亦向李1转让其所持实业公司1.45%股权（200万股），股权转让款为1000万元；双方自签订协议之日起，李1即成为案涉股权实际所有者，李1委托肖1亦代持股权直至双方交易完成；双方按照IPO公开发行满一年后连续10个交易日的收盘均价为每股单价计算李1总收益，且肖1同意IPO公开发行满一年后回购总收益（扣除税费）的30%，公开发行满二年后再回购总收益（扣除税费）的30%，余款扣除税费在公开发行满三年后一次付清；目标公司不能在2015年12月30日前完成IPO，则肖1应按李1购买价（扣除因股权所获收益）回购股权，同时按照年利率12%支付李1投资资金使用利息。2014年11月13日，李1向肖1转账支付股权转让款1000万元。2015年6月11日，实业公司IPO公开发行。根据合同约定，肖1已于2016年10月及2017年7月向李1支付了前两期的收益人民币38362200元，履行了合同部分义务。收益余款付款期限届满后，肖1并未按时支付余款收益人民币25574900元，后李1多次要求肖1履行合同义务，但肖1一直未予理会，故李1起诉至法院，请求法院判令肖1支付李1股权收益及逾期支付的利息。

**【案件焦点】**

1. 涉案《股权转让协议》的效力应如何认定；2. 李1诉请肖1支付的股权收益应否得到支持。

**【法院裁判要旨】**

广东省深圳市罗湖区人民法院经审理认为：根据案涉合同，李1向肖1购买其所持实业公司股权而不转移登记，如实业公司实现IPO则按IPO公开发行满一年后连续10个交易日的收盘均价回购股权；如实业公司不能在2015年12月30日前完成IPO，则肖1应按李1购买价回购股权，并按照年利率12%支付利息。由此可见，李1的合同目的并非取得案涉股权而是获取投资收益，该收益在实业公司未能在约定时间前完成IPO的情况下为年利率12%的利息，在实业公司完成IPO的情况下为股权价值（即回购款），具体金额则取决于特定时段的股票交易价格。因此，案涉《股权转让协议》实系李1与作为实业公司实际控制人的肖1之间的“对赌协议”。该合同系双方当事人真实意思表示，合同履行过程中实业公司股权未作转移登记，外观上未发生股权转让，李1亦不主张取得案涉股权，并不导致实业公司在上市前后的股东发生变化，合同内容不违反法律和行政法规的强制性规定，合法有效，本院对肖1有关案涉合同无效的主张不予采纳。现实业公司已在2015年6月11日实现IPO公开发行，肖1应按实业公司IPO公开发行满一年后连续10个交易日的收盘均价每股39.59元向李1支付回购款。李1认肖1已经支付前两笔共计60%回购款，肖1还应于实业公司公开发行满三年后（2018年6月11日）一次性付清剩余40%回购款。因肖1逾期支付上述40%回购款，李1主张肖1自应付款之日按年利率6%计收逾期付款利息，符合法律规定，本院予以支持。

广东省深圳市罗湖区人民法院依照《中华人民共和国合同法》第四十四条第一款、第一百零七条及《中华人民共和国民事诉讼法》第一百四十二条之规定，作出如下判决：

肖1应于本判决生效后十日内清偿李1人民币25334840元及逾期付款利息（该利息按照年利率6%自2018年6月11日计至清偿之日）。

肖1不服一审判决，提出上诉。广东省深圳市中级人民法院经审理认为：关于第一个争议焦点，案涉《股权转让协议》约定的交易安排实质构成了案涉股份的隐名代持。本案中，双方当事人均未提交证据证明在实业公司首次公开发行股票并上市时曾向实业公司或监管部门披露过代持情况，实业公司发行上市后案涉股份一直登记在肖1名下。依据《中华人民共和国证券法》（以下简称《证券法》）第六十三条、第六十八条第三款以及中国证券监督管理委员会（以下简称证监会）于2006年5月17日颁布的《首次公开发行股票并上市管理办法》第十三条，发行人应当如实披露股份权属情况，禁止发行人的股份存在隐名代持属于证券市场中应当遵守的公共秩序。本案中，实业公司上市前肖1代李1持有案涉股份，以自身名义参与实业公司的上市发行，隐瞒了实际投资人的真实身份，李1与肖1的行为构成了发行人股份隐名代持，违反了证券市场的公共秩序，损害了证券市场的公共利益。故依据《中华人民共和国合同法》第五十二条第（四）项的规定，案涉《股权转让协议》应认定为无效。

关于第二个争议焦点。如前所述，案涉《股权转让协议》应认定为无效。根据《中华人民共和国合同法》第五十八条的规定，无效合同财产利益的处理旨在恢复原状和平衡利益，亦即优先恢复到合同订立前的财产状态，不能恢复原状的则应当按照公平原则在当事人之间进行合理分配。按照上述原则，首先，案涉实业公司的股份应归肖 1 所有，其作为实业公司股东围绕公司上市及其运营所实施的一系列行为有效。其次，本案中不存在投资亏损导致案涉股份价值贬损而应适用过错赔偿的情形，故从理论上来说，如案涉股份归肖 1 所有，则李 1 向肖 1 支付的投资款应予返还，但李 1 在本案中仅请求肖 1 支付《股权转让协议》约定的总收益的剩余部分，故本院仅审查李 1 诉请肖 1 支付的股权收益能否成立。最后，案涉实业公司股份的收益包括因分红以及上市而发生的大幅增值，并非合同订立前的原有利益，而是合同履行之后新增的利益，显然不属于恢复原状之适用情形，如何分配应由双方当事人协商确定，协商不成的应当适用公平原则合理分配。股份投资是以获得股份收益为目的并伴随投资风险的行为，在适用公平原则时应当着重考虑以下两方面的因素：一是对投资收益的贡献程度，即考虑谁实际承担了投资期间的机会成本和资金成本，按照“谁投资、谁收益”原则，应将收益主要分配给承担了投资成本的一方；二是对投资风险的交易安排，即考虑谁将实际承担投资亏损的不利后果，按照“收益与风险相一致”原则，应将收益主要分配给承担了投资风险的一方。本案中，虽然《股权转让协议》无效，但无效之原因系损害社会公共利益而非意思表示瑕疵，故协议中关于收益与风险承担的内容仍体现了双方的真实意思。一方面，肖 1 仅为名义持有人，实际作出投资决策和承担投资后果的系李 1，若发生实业公司上市失败或经营亏损情形，最终可能遭受投资损失的亦是李 1，故应由李 1 获得系争股份投资收益的大部分。另一方面，肖 1 在整个投资过程中起到了提供投资信息、配合公司上市等作用，为投资增值做出了一定贡献，可以适当分得投资收益的小部分。根据公平原则，二审法院酌定李 1 与肖 1 各获得投资收益的70%与30%。根据一审中李1提交的股权收益表格，其中记载的李1应得的案涉200万股股权收益净值已经扣除了相应的分红及税费，双方对肖1已履行完毕双方约定的李1应得的收益净值总额的60%不持异议。故按上述酌情比例，肖1还应补足李1收益净值总额的10%计6393710元（6393.71万元×10%）。实业公司于2015年6月11日IPO公开发行，《股权转让协议》约定肖1按年分三期支付案涉收益款项，超出前两期30%部分的剩余款项应于实业公司IPO公开发行满三年后一次付清，故对于前述还应由肖1承担的10%的部分肖1逾期支付已构成违约，李1诉请肖1自2018年6月11日起，按年利率6%支付逾期利息至付清之日止并未超过相关司法解释规定的上限，二审法院予以确认。

广东省深圳市中级人民法院依照《中华人民共和国合同法》第五十二条第（四）项、第五十八条，《中华人民共和国民事诉讼法》第一百七十条第一款第（二）项，《最高人民法院关于适用〈中华人民共和国民法典〉时间效力的若干规定》第一条第二款规定，作出如下判决：

一、变更深圳市罗湖区人民法院民事判决为：肖1应于本判决生效后十日内清偿李1股权收益6393710元及逾期付款利息（利息以6393710元为基数，按年利率6%，自2018年6月11日起计至清偿之日止）；

二、驳回被上诉人李1的其他诉讼请求。

## 【法官后语】

上市公司股权隐名代持合同的效力问题一直是各方关注的焦点，各级法院尚未形成统一观点和做法，本案对上市公司股权隐名代持合同的效力与投资收益分配问题作出有效探索。

一、《股权转让协议》因损害社会公共利益而无效

系争《股权转让协议》虽然从形式上看包括股份认购和股份回购两部分内容，但双方约定李1向肖1认购股份，又同时约定认购的股份不实际过户，仍登记在肖1名下，肖1以自己名义代李1持有股权，故上述交易安排实质构成了系争股份隐名代持，李1是实际出资人，肖1是名义持有人。本案系争股份

隐名代持涉及公司发行上市过程中的股份权属，其效力如何应当根据现行民事法律关于民事法律行为效力的规定，以及证券市场、上市公司相关法律规定综合判断。《中华人民共和国民法典》（以下简称《民法典》）第八条规定："民事主体从事民事活动，不得违反法律，不得违背公序良俗。"第一百四十三条规定："具备下列条件的民事法律行为有效：（一）行为人具有相应的民事行为能力；（二）意思表示真实；（三）不违反法律、行政法规的强制性规定，不违背公序良俗。"第一百五十三条第二款进一步规定："违背公序良俗的民事法律行为无效。"需要注意的是，《中华人民共和国民法总则》系我国第一次在民事立法中采用"公序良俗"这一概念，并用以取代之前《中华人民共和国民法通则》和《中华人民共和国合同法》等一直采用的"社会公共利益"的概念，《民法典》沿用之。民事法律行为因违背公序良俗而无效，体现了法律对民事领域意思自治的限制，但由于公序良俗的概念本身具有较大弹性，故在具体案件裁判中应当审慎适用，避免其被滥用而过度克减民事主体的意思自治。公序良俗包括公共秩序和善良风俗，其中公共秩序是指政治、经济、文化等领域的基本秩序和根本理念，是与国家和社会整体利益相关的基础性原则、价值和秩序。不同领域存在不同的公共秩序，首先应当根据该领域的法律和行政法规具体判断所涉公共秩序的内容。在该领域的法律和行政法规没有明确规定的情况下，判断某一下位规则是否构成公共秩序时，应当从实体正义和程序正当两个方面考察。其中，实体正义是指该规则应当体现该领域法律和行政法规所规定的国家和社会整体利益；程序正当是指该规则的制定主体应当具有法定权威，且规则的制定与发布应当符合法定程序，具体可以从法律授权、制定程序、公众知晓度和认同度等方面综合考量。

第一，就实体层面而言，《证券法》是我国证券市场的基本法，其第一条规定的立法目的是规范证券发行和交易行为，保护投资者的合法权益，维护社会经济秩序和社会公共利益，促进社会主义市场经济的发展。因此，证券市场的公共秩序应是体现《证券法》立法宗旨，属于证券市场基本交易规范，关涉证券市场根本性、整体性利益和广大投资者合法权益，一旦违反将损害证券市场基本交易安全的基础性秩序。一方面，股票发行上市是证券市场的基本环节，经此环节，公司的股权结构发生重大变化，股东范围扩至公开市场上潜在的广大投资者，证券市场严格的监管标准也对公司治理能力提出更高要求，因此发行人的股权结构清晰就显得十分重要。如果发行人的股权不清晰，不仅会影响公司治理的持续稳定，影响公司落实信息披露、内幕交易和关联交易审查、高管人员任职回避等证券市场基本监管要求，还容易引发权属纠纷，如本案。为此，证监会于2006年5月17日颁布的《首次公开发行股票并上市管理办法》第十三条规定："发行人的股权清晰，控股股东和受控股股东、实际控制人支配的股东持有的发行人股份不存在重大权属纠纷。"另一方面，上市公司披露的信息是影响股票价格的基本因素，要求上市公司在股票发行上市的过程中保证信息的真实、准确、完整，是维护证券市场有效运行的基本准则，也是广大投资者合法利益的基本保障。发行人的股权结构是影响公司经营状况的重要因素，属于发行人应当披露的重要信息。对此，《证券法》第六十三条规定："发行人、上市公司依法披露的信息，必须真实、准确、完整，不得有虚假记载、误导性陈述或者重大遗漏。"第六十八条第三款规定："上市公司董事、监事、高级管理人员应当保证上市公司所披露的信息真实、准确、完整。"综合上述两方面的分析可以看出，发行人必须股权清晰，股份不存在重大权属纠纷，且上市需遵守如实披露的义务，披露的信息必须真实、准确、完整。申言之，即发行人应当如实披露股份权属情况，禁止发行人的股份存在隐名代持情形。上述规则属于证券市场基本交易规范，关系到以信息披露为基础的证券市场整体法治秩序和广大投资者合法权益，在实体层面符合证券市场公共秩序的构成要件。

第二，就程序层面而言，《证券法》第十二条规定："设立股份有限公司公开发行股票，应当符合《中华人民共和国公司法》规定的条件和经国务院批准的国务院证券监督管理机构规定的其他条件……"《证券法》本身并未对股份公司公开发行股票的具体条件作出规定，而是明确授权证监会对此加以规范。证券市场具有创新发展快、专业性强等特点，欲实现《证券法》规范目的，离不开专业监管机构的依法监管。因此，《证券法》第七条第一款也规定："国务院证券监督管理机构依法对全国证券市场实行集中统一监督管理。”证监会作为由《证券法》规定，经国务院批准，对证券行业进行监督管理的专门机构，在制定股票发行上市规则方面具有专业性和权威性。《证券法》授权证监会对股票发行上市的条件作出具体规定，实质是将立法所确立之原则内容交由证监会予以具体明确，以此形成能够及时回应证券市场规范需求的《证券法》规则体系。证监会在制定《首次公开发行股票并上市管理办法》的过程中向社会发布了征求意见稿，公开征求意见，制定后也向社会公众予以公布，符合规则制定的正当程序要求，而且上述办法中关于发行人股权清晰不得有重大权属纠纷的规定契合《证券法》的基本原则，不与其他法律、行政法规相冲突，已经成为证券监管的基本规范和业内共识。发行人信息披露义务由《证券法》明文规定，经严格的立法程序制定。因此，发行人应当如实披露股份权属情况，禁止发行人的股份存在隐名代持情形，从程序层面亦符合证券市场公共秩序的构成要件。

结合上述两点分析，发行人应当如实披露股份权属情况，禁止发行人的股份存在隐名代持情形，属于证券市场中应当遵守，不得违反的公共秩序。本案中，实业公司上市前，肖1代李1持有股份，以自身名义参与公司上市发行，隐瞒了实际投资人的真实身份，肖1代李1持有股份的行为构成了发行人股份隐名代持，违反了证券市场的公共秩序，损害了证券市场的公共利益，故依据《中华人民共和国民法总则》第八条、第一百四十三条、第一百五十三条第二款和《中华人民共和国合同法》第五十二条第（四）项的规定，应认定为无效。

二、《股权转让协议》无效而产生的投资收益分配问题

系争《股权转让协议》因涉及发行人股份隐名代持而无效，根据《中华人民共和国合同法》第五十八条的规定，无效合同财产利益的处理旨在恢复原状和平衡利益，亦即优先恢复到合同订立前的财产状态，不能恢复原状的则应当按照公平原则在当事人之间进行合理分配。按照上述原则，首先，案涉实业公司的股份应归肖1所有，其作为实业公司股东围绕公司上市及其运营所实施的一系列行为有效。其次，本案中不存在投资亏损导致案涉股份价值贬损而应适用过错赔偿的情形，故从理论上来说，如案涉股份归肖1所有，则李1向肖1

支付的投资款应予返还，但李1在本案中仅请求肖1支付《股权转让协议》约定的总收益的剩余部分，故本院仅审查李1诉请肖1支付的股权收益能否成立。最后，案涉实业公司股份的收益包括因分红以及上市而发生的大幅增值，并非合同订立前的原有利益，而是合同履行之后新增的利益，显然不属于恢复原状之适用情形，如何分配应由双方当事人协商确定，协商不成的应当适用公平原则合理分配。股份投资是以获得股份收益为目的并伴随投资风险的行为，在适用公平原则时应当着重考虑以下两方面的因素：一是对投资收益的贡献程度，即考虑谁实际承担了投资期间的机会成本和资金成本，按照“谁投资、谁收益”原则，应将收益主要分配给承担了投资成本的一方；二是对投资风险的交易安排，即考虑谁将实际承担投资亏损的不利后果，按照“收益与风险相一致”原则，应将收益主要分配给承担了投资风险的一方。本案中，虽然《股权转让协议》无效，但无效之原因系损害社会公共利益而非意思表示瑕疵，故协议中关于收益与风险承担的内容仍体现了双方的真实意思。首先，系争实业公司公司股份的收益，包括因上市而发生的大幅增值，并非合同订立前的原有利益，而是合同履行之后新增的利益，显然不属于恢复原状之适用情形，如何分配应由双方当事人协商确定，协商不成的应当适用公平原则合理分配。其次，本案中不存在投资亏损使得股份价值相当的投资款贬损而应适用过错赔偿的情形，故李1向肖1支付的投资款应予返还。一方面，肖1仅为名义持有人，实际作出投资决策和承担投资后果的系李1，若发生实业公司上市失败或经营亏损情形，最终可能遭受投资损失的亦是李1，故应由李1获得系争股份投资收益的大部分。另一方面，肖1在整个投资过程中起到了提供投资信息、配合公司上市等作用，为投资增值做出了一定贡献，可以适当分得投资收益的小部分。

根据上述几方面的考虑，本案应由李1获得系争股份投资收益的大部分，同时肖1在整个投资过程中起到了提供投资信息，配合公司上市等作用，为投资增值做出了一定贡献，可以适当分得投资收益的小部分。根据公平原则，本案酌定李1与肖1各获得投资收益的70%与30%。

编写人：广东省深圳市中级人民法院　陈朝毅

28

# 约定期限内上市存在实质障碍时回购可“提前”触发

## ——齐 1 诉澳亚控股公司、澳亚北京公司与公司有关案

## 【案件基本信息】

1. 裁判书字号

北京市第三中级人民法院（2020）京 03 民终 10100 号民事裁定书

2. 案由：与公司有关纠纷

3. 当事人

原告（被上诉人）：齐 1

被告（上诉人）：澳亚控股公司、澳亚北京公司

## 【基本案情】

北京市顺义区人民法院经公开审理查明：2017 年 3 月 20 日，澳亚控股公司（出让方、甲方）、齐 1（受让方、乙方）、澳亚北京公司（目标公司、丙方）签署《股权转让协议》，约定：转让标的为甲方持有的丙方的 32 万股股权；转让价款金额为 32 万元。

2017 年 3 月 20 日，澳亚北京公司（甲方）与齐 1（乙方）签署《增资扩股协议》，约定：本次拟增资 448 万元，发行新股共计 128 万股，新发行股份的每股价格为 3.5 元。乙方以现金方式认购甲方所增发的股份 128 万股，合计出资 448 万元；其中 128 万元计入甲方注册资本，其余部分计入资本公积。

2017 年 3 月 20 日，澳亚控股公司（甲方）与齐 1（乙方）签署《增资扩股补充协议》，载明：自增资协议签订之日起五年内，若澳亚控股公司上市，则乙方按照其认购的股份享受相应的股东权利。自增资协议签订之日起五年届

满，若甲方未能上市成功，如乙方要求退股，则甲方保证按照以下双方协商的价格回购甲方股份：甲方退还乙方全部股权认购款480万元并额外按照银行同期贷款利率（年利率6%）支付五年的补偿。

2017年5月，齐1向澳亚控股公司转账32万元，向澳亚北京公司转账448万元。

诉讼中，澳亚北京公司提交2016年至2019年的公司年度资产负债表、利润表、现金流量表，显示公司自2016年至2019年净利润均为正。本院自国家税务总局北京市顺义区税务局调取的相关财务报表数据与澳亚北京公司提交的报表数据不一致，调取的财务报表显示2019年各季度及全年公司净利润均为负数。

**【案件焦点】**

1.“对赌协议”的回购方为谁；2. 股权回购条件是否成就；3. 回购金额如何计算。

**【法院裁判要旨】**

北京市顺义区人民法院经审理认为：首先，“对赌协议”回购方为澳亚控股公司。协议签署双方为齐1与澳亚控股公司。“回购股份”是“对赌”一方的主要合同义务，“退还股权认购款”是回购义务的具体方式。当两者指向不同且有争议时，结合合同签署及上下文，确认澳亚控股公司为“回购股份”的主体。

其次，股权回购条件已经成就。其一，《首次公开发行股票并上市管理办法》第二十六条规定：“发行人应当符合下列条件：（一）最近3个会计年度净利润均为正数且累计超过人民币3000万元，净利润以扣除非经常性损益前后较低者为计算依据……”澳亚北京公司向税务局提交的财务报表显示2019年各季度、全年净利润均为负数。依据该报表，澳亚北京公司在2022年3月20日前三个会计年度中会出现净利润为负数的情形，则澳亚北京公司无法在2022年3月20日前上市。其二，澳亚北京公司向税务局提交的财务报表与向本院提交的财务报表数据不一致，且未能作出合理解释。本院认为澳亚北京公司在会计确认、计量和报告时不谨慎，在财务报表编制上存在问题，会计基础工作不规范，不符合《首次公开发行股票并上市管理办法》规定的上市条件。

最后，按照公平合理的原则确认回购金。齐1支付款项的主体虽然不同，但支付款项的目的均是“投资”澳亚北京公司，且在回购条件成就时收回“投资”并获得补偿。回购金额应包含480万元及以480万元为基数计算的补偿。

据此，北京市顺义区人民法院判决如下：

一、被告澳亚控股公司于本判决生效之日起七日内向原告齐1支付480万元及补偿（计算方式略），用于受让原告齐1持有的澳亚北京公司160万股股权份额；

二、驳回原告齐1的其他诉讼请求。

澳亚控股公司、澳亚北京公司不服一审判决，提出上诉，但未按规定交纳上诉案件受理费。

北京市第三中级人民法院裁定：本案按上诉人澳亚控股公司、澳亚北京公司自动撤回上诉处理。一审判决自本裁定书送达之日起发生法律效力。

**【法官后语】**

“对赌协议”是投资方与融资方在达成股权性融资协议时，为解决交易双方对目标公司未来发展的不确定性、信息不对称以及代理成本而设计的包含了股权回购、金钱补偿等对未来目标公司的估值进行调整的协议。“对赌”上市在“对赌协议”中较为常见，即约定如果目标公司不能在约定期限内上市，则投资方有权要求回购股权以退出目标公司。一般而言，约定到期未能上市触发回购，但“能否在约定期限内上市”实质属于附条件而非附期限，如有证据证明目标公司在约定期限内上市存在实质障碍，投资方有权在约定期限届满前发起回购。

“上市”具体分为沪市的主板、科创板，深市的主板（合并中小板）、创业板。从法律法规层面讲，发行人需至少符合《首次公开发行股票并上市管理办法》《科创板首次公开发行股票注册管理办法》《首次公开发行股票并在创业板上市管理办法》等相关规定才具备上市的前提条件。上述规定是法院判断投资人能否主张“提前”回购的主要参考。本文仅以《首次公开发行股票并上市管理办法》为例，就目标公司在期限内无法完成上市的实质障碍进行简单列明：

1. 主体资格上的实质障碍。目标公司在约定上市期限前3年内主营业务发生重大变化，董事、高级管理人员发生重大变化，实际控制人发生变更的，不符合发行人主体资格要求，构成实质障碍。

2. 公司运行上的实质障碍。目标公司董事、监事和高级管理人员在约定上市期限前36个月内受到中国证监会行政处罚，或者12个月内受到证券交易所公开谴责的，构成实质障碍。目标公司在约定上市期限前36个月内违反工商、税收、土地、环保、海关以及其他法律、行政法规，受到行政处罚，且情节严重的，构成实质障碍。实际控制人或公司存在刑事犯罪，如贪污、贿赂、侵占财产、挪用财产或者破坏社会主义市场经济秩序等，构成实质障碍。

3. 财务与会计制度上的实质障碍。目标公司在约定上市期限前3个会计年度净利润有负数或累计不足3000万元的，构成实质障碍。财务报表未以实际发生的交易或者事项为依据的，在进行会计确认、计量和报告时不谨慎的，对相同或者相似的经济业务，未选用一致的会计政策的，构成实质障碍。

4. 申请受理、批准上的实质障碍。发行人申请被终止审查、未获批准，需6个月后才能重新提交申请。根据现在的实际情况，保荐机构和其他中介机构进行尽职调查和制作申请文件需3个月到4个月，从证监会审核到发行上市理论上需3个月到4个月，实际操作时间至少半年。在该时间周期没有变化的情况下，如约定上市期限前6个月仍未开始申请准备或已被终止审查的，构成实质障碍。

5. "对赌协议"上的实质障碍。《首发业务若干问题解答》提到发行人在申报前清理"对赌协议"，但同时满足以下要求的可以不清理：一是发行人不作为"对赌协议"当事人；二是"对赌协议"不存在可能导致公司控制权变化的约定；三是"对赌协议"不与市值挂钩；四是"对赌协议"不存在严重影响发行人持续经营能力或者其他严重影响投资者权益的情形。如"对赌协议"本身不符合上述要求，应属构成实质障碍。

编写人：北京市顺义区人民法院　张翔鹏

# 八、公司决议纠纷

29

## 决议程序存在特定的重大瑕疵是公司决议不成立的前提

——彭 1、克鲁兹诉医疗装备公司公司决议效力确认案

### 【案件基本信息】

1. 裁判书字号

江苏省无锡市中级人民法院（2019）苏 02 民初 60 号民事判决书

2. 案由：公司决议效力确认纠纷

3. 当事人

原告：彭 1、克鲁兹

被告：医疗装备公司

### 【基本案情】

医疗装备公司董事会成员为李 1、周 1、周 2、彭 1 及克鲁兹五人，其《章程》第十三条第（十九）项规定：对公司合并、出售、重组、分立、解散、清算或者变更公司形式作出决议属于股东所能行使的职权。第十八条规定：除本章程另有规定外，全体董事中超过二分之一董事出席董事会构成公司董事会会议的法定人数。董事会作出的决议，需要在正式召集的董事会会议上，由出席会议的超过二分之一董事一致同意。第二十一条规定：所有董事会会议的召开均需要至少提前十五日书面通知所有董事，董事会一致通过的除外。

2019年1月8日，医疗装备公司董事会秘书程1向其董事会、监事会成员及公司CFO、CDO发送《临时会议通知》，通知将在2019年1月11日上午10时以电话会议形式召开医疗装备公司临时董事会，讨论医疗装备公司分立事项。2019年1月10日，克鲁兹向程1、李1等人发送电子邮件，以未提前十五日书面通知等为由不同意召开董事会。

2019年1月11日凌晨2时02分，李1向克鲁兹等人发送电子邮件，就克鲁兹在前述邮件中提到的问题进行了回复和说明，同时对彭1进行了指责。彭1在当天上午11时58分通过电子邮件形式针对李1前述指责逐一进行了说明。

涉案决议载明：医疗装备公司于2019年1月11日上午10时在公司会议室召开了董事会临时会议，采取电话会议方式讨论医疗装备公司分立事项。出席本次董事会会议的董事为李1、周1、周2，并有监事会等人员列席。经审议、表决形成了同意《关于公司通过资产分立方式设立土地开发平台公司的议案》的决议。李1、周1、周2签字确认。

2019年3月19日【2019董办字02号】医疗装备公司第二届董事会决议显示，医疗装备公司全体董事审议并一致通过决议，确认不再执行涉案决议。

彭1、克鲁兹诉至法院请求确认医疗装备公司2019年1月11日的涉案决议不成立，并由医疗装备公司承担本案诉讼费用。医疗装备公司辩称涉案决议已被主动撤销，无须法院确认决议不成立。

**【案件焦点】**

1. 医疗装备公司已不再执行涉案决议，本案是否需要继续审理；2. 涉案决议是否成立。

**【法院裁判要旨】**

江苏省无锡市中级人民法院经审理认为：对于第一个争议焦点，2019董办字02号董事会决议并未言明撤销涉案决议，所以涉案决议实际并未被撤销，仅是不再执行，故彭1、克鲁兹仍有权申请法院对涉案决议是否成立进行审查。

对于第二个争议焦点，涉案决议虽存在瑕疵，但并不满足决议不成立的法定情形。

一、涉案董事会会议召集程序不符合章程规定，存在瑕疵，但该瑕疵严重程度并不足以认定涉案决议不成立

1. 医疗装备公司在 2019 年 1 月 8 日通知中确定的开会时间是 2019 年 1 月 11 日，而医疗装备公司并未提交证据证明董事会成员一致同意该做法，故涉案董事会的召集程序并不符合章程第二十一条的规定。

2. 根据双方所提交的证据，在通知时间上的瑕疵不必然影响到彭 1、克鲁兹就该事项行使表决权。双方在董事会会议召开前均已经得到会议通知并对会议议题有所准备，彭 1、克鲁兹均发表了反对意见，仅是由于双方矛盾激化、积怨颇深才无法就相关议题达成一致。故本院认为，涉案董事会决议通知程序方面的瑕疵并未严重到导致涉案决议不成立的地步。

二、涉案决议内容虽违反公司章程规定，但该情况并不会导致涉案决议不成立

1. 医疗装备公司章程第十三条第（十九）项的规定明确将对公司分立作出决议纳入股东的职权范围。涉案决议涉及医疗装备公司是否通过资产分立方式设立土地开发平台公司，明显属于公司分立事项而应由股东会表决，董事会无权对此作出决议，故涉案决议内容违反医疗装备公司章程。

2. 根据公司法第二十二条第二款的规定，涉案决议是否违反公司章程属判断决议是否可撤销时才应审查的实体瑕疵范畴，并非本案中判断涉案决议是否成立时审查的程序瑕疵范畴，故即便涉案决议内容违反医疗装备公司章程，也不导致其不成立。

江苏省无锡市中级人民法院依照《中华人民共和国公司法》第四十八条、《最高人民法院关于适用〈中华人民共和国公司法〉若干问题的规定（四）》（以下简称《公司法解释（四）》）第五条第（四）项之规定，判决驳回彭 1、克鲁兹的诉讼请求。

一审判决后，双方均未上诉，一审判决现已生效。

## 【法官后语】

本案实际焦点为公司瑕疵决议的救济问题，具体而言，涉及确认董事会决议不成立的判断标准，着重体现了人民法院在保护小股东、董事合法权利与尊重公司决策机制之间形成良好的平衡。对于公司瑕疵决议的救济问题，《中华人民共和国公司法》第二十二条将公司决议分为无效和可撤销两种情形，但是上述两种情形均系针对已经成立的决议，未涵盖决议不成立的情形。为此，《公司法解释（四）》第五条规定了决议不成立之诉，完善了决议瑕疵救济途径。

我们认为，公司决议作为一种特殊的法律行为，即决议行为。决议行为是两个或者两个以上的当事人基于共同的意思表示而意图实现一定法律效果而实施的行为，其满足民事法律行为的所有条件，是一种民事法律行为。[①] 决议行为的特征在于其系多数人意思表示一致就可以成立，且依一定的法律或者章程规定的议事方式和表决程序才能设立，其适用范围原则上仅适用于法人或者非法人组织内部的决议事项。只有在公司决议成立的前提下，才有考虑公司决议是否无效以及可撤销的必要。

《公司法解释（四）》第五条明确了公司决议在其议事方式和表决程序等程序方面存在法定五种瑕疵的情形下，法院应当依据当事人主张认定决议不成立，但本案并不符合前述情况。虽然，本案董事会的通知时间与实际开会时间未满足章程中“至少提前十五日书面通知”的要求，存在明显的瑕疵，但是我们认为根据公司法原理，召开董事会要提前通知董事的目的在于使得董事对议题有所准备，以达到开会目的，有效、正确、及时解决公司面临的种种问题。本案中通知方面的瑕疵并非《公司法解释（四）》第五条中明确的前四种情形，而且该瑕疵并未影响到彭1、克鲁兹就决议事项行使表决权，其对于决议内容及其背景情况有明确的了解，对会议议题有所准备，瑕疵的严重程度不满足第（五）项“导致决议不成立的其他情形”的要求。所以法院认为涉案董事会决议通知程序方面的瑕疵并未严重到导致涉案决议不成立的地步，进而驳回了彭1、克鲁兹的诉讼请求。

此外，公司瑕疵决议存在决议不成立、决议无效和决议可撤销三种情形，

---

① 黄薇主编：《中华人民共和国民法典释义及其适用指南（上）》，中国民主法制出版社2020年版，第270页。

虽然已有相关法律和司法解释的明确规定，但在实践中三者之间的联系和区别则存在争议，相关法条的准确适用亦存在一定难度。本案要解决的第二个问题则是决议不成立和决议可撤销的区别问题。决议是否存在程序瑕疵是决议是否成立与决议是否可撤销均需要考虑的因素，而决议是否存在实体瑕疵则只是决议是否可撤销的考虑因素。本案中，涉案决议内容涉及医疗装备公司分立事项，而依据医疗装备公司章程该事项属于股东会的职权范围，董事会无权对此作出决议。根据《中华人民共和国公司法》第二十二条第二款的规定，董事会决议内容违反公司章程的，其救济方式仅是申请人民法院撤销该决议而非由人民法院认定该决议不成立，故即便涉案决议内容违反医疗装备公司章程，也不导致决议本身不成立。

综上，如果公司决议在召集、主持、通知和决议形成中存在程序瑕疵，但是上述瑕疵并没有达到足以认定决议不存在或者未能形成有效决议的标准时，法院应当尊重公司内部意思自治，尊重公司决议安定性以促进公司正常、稳定经营为出发点，妥善处理公司决议效力问题。

编写人：江苏省无锡市中级人民法院　李骏

30

# 召集人主体资格不适格且召集程序违反法律规定和公司章程规定的股东会会议通过的决议可撤销

## ——潘1诉资产经营公司公司决议撤销案

**【案件基本信息】**

1. 裁判书字号

广西壮族自治区贺州市中级人民法院（2020）桂 11 民终 1099 号民事判

决书

2. 案由：公司决议撤销纠纷

3. 当事人

原告（被上诉人）：潘1

被告：资产经营公司

第三人（上诉人）：唐1

【基本案情】

被告资产经营公司工商登记载明股东为原告潘1（占股34%），第三人唐1（占股51%），案外人沈1（占股15%）。该公司的公司章程第十二条规定："……召开股东会会议，应当于会议召开十五日以前通知全体股东……代表十分之一以上表决权的股东，执行董事，监事提议召开临时会议的，应当召开临时会议。"第十三条规定："股东会会议由执行董事召集和主持。执行董事不能履行或者不履行召集股东会会议职责的，由公司的监事召集和主持；监事不召集和主持的，代表十分之一以上表决权的股东可以自行召集和主持。"2019年10月14日，第三人唐1发出《资产经营公司关于召开2019年第一次临时股东会会议的通知》，通知落款为资产经营公司并盖有该公司公章，落款时间为2019年10月14日。该通知见报日期为2019年10月15日，邮寄时间为2019年10月15日，沈1签收日期为2019年10月17日。2019年10月19日，资产经营公司在广西法治报登报作废印章，并申请了新的印章。2019年10月24日，原告向法院提起诉讼，请求确认原告为被告资产经营公司85%股权的实际股东。2019年10月25日，资产经营公司、潘1、沈1向唐1发《函》，对唐1召开临时股东会会议提出异议。2019年10月29日，案外人沈1到达了临时股东会会议地点某酒店，因通知没有明确开会的具体房号，案外人沈1无法找到具体的会议地点而未能参加会议。同日，唐1以潘1、沈1未到会视为弃权为由作出《资产经营公司2019年第一次临时股东会会议决议》，决议内容：选举周1先生为公司执行董事并兼任公司经理，免去潘1先生公司执行董事职务。表决结果：对以上决议持赞同意见的股东为唐1，代表公司51%表决权。持反对或弃权意见的股东情况：股东潘1代表34%表决权，不到会缺席视为弃权；股东沈1代表15%表决权，不到会缺席视为弃权。以上决议经代表51%表决权的股东同意通过，以上决议自通过之日即时生效并在有抵触时以本决议为准。第三人唐1在决议上签字捺印。2019年11月4日，原告潘1向法院起诉，请求撤销本次临时股东会决议。

【案件焦点】

1. 本案涉及的临时股东会决议是否存在可撤销的情形；2. 本案是否漏列第三人沈1。

【法院裁判要旨】

一、关于本案涉及的临时股东会决议是否存在可撤销的情形，关键在于本次临时股东会会议召集程序是否符合法律规定和公司章程规定。（一）前置程序的履行。按照资产经营公司章程，股东应依次向执行董事和监事提议，在执行董事和监事均不履行召集股东会会议职责时，股东才可自行召集和主持。第三人唐1未提交任何证据证明其自行召集和主持股东会会议前，已向执行董事及监事提议过召集和主持股东会会议。因此，第三人唐1未按公司章程规定的召开临时股东会会议的前置程序履行。（二）召集人的适格问题。根据资产经营公司章程的规定，只有代表十分之一以上表决权的股东可以自行召集和主持股东会会议。而根据已生效的一审民事判决书中一审查明的事实，唐1成为股东的目的在于实现股权的让与性担保，而不是成为资产经营公司的股东，参与资产经营公司的生产经营，第三人唐1不享有资产经营公司股东的实体性权利，无权召集临时股东会会议，即第三人唐1不是适格的召集人。（三）召开临时股东会会议通知的送达。资产经营公司章程第十二条第二款明确规定“召开股东会会议，应当于会议召开十五日以前通知全体股东”，第三人唐1召集本次临时股东会会议的开会通知，并未达到资产经营公司章程和《中华人民共和国公司法》第四十一条规定的需提前十五天通知全体股东的要求。（四）召集通知的内容。临时股东会会议通知里没有明确具体的会议室地址，会议当天又无会议指示牌或相应接待人员，导致其余股东未能参加会议，不能体现未参会股东的意志，亦无法真正行使股东的实体权利。因此，本次临时股东会会议召集程序违反了法律规定和公司章程规定，根据《中华人民共和国公司法》第二十二条及《最高人民法院关于适用〈中华人民共和国公司法〉若干问题的规定（四）》第四条的规定，原告主张撤销资产经营公司关于召开2019年第一次临时股东会会议决议，理据充足，本院予以支持。

二、关于本案是否存在漏列第三人的情形。本案为公司决议撤销纠纷，该决议涉及的是原告潘1在公司的具体职务及地位问题，不涉及案外人兼股东沈1在公司的定性及权利，因此，案外人沈1不是必须参加诉讼的第三人，本案无须追加其作为第三人参加诉讼。

综上所述，广西壮族自治区贺州市八步区人民法院依照《中华人民共和国公司法》第二十二条、第四十条、第四十一条，《最高人民法院关于适用〈中华人民共和国公司法〉若干问题的规定（四）》第三条第一款、第四条，《中华人民共和国民事诉讼法》第六十四条之规定，并经本院审判委员会讨论决定，判决如下：

撤销2019年10月29日第三人唐1签署的《资产经营公司2019年第一次临时股东会会议决议》。

唐1不服一审判决，向广西壮族自治区贺州市中级人民法院提起上诉。

二审法院认为一审判决认定事实清楚，适用法律正确，判决如下：

驳回上诉，维持原判。

**【法官后语】**

在实践中，工商登记持股超过50%的股东未按照公司章程规定召集并主持临时股东会会议，该会议通过的公司决议效力如何认定？不享有实体股东权利的股东是否有权召集股东会会议？这是判断本案的公司决议是否可撤销的关键所在。

笔者认为：只要临时股东会会议召集程序违反了法律规定和公司章程规定，即存在效力瑕疵；同时，不享有实体股东权利的股东是无权召集股东会会议的。

主要理由如下：

1. 本案中，按照资产经营公司章程第十三条“股东会会议由执行董事召集和主持。执行董事不能履行或者不履行召集股东会会议职责的，由公司的监事召集和主持；监事不召集和主持的，代表十分之一以上表决权的股东可以自行召集和主持”的规定，股东应依次向执行董事和监事提议，在执行董事和监事均不履行召集股东会会议职责时，股东才可自行召集和主持。第三人唐1未向执行董事及监事提议召集和主持股东会会议，便自行召集和主持临时股东会会议，即唐1并未履行前置程序就召集和主持了临时股东会会议，开会通知也未达到公司章程和法律规定的需提前十五天通知全体股东的要求，召集通知未载明明确具体的会议室地址，会议当天又无会议指示牌或相应接待人员，导致其他股东无法参加股东会会议，不能体现未参会股东的意志，亦无法真正行使股东的实体权利。在这种情况下通过的决议即使有享有工商登记51%股权的股东同意通过，也因程序违反法律及公司章程规定而存在可撤销的情形。

2. 资产经营公司51%股权登记在唐1名下，让唐1成为资产经营公司股东的目的在于为债权人实现债权设立担保，即让与性担保，唐1并未实际参与资产经营公司的经营管理，不享有股东的实体性权利。即唐1的51%股权的存在系为了债权人更好地实现债权，并非系让唐1行使股东实体性权利干扰资产经营公司的正常经营和管理。因此，不享有股东实体性权利的股东唐1便无权召集和主持临时股东会会议，即不是适格召集人。不适格召集人召集和主持的临时股东会通过的决议自然可撤销。

3. 关于其他股东是否必须参加诉讼。本案为公司决议撤销纠纷，该决议涉及的是原告潘1在公司的具体职务及地位问题，不涉及案外人兼股东沈1在公司的定性及权利问题。因此，案外人沈1不是必须参加诉讼的第三人，无须追加其作为第三人参加诉讼。

编写人：广西壮族自治区贺州市八步区人民法院　邓媛　蒋菲艳

31

# 公司法解释四第四条“但书”规定的“轻微瑕疵”的认定标准

——郭1诉数据科技公司公司决议撤销案

## 【案件基本信息】

1. 裁判书字号

北京市第一中级人民法院（2020）京01民终5555号民事判决书

2. 案由：公司决议撤销纠纷

3. 当事人

原告（上诉人）：郭1

被告（被上诉人）：数据科技公司

第三人：张1、吴1、滕1、张1、创业投资合伙

## 【基本案情】

数据科技公司于2015年7月21日成立，注册资本为10万元，发起人为郭1、吴1、张1。郭1认缴4.4万元，吴1认缴2.25万元，张1认缴3.35万元。此时，工商档案中记载的《公司章程》（以下称2015年7月21日工商登记版公司章程）中有如下规定“第八条：股东会由全体股东组成，是公司的权力机构，行使下列职权……（二）选举和更换非由职工代表担任的执行董事、监事，决定有关董事、监事的报酬事项……第十一条：股东会会议分为定期会议和临时会议，召开股东会会议，应当于会议召开十五日以前通知全体股东。定期会议按每年定时召开。代表十分之一以上表决权的股东、执行董事、监事提议召开临时会议的，应召开临时会议。第十二条：股东会会议由执行董事召集

和主持，执行董事不能履行或者不履行召集股东会会议职责的，由监事召集和主持；监事不召集和主持的，代表十分之一以上表决权的股东可以自行召集和主持。第十八条，监事行使下列职权……（二）对执行董事、高级管理人员执行公司职务的行为进行监督，对违反法律、行政法规、公司章程或者股东会决议的执行董事、高级管理人员提出罢免的建议……（四）提议召开临时股东会议，在执行董事不履行本法规定的召集和主持股东会会议职责时召集和主持股东会会议。第二十四条：公司登记事项以公司登记机关核定的为准。”

2016年10月24日，数据科技公司在北京市工商行政管理局进行了变更登记，变更内容为：股东变更（股东由吴1、郭1、张1变更为投资发展公司、投资中心合伙、吴1、张1、曾1、张2、郭1）、董事变更（董事由郭1变更为张1、郭1、姚1），郭1为董事长，吴1为监事。本次变更后的公司章程（以下称2016年10月24日工商登记版公司章程）第十二条规定：股东会会议由董事会召集，董事长主持，董事长不能履行职务或者不履行职务的，由半数以上董事共同推举一名董事主持。董事会不能履行或者不履行召集股东会会议职责的，由监事召集和主持；监事不召集和主持的，代表十分之一以上表决权的股东可以自行召集和主持。另，本次变更登记材料中记载了修改公司章程、增加股东、增加注册资本、选举郭1为董事长的两次股东会决议和一次董事会决议。

诉讼中，数据科技公司提交了一份公司留存的落款日期为2015年8月1日的公司章程，该公司留存的章程中载明：“第十一条：股东会会议分为定期会议和临时会议。召开股东会会议，应当于会议召开十五日以前通知全体股东。定期会议按每年定时召开。代表十分之一以上表决权的股东、董事、监事提议召开临时会议的，应当召开临时会议。第十二条：股东会会议由董事长召集和主持。董事长不能履行或者不履行召集股东会会议职责的，由监事召集和主持；监事不召集和主持的，代表十分之一以上表决权的股东可以自行召集和主持。第十六条：公司设董事会，董事会应由三名董事组成，包括董事长一名，其中，创始股东提名二名，红杉投资提名一名。每一位董事的任期均应为三年，且经原提名方重新提名，可以连任。”

2017 年 3 月，数据科技公司新增两位投资方：创业投资合伙、滕 1。增资后，公司注册资本为 1268.01 万元。2017 年 5 月 5 日，曾 1 将持有的数据科技公司的股权转让给动力科技公司。

2017 年 5 月 25 日，数据科技公司就上述增资及转股事项办理了工商登记，此时工商登记所记载的公司章程（以下称 2017 年 5 月 10 日工商登记版公司章程）中有如下规定：“第八条：股东会由全体股东组成，是公司的权力机构，行使下列职权……（二）选举和更换非由职工代表担任的董事、监事，决定有关董事、监事的报酬事项……第十条：股东会会议由股东按照出资比例行使表决权。第十二条：股东会会议由董事会召集，董事长主持，董事长不能履行或者不履行职务的，由副董事长主持，副董事长不能履行职务或者不履行职务的，由半数以上董事共同推举一名董事主持。董事会不能履行或者不履行召集股东会会议职责的，由监事召集和主持；监事不召集和主持的，代表十分之一以上表决权的股东可以自行召集和主持。第十三条：股东会会议作出修改公司章程、增加或者减少注册资本的决议，以及公司合并、分立、解散或者变更公司形式的决议，必须经代表三分之二以上表决权的股东通过。第十七条：董事会决议的表决，实行一人一票。三分之一以上的董事可以提议召开董事会，并于会议召开前十日通知全体董事。董事会提议事项应由二分之一以上的董事表决通过方为有效，并做成会议记录，出席会议的董事应当在会议记录上签名。附则第二十六条：公司登记事项以公司登记机关核定的为准。”另，本次变更登记记载了修改公司章程的股东会决议。本次变更登记后至涉案股东会召开前，数据科技公司股东为郭 1、吴 1、张 1、投资中心合伙、张 2、投资发展公司、动力科技公司、创业投资合伙、滕 1，其中郭 1 认缴出资额为 440 万元，持有 34.7%的股权，担任数据科技公司的董事长、法定代表人；董事会成员为姚 1、郭 1、张 1；监事为吴 1；经理为郭 1。

2017 年 11 月 23 日，吴 1 和张 1 通过邮件方式发出《数据科技公司关于召开临时股东会的通知》（以下称 2017 年 11 月 23 日《临时股东会的通知》）：“一、会议召开基本情况：（一）召集人、本次股东会的召集人为数据科技公司股东张1、吴1……二、会议审核事项为：（一）变更公司董事；（二）变更公司监事。”

2017年12月9日，数据科技公司在公司会议室召开临时股东会，会议参加人为：吴1、张1、张2（委托代理人：张1）、滕1、盈润公司（委托代理人：张3）、创业投资合伙（委托代理人：滕1）。形成股东会决议内容如下：数据科技公司于2017年12月9日召开临时股东会，出席本次股东会的股东（包括股东委托代表）共6人，出席的股东占公司表决权的59.1123%。本次会议召开、召集和议案审议程序等相关事项符合公司法等法律法规和公司章程的有关规定。会议决议事项如下：一、同意更换监事。1. 同意吴1不再担任监事，由呼1担任监事，任期从今日开始。2. 表决结果：实到公司的股东中，代表公司56.6376%表决权的股东表决同意；代表公司2.4747%表决权的股东弃权。二、同意更换董事。1. 同意郭1不再担任董事和董事长，由吴1担任董事，任期从今日开始。由张1、吴1、姚1组成新一届董事会，立即召开新一届董事会选举产生新董事长。2. 表决结果：实到公司的股东中，代表公司56.6376%表决权的股东表决同意；代表公司2.4747%表决权的股东弃权。诉讼中，数据科技公司与郭1均确认2017年12月9日的临时股东会提前十五日通知了所有股东，郭1亦确认收到了通知。但由于其与吴1、张1两位创始股东意见不一致，没有参会。本次临时会议由监事吴1召集。

2017年12月21日，数据科技公司向工商机关申请变更登记，将法定代表人郭1变更为张1，董事由姚1、郭1、张1变更为姚某民、吴1、张1。监事由吴1变更为呼1。

后，郭1以2017年12月9日的临时股东会召集、表决程序及决议内容违反公司章程，于2018年1月26日向法院提起本案诉讼要求撤销案涉临时股东会决议。

## 【案件焦点】

案涉临时股东会决议是否应当撤销。

**【法院裁判要旨】**

北京市海淀区人民法院认定案涉临时股东会决议虽存在程序瑕疵，但是属于轻微瑕疵，不应被撤销。具体理由如下：首先，涉案股东会会议于开会十五日前通知了公司的股东，郭1亦收到了通知，但未参会。故本次股东会的召集程序并不影响郭1获取参会的信息或参与表决所需信息，未参会系其自己对其股东权利的处分。其次，股东会的召集仅是表决前的发起程序，涉案股东会是否由董事会召集并不导致郭1无法参加表决、无法公平参与多数意思的形成。最后，会议表决事项为更换董事和监事，参会股东所持表决权占公司表决权的59.1123%，代表公司56.6376%的表决权股东表决同意。更换公司董事、监事依据数据科技公司章程的规定属于股东会的职权范围，且不属于公司章程中规定的必须经代表三分之二以上表决权的股东通过的事项，符合公司章程对于股东会更换董事监事的决议比例，且已取得半数以上股东同意。故本次股东会非由董事会召集并未对决议结果产生实质性影响。综上，涉案股东会召集程序上的瑕疵，应认定为轻微瑕疵，涉案股东会决议依法不应当被撤销。一审法院判决：驳回郭1的全部诉讼请求。二审法院认为一审判决认定事实清楚，适用法律正确，判决如下：驳回上诉，维持原判。

**【法官后语】**

本案对于《最高人民法院关于适用〈中华人民共和国公司法〉若干问题的规定（四）》（以下简称《公司法解释四》）第四条中关于"程序瑕疵"的认定标准进行了认定和判断。

一、"程序瑕疵"对公司决议撤销的认定标准

《中华人民共和国公司法》第二十二条第二款列举了三种可撤销的公司决议种类：1. 会议的召集程序违反法律、行政法规或公司章程的规定；2. 会议的表决方式违反法律、行政法规或公司章程的规定；3. 决议的内容违反公司章程。《公司法解释四》第四条的规定，在重申了股东可以撤销公司决议条件的同时，在其后半段的"但书"部分，增加了公司决议撤销之诉中人民法院可以酌定驳回撤销公司决议诉讼请求的规定。即"但会议召集程序或者表决方式仅

有轻微瑕疵，且对决议未产生实质影响的，人民法院不予支持”。根据前述法律规定，股东会决议存在程序瑕疵并不必然导致股东会决议的撤销，故人民法院审理因决议瑕疵引发的决议撤销诉讼时，应当根据个案的具体情况综合分析。对于公司决议撤销纠纷案件的处理，应当把握两条主线：第一，既不导致公司决议成本增加产生影响公司作为商事活动参与主体运营效率及损害公司对外法律关系的后果；第二，亦不损害公司股东尤其是小股东的股东权利。关于公司决议撤销案件中，认定是否应当撤销，应以是否构成轻微瑕疵而非重大瑕疵，且未对决议产生实质影响为依据。

二、“裁量驳回”规定的理解和适用

《公司法解释四》裁量驳回的这一规定，源自人民法院在处理涉公司决议撤销纠纷中，需要在追求公平正义、保障股东利益的同时，还应关注公司作为以营利为目的的商事活动参与主体，其本身所包含的效率价值及意义，避免司法对公司自治的过度干预。公司在现代社会中扮演着实现投资者追逐财富增加的工具角色，故对公司来说，在运行过程中追求利益最大化是其第一要务。在效率价值衍生的商事外观主义下，如果允许公司作出的决议被随意变更和任意撤销，可能将会使信赖该公司决议而与之进行交易的相对人无所适从，最终导致社会总体交易成本的增加。故在司法实践中，需要法院在对该类案件的裁判过程中，既要维护小股东的程序性权利，防止小股东权利虚无化，亦要考虑撤销公司决议的成本及可能给公司正常经营带来的挑战，以达到实现社会资源的最大化利用和规范公司自治的双重效果。

同时，该规定明确了适用裁量驳回法院需要满足三个条件：1. 仅限于“会议召集程序或者表决方式”，不包含内容违反公司章程的情形，该情形虽然在公司法第二十二条规定为决议的可撤销情形，但该种情形并不能适用裁量驳回。2. 仅限于有“轻微瑕疵”，即召集程序或者表决方式的瑕疵不能为“重大瑕疵”。关于具体如何认定系“轻微瑕疵”及“轻微瑕疵”与“重大瑕疵”的界限，稍后结合本案例在下面进行具体分析。3. 需要满足“且对决议未产生实质影响”。主要是指在召集程序或者表决方式存在的瑕疵系轻微瑕疵的前提下，该轻微瑕疵不具有对公司决议结果产生实质影响的可能性，即并不会影响和改变公司决议的结果。在判断是否满足第三个条件时，应当严格以满足前两点为基本前提。前述第一点比较容易理解，下面结合本案案情，重点分析前述第二点、第三点。

（一）涉案股东会召集程序存在瑕疵

根据数据科技公司2017年5月10日工商登记版公司章程第十二条的规定：股东会会议由董事会召集，董事长主持，董事长不能履行或者不履行召集股东会会议职责的，由半数以上董事共同推举一名董事主持。董事会不能履行或者不履行召集股东会会议职责的，由监事召集和主持；监事不召集和主持的，代表十分之一以上表决权的股东可以自行召集和主持。故数据科技公司召开股东会，应当按照公司章程规定的召集程序进行。本案中，根据2017年11月23日《临时股东会议的通知》的邮件："一、会议召开基本情况：（一）召集人、本次股东会的召集人为数据科技公司股东张1、吴1……"数据科技公司在本案中亦未提交涉案临时股东会经过了董事会的召集程序；亦未提交证据证明董事会存在不能履行或者不履行召集股东会会议职责的情况。故应认定涉案股东会召集程序的确存在瑕疵。

（二）案涉股东会召集程序违反公司章程，但系轻微瑕疵且未对决议结果产生实质性影响

如前所述，《公司法解释四》后半段的"但书"部分同时规定，会议召集程序或者表决方式仅有轻微瑕疵，且对决议未产生实质影响的，人民法院不予支持。故对涉案股东会决议是否应当被撤销，应当继续审查是否系轻微瑕疵及是否对决议产生实质影响。结合公司法及《公司法解释四》的规定，"裁量驳回"的立法本意即衡平保障小股东的程序性权利与降低公司自治经营成本、实现社会资源最大化利用之间的关系。下面以前述立法本意为基础，具体分析"轻微瑕疵"与"重大瑕疵"的界限及"轻微瑕疵"未对决议产生实质影响的认定标准。

所谓"轻微瑕疵"应为会议的召集程序和表决方式虽然违反了法律、行政法规或者公司章程的规定，但是该瑕疵并不会影响股东获取参会或表决所需的信息，亦不会导致股东无法公平参与多数意思的形成。例如，会议非公司章程

规定的召集人召集、会议的主持人无主持权、开会通知方式非以书面形式而系以电话、微信或邮件等网络形式发送，通知送达股东时间距离开会不足十五日、提前开会时间比预计时间提前或延误等情形。

“重大瑕疵”即会议的召集程序和表决方式违反了法律、行政法规或者公司章程的规定，且该瑕疵影响了股东获取参会或表决所需的信息，导致股东无法公平参与多数意思的形成。构成“重大瑕疵”并不需要具备对决议产生实质影响这个条件，否则控股股东完全可以以瑕疵不影响决议结果为由任意侵害小股东的利益，小股东的程序性权利和利益将形同虚设，小股东的地位将被彻底架空，决议撤销之诉的相应制度功能也将丧失。即“重大瑕疵”系已经构成对股东程序性权利的实质性损害，一旦存在“重大瑕疵”，则无论是否会对决议产生实质影响，均属于公司法第二十二条第二款应予撤销的情形。例如，股东会召开并未通知过股东、股东会表决并非按照出资比例或公司章程的规定进行等情形。

综上所述，构成“轻微瑕疵”且未对决议产生实质影响的认定标准可以根据以下三点作为判断标准，以下三点标准为叠加标准，应当同时作为认定标准进行适用：（1）程序的瑕疵是否会影响股东获取参会或表决所需的信息；（2）程序的瑕疵是否会导致股东无法公平参与多数意思的形成；（3）程序的瑕疵是否会影响最终决议结果。

三、本案评述

结合案件具体情况讨论，首先，涉案股东会会议于开会十五日前通知了公司的股东，郭1亦收到了通知，但未参会。故本次股东会的召集程序并不影响郭1获取参会的信息或参与表决所需信息，未参会系其自己对其股东权利的处分。其次，股东会的召集仅是表决前的发起程序，涉案股东会是否由董事会召集并不导致郭1无法参加表决、无法公平参与多数意思的形成。最后，会议表决事项为更换董事和监事，参会股东所持表决权占公司表决权的59.1123%，代表公司56.6376%的表决权股东表决同意。更换公司董事、监事依据数据科技公司章程的规定属于股东会的职权范围，且不属于公司章程中规定的必须经代表三分之二以上表决权的股东通过的事项，符合公司章程对于股东会更换董事监事的决议比例，且已取得半数以上股东同意。郭1系自行放弃参会表决的权利未参会表决，召集程序的瑕疵并未导致其无法行使表决和参与公司多数意思的形成。故本次股东会非由董事会召集并未对决议结果产生实质性影响。因此，涉案股东会的召集程序上的瑕疵，应认定为轻微瑕疵，涉案股东会决议依法不应当被撤销。对于郭1的诉讼请求，法院不予支持。另，本案属于会议召集程序或表决方式存在轻微瑕疵，且对决议未产生实质影响的情形。反之，如虽会议召集程序或表决方式存在轻微瑕疵，但属于对决议产生实质影响即轻微瑕疵能够影响决议结果，则该种情形不属于可以适用裁量驳回的范畴，对相应决议应予以撤销。

综上所述，在处理公司决议撤销纠纷案件中，对于“轻微瑕疵且不对决议结果产生实质影响”及“重大瑕疵”的认定和区分上，关键即在于召集程序及表决方式的瑕疵是否构成了对股东程序性权利的实质性侵害，是否导致股东无法获取参会信息及正常行使表决权，进而参与公司决议多数意思的形成。一旦对股东的程序性权利造成了实质的侵害，则无法适用《公司法解释四》“但书”裁量驳回的规定，反之则可以适用。

编写人：北京市海淀区人民法院　韩斌

32

# 股权让与担保情形下名义股东权利边界的司法认定

## ——吴某诉北京某房地产公司公司决议案

**【案件基本信息】**

1. 裁判书字号

北京市第三中级人民法院（2020）京03民终5136号民事判决书

2. 案由：公司决议纠纷

3. 当事人

原告（被上诉人）：吴某

被告（上诉人）：北京某房地产公司

第三人（上诉人）：刘某、某集团公司

第三人（被上诉人）：实业公司

【基本案情】

吴某系北京某房地产公司法定代表人。该公司在开发某房地产项目过程中，因无力支付工程款，被某区人民法院判决执行51套房屋折抵给某建设公司。之后，北京某房地产公司从某建设公司处回购并销售6套房屋。某国际贸易公司向某担保公司借款9000万元，代北京某房地产公司支付给某建设公司，回购了剩余45套房屋。

2010年1月8日，北京某房地产公司、某集团公司、吴某等签订《框架协议》，约定基于上述诉讼及回购情况，由某集团公司指定的公司代某国际贸易公司偿还欠付某担保公司债务9000万元并承接该债权；为使该房地产项目达到销售条件，北京某房地产公司、某集团公司应当在本协议签署生效后立即成立项目领导小组和项目经理部，办理大产权证、确定销售方案及物业管理方案等，产生的资金支出由某集团公司垫付，计作对北京某房地产公司的债权；根据本协议形成的债权在清偿时应计收利息，利率双方另行协商；北京某房地产公司同意由某集团公司指定的销售代理公司独家代理该房地产项目销售工作；为保障某集团公司实现债权，吴某同意将其持有的北京某房地产公司股权无偿转让给某集团公司指定的公司，待债权全部清偿或某集团公司认为适当的时机，上述股权应当无条件返还给吴某。

2010年5月14日，各方签订《出资转让协议书》并办理了股东及出资变更登记，某集团公司指定的实业公司持股70%。

2019年7月22日，北京某房地产公司作出股东会决议，选举了新一届董事会及监事。随后，董事会作出决议，决定吴某不再担任法定代表人、董事长，并责成吴某向新当选的董事长马某移交该公司所有营业执照、印鉴、财务账册及凭证、公司签订的所有合同、协议等法律文件和档案以及其他属于公司的所有财产，并立即停止对外代表公司实施任何法律行为。

吴某向人民法院提起诉讼，认为实业公司系基于股权转让担保受让的70%股权，其并不享有股东参与决策、选任管理者、分取红利等权利，故2019年7月22日其在股东会上所作表决应为无效表决，决议未达到公司法或公司章程规定的表决比例，故请求人民法院判定该股东会决议不成立。

【案件焦点】

1. 实业公司基于《框架协议》的安排受让北京某房地产公司股权行为性质是否构成让与担保；2. 如果构成，实业公司就该让与担保部分的股权是否享有表决权。

【法院裁判要旨】

北京市朝阳区人民法院经审理认为，各方通过签订《框架协议》约定某集团公司代北京某房地产公司清偿对外债务并对房地产项目进行销售，形成了某集团公司对北京某房地产公司的债权，为保障债权实现，吴某将所持有的股权转让给实业公司，待某集团公司债权获得清偿后，该股权无偿返还吴某。据此约定，股权变更至实业公司名下系作为某集团公司债权的担保，而非真正的股权转让，此种通过转让股权所有权来担保债权实现的方式属于股权让与担保。因此，实业公司仅为名义股东，而非实际股东，其无权进行使用收益，不能享有公司法规定的股东所享有的参与决策、选任管埋者、分取红利的权利。故而2019年7月22日北京某房地产公司股东会决议仅有实业公司投赞成票，该决议股东表决权不符合公司法及公司章程规定，应认定该股东会决议不成立。一审法院判决，确认2019年7月22日北京某房地产公司股东会决议不成立。

判决作出后，实业公司等不服，向北京市第三中级人民法院提起上诉。二审法院经审理认为：

关于第一个争议焦点，对涉案《框架协议》中所约定的股权转让条款的性质认定，不能仅看合同的形式或名称，而要探究当事人的真实意思表示，而对于合同当事人的意思表示的解释应当以客观立场作为原则性评价标准。因双方让渡股权的根本目的在于担保债权人债权的实现，该条款在性质上属于股权让与担保。作为一种非典型担保方式，股权让与担保行为本身并未违反法律、行政法规的强制性规定，应认定合法有效。

关于第二个争议焦点，即实业公司就该让与担保部分的股权是否享有表决权。让与担保与财产权转让在法律性质上存有实质性区别，财产权转让的受让人是以获得财产权利为目的，而让与担保的债权人受让财产的目的在于为主债权提供担保，在主债权不能实现时可以受让的财产权价值优先受偿，且债权人通常无须支付受让财产权的对价。因此，债权人于形式上受让的财产权一般会受到一定的权利限制。股权让与担保就更具其特殊性，因为股权为兼具财产权和成员权属性的复合型权利。公司股东既可就其享有的股权参与公司分红，亦可通过其股东表决权参与公司的经营管理。而股权让与担保的债权人以受让或增资的方式取得股权，是期待以股权价值担保其债权未来可以实现，侧重于防范债务人通过行使股东权利对公司资产进行不当处置，从而导致其债权无法实现；债权人并非以成为公司股东参与管理、获取分红为直接目的。因此，债权人虽在形式上为公司名义股东，但其仅在担保范围内享有优先受偿的权利，并不享有公司法规定的股东所享有的参与决策、获得股东红利等实质性权利。

综上，由于诉争股东会决议表决权未达到公司法或公司章程规定的通过比例，所以 2019 年 7 月 22 日北京某房地产公司股东会决议应为不成立。一审法院认定无误，二审法院依法予以维持，判决如下：

驳回上诉，维持原判。

**【法官后语】**

一、股权让与担保的法律效力

股权让与担保，即债务人将股权转移至债权人名下，债务清偿后，股权应返还于债务人；当债务人履行不能时，债权人可就股权变价并经过债务清算后受偿。在民法典出台之前，此前的担保法、物权法均未规定让与担保制度，但由于其具有融资灵活、交易成本较低、第三人阻碍债权实现的可能性小等优势，让与担保一直在担保实践中扮演着重要角色。

2021 年 1 月 1 日起实施的民法典虽未明文规定让与担保，但通过担保合同的范围，为让与担保留下了空间。[①] 同时，《最高人民法院关于适用〈中华人民共和国民法典〉有关担保制度的解释》（以下简称《担保制度司法解释》）第四部分单设“关于非典型担保”部分，从司法解释角度肯定了让与担保作为非典型担保的效力。在上述司法解释出台之前，《全国法院民商事审判工作会议纪要》（以下简称《九民会纪要》）曾对股权让与担保的效力问题进行了明确。《九民会纪要》第七十一条认为，债权人与债务人之间名为股权转让实为让与担保的合同，不违反法律、行政法规的效力性强制性规定，应属有效。[②] 据此，股权让与担保作为一种非典型担保的效力得以明确，但因上述第七十一条未能细化“名为股权转让实为让与担保的合同”判断标准，亦未明确股权让与担保情形中股权受让人（债权人）的权利行使问题，导致实践中对于股权让与担保的认定，以及股权让与担保情形下股权受让人的权利范围存在争议。

股权让与担保情形下，股权受让人（名义股东）的权利边界，其实质在于名义股东是否具有股东身份，具体涉及以下三个方面：（1）在股权转让人与受让人之间如何认定受让人的身份；（2）在目标公司内部（包括目标公司及其他股东）如何认定股权受让人的身份，即股权受让人能否行使股东权利、履行股东义务；（3）在目标公司外部，是将股权受让人视为股东还是有担保权的债权

---

① 《中华人民共和国民法典》第三百八十八条第一款规定：设立担保物权，应当依照本法和其他法律的规定订立担保合同。担保合同包括抵押合同、质押合同和其他具有担保功能的合同。担保合同是主债权债务合同的从合同。主债权债务合同无效的，担保合同无效，但是法律另有规定的除外。

② 相关条款规定，作为担保财产的动产已经交付债权人或者不动产、股权等已经进行变更登记，参照动产质权、不动产抵押权以及股权质押相关规定处理。在债务人不履行到期债务或者出现约定事由时，债权人主张享有动产、不动产所有权或股权的，一般不予支持，但其与债务人事后就不动产、动产或股权达成折价或回购协议的除外；债务人也可请求人民法院参照《中华人民共和国民事诉讼法》中实现担保物权的相关规定，将动产、不动产或者股权拍卖、变卖后清偿债务。

人。本文认为，考虑到股权让与担保较股权质押等典型担保方式，具有法律效果超越经济目的的特殊构造，同时相较于其他让与担保形式，又因股权的复合型特点，涉及对股权财产价值的支配及对公司经营权的行使。在此复杂交易框架下，需遵循处理公司案件的一般原理，坚持法律关系的内外有别原则，同时应当注重平衡各方主体利益。

二、股权转让人与股权受让人之间的法律关系

就股权转让人与受让人之间而言，如前所述，应当根据当事人的真实意思表示来确定其法律关系的性质是股权让与担保还是股权转让抑或股权质押。同时，对于商事主体之间在股权让与担保协议中约定了受让人具体权利的，人民法院在实践中应予充分尊重。

三、名义股东在目标公司内部（包括目标公司及其他股东）的权利边界

在《九民会纪要》出台之前，实践中多数裁判观点认为，股权让与担保的股权受让人，其持有股权仅仅是保障自己的债权，并不真正行使股东权利，公司的实际股东即行使股东权利之人仍然应是转让股权的担保人。[①] 债权人并没有实际取得股权，并非真实股东，仅是名义股东，原则上不能享有公司法规定的股东所享有的参与决策、选任管理者、分取红利等股东权利。

在《九民会纪要》出台后，最高人民法院首先明确了在让与担保中，已经完成财产权利变动的债权人，其地位是债权人，而非所有人或者股东。同时认为，如果转让人将让与担保的真实意思告诉了公司及其他股东，则即便受让人在公司的股东名册上进行了记载，也仅是名义股东，不得对抗公司及其他股东。此时，作为名义股东，其并不享有股东的权利，即既不享有股权中的财产权，也不享有股权中的成员权。反之，如果转让人并未告知公司及其他股东实情，而是告知他们是股权转让，则法律也要保护此种信赖。在此情况下，一旦受让人在公司的股东名册上进行了记载，即便真实的意思是股权让与担保，受让人

① 参见（2017）最高法民再210号，载中国裁判文书网，2021年11月1日访问。

仍然可以行使股东权利，包括财产权和成员权。[①] 据此，在目标公司内部，名义股东的权利边界应视股权转让人是否告知公司及其他股东股权让与担保之实情而有所不同。如果转让人与受让人之间签署了股权转让协议，并且告知目标公司和其他股东的意思是“股权转让”，目标公司亦按照股权转让为受让人办理了股东名册变更的，则应当认定目标公司、其他股东以及受让人就受让人成为目标公司股东这一事项达成了合意。相应地，受让人成为目标公司的股东，可以行使股东权利。否则，受让人不能成为目标公司的股东，而只能是债权人。

四、名义股东与外部第三人的法律关系

股权让与担保中，因具有股权转让的权利外观，基于股权登记的公示效力，对外亦会产生对第三人信赖利益的保护问题，主要表现在当事人有关股权让与担保的约定能否对抗公司其他债权人。实践中主要体现为两种类型：一是对名义股东享有债权的债权人请求人民法院查封、执行标的股权，此时实际股东是否提出执行异议和执行异议之诉；二是基于股东出资瑕疵需对公司债权人承担责任的规则，名义股东是否应当与实际股东就出资瑕疵承担相应法律责任。对于第一个问题，实践中存在不同观点，倾向性观点认为，基于商事外观主义，名义股东的债权人有权请求执行名义股东的股权，但转让人作为实际股东既可以请求确权，也可以通过提出执行异议之诉的方式保障自己的权利。[②] 对于第二个问题，此次《担保制度司法解释》予以了明确，即股东以将其股权转移至债权人名下的方式为债务履行提供担保，公司或者公司的债权人以股东未履行或者未全面履行出资义务、抽逃出资等为由，请求作为名义股东的债权人与股东承担连带责任的，人民法院不予支持。

编写人：北京市第三中级人民法院　田璐　郭欣欣

① 参见最高人民法院民事审判第二庭编著：《〈全国法院民商事审判工作会议纪要〉理解与适用》，人民法院出版社2019年版，第405页。

② 参见最高人民法院民事审判第二庭编著：《〈全国法院民商事审判工作会议纪要〉理解与适用》，人民法院出版社2019年版，第406页。

33

# 与公司决议有直接利害关系的民事主体有权提起决议不成立之诉

## ——徐1等诉时代广场公司决议案

**【案件基本信息】**

1. 裁判书字号

北京市第一中级人民法院（2019）京01民终2322号民事判决书

2. 案由：公司决议纠纷

3. 当事人

原告（被上诉人）：徐1、李1、李2

被告（上诉人）：时代广场

第三人（上诉人）：李3、李4

**【基本案情】**

时代广场成立于2014年1月14日，注册资本为2000万元，股东为李5（认缴1200万元）、李3（认缴400万元）、李4（认缴400万元），执行董事和法定代表人为李5。本案原告徐1是李5的妻子，李1、李2是李5的子女。2017年2月3日，时代广场形成两份股东会决议，记载召开地点为公司会议室，决议同意李5将其全部出资转让给李3，免去李5执行董事职务，选举李3担任执行董事，同意修改公司章程。李5在落款处加盖手签章。后经时代广场申请，工商管理部门将时代广场的法定代表人由李5变更为李3，将李5所持股权变更登记至李3名下。但是，作出上述股东会决议是发生在李5癌症复发病危治疗期间，2017年2月13日，李5因病救助无效去世。原告徐1、李1、李2认为李5病危没有条件和能力参加股东会、在股东会决议上签字作出意思表示，股东会决议中的签名“李5”不是本人书写，案涉股东会决议是在没有经过法定召集程序和表决程序、虚构李5到场和签名、李5没有作出真实意思表示的情况下形成的，认为决议不成立，故诉至法院，诉讼请求：1. 确认时代广场于2017年2月3日形成的两份股东会决议不成立；2. 判令时代广场向公司登记机关申请撤销依据上述股东会决议作出的将李5股权转让给李3、将法定代表人和执行董事变更为李3的变更登记；3. 诉讼费用由时代广场承担。

【案件焦点】

徐1、李1、李2是否具有起诉本案的主体资格。

【法院裁判要旨】

北京市海淀区人民法院经审理认为：首先，决议不成立之诉在性质上属于确认诉讼，立法上对请求确认股东会决议效力所涉主体的范围并未明确界定，理论上不论任何人，只要存在诉讼利益，都可以提起确认不成立之诉。其次，司法确认决议不成立事实上是认定不存在公司法意义上的决议，亦是对决议合法性的根本否定，所以与决议有直接利害关系的任何人都有权利提起该类诉讼。最后，上述决议记载的时间系李5病重住院期间，其法定继承人有理由对该决议是否为李5作出产生合理怀疑。决议内容涉及李5所持全部股权的转让，因股权含有财产属性，对李5财产的处分，涉及其法定代表人的财产权益。故徐1、李1、李2作为李5的法定继承人属于与该决议有直接利害关系的人，具有起诉本案的诉讼主体资格。

公司决议是一种法律行为，股东会决议成立要件应当包括程序要件及意思合意要件。案涉股东会系当日由李5提议召开，通过口头方式通知，开会地点为其病房，召集程序不符合章程的规定，也没有提交证据证明股东会的召集、召开。本案亦不符合不召开股东会而直接作出有效决议的情形。依当事人申请，本院委托鉴定机构对2017年2月3日和4日李5是否具有民事行为能力进行鉴定，鉴定结果为应评定为限制民事行为能力，本院依法予以采信。因此，李5

召集、主持、参加股东会及转让股权涉及重大财产利益，其法定代理人徐1亦拒绝追认，上述行为无效，案涉股东会表决结果未达到法定及章程规定的通过比例，亦为不成立。一审判决如下：

一、确认被告时代广场落款日期为2017年2月3日的两份股东会决议不成立；

二、被告时代广场于本判决生效之日起十日内向登记机关申请撤销依据上述第一项决议作出的工商变更登记（包括将李5股权转让给李3，将法定代表人和执行董事变更为李3）。

时代广场、李3、李4不服一审判决，向北京市第一中级人民法院提起上诉。

二审法院同意一审法院裁判意见，判决如下：

驳回上诉，维持原判。

**【法官后语】**

关于确认公司决议不成立之诉的原告范围，《最高人民法院关于适用〈中华人民共和国公司法〉若干问题的规定（四）》第一条规定，公司股东、董事、监事等请求确认股东会或股东大会、董事会决议无效或者不成立的，人民法院应当依法予以受理。该款条文以不完全列举的方式，仅明确列举了公司股东、董事、监事三类主体，并用“等”的表述涵盖了与股东会或者股东大会、董事会决议内容有直接利害关系的其他人，主要是股东会决议、董事会决议通常会涉及的主体。以“直接利害关系人”界定适格原告范围，也有利于贯彻诉的利益原则。

公司决议属于公司经营管理的内部事务，“直接利害关系人”的认定应当进行个案审查，严格适用，以防止过度干扰公司正常经营秩序。实务中直接利害关系人的界定并不统一，结合审判实践，笔者认为“直接利害关系人”的范围应当包括以下几类。

一是受公司决议约束的高级管理人员和公司员工。股东会或股东大会和董事会决议通常会设定与高管、员工相关的权利义务，该决议内容与其个人相关，直接影响其自身权益。构成“直接利害关系”的诉因条件，相关高管、员工可作为确认决议不成立之诉的适格原告。此外，员工持股（包括高管人员的管理股）通常是以公司政策的方式通过公司决议作出的，通过“直接利害关系人”标准界定决议不成立之诉原告范围，可以直接保障员工持股不受非法状态的侵害。

二是与决议所涉股东、董事直接相关人员。公司决议对公司股东或董事相关事项作出决议，决议结果有时也会直接影响与该股东或董事有直接关联人员的权益，如代持股关系、夫妻关系、继承关系等。正如本案，决议同意股东转让股权情形下，若对转让方股权的处分，涉及对可能成为其遗产的处分，决议内容涉及对其合法继承人的财产权益及股东资格的继承，此时股权转让方的合法继承人有权提起确认决议不成立之诉。

三是与公司决议有直接利害关系的公司债权人。直接利害关系是公司外部主体享有诉权之前提，在决议不成立诉讼中，涉诉的股东会决议不会直接影响公司外部主体的权益，公司外部主体介入决议不成立之诉中，无法直接维护自身法益，但若该第三人与公司间法律关系成立的要件之一取决于股东会或股东大会、董事会决议时，则第三人对股东会决议不成立有法律上利益，可作为原告起诉。换言之，当第三人的权利或利益因决议内容而受到侵害或直接影响时，第三人可以成为适格原告。实践中，公司债权人可能依据合同的约定享有参与或监督公司经营管理的权利，如债权人在签订合同时对股息分配的限制，可能会以债权人对股东会或董事会决议的否决权方式出现。因此，相关债权人权利有受到股东会或董事会决议侵害的可能性，应当认定为确认决议不成立之诉的适格原告。

**编写人：北京市海淀区人民法院　唐盈盈　岳可**

34

# 章程规定与全体股东一致意思表示的对抗效力

## ——马 1 等诉科技公司公司决议效力确认案

### 【案件基本信息】

1. 裁判书字号

北京市第三中级人民法院（2020）京 03 民终 644 号民事判决书

2. 案由：公司决议效力确认纠纷

3. 当事人

原告（上诉人）：马 1、众 1 投资中心、众 2 投资中心

原告：天某投资公司、财富公司

被告（被上诉人）：科技公司

第三人：中某投资公司

### 【基本案情】

科技公司系设立于 2014 年 9 月 18 日的有限责任公司。公司设立后，经过多次变更登记，至 2016 年 9 月 21 日，注册资本为 5000 万元，股东为马 1、天某投资公司、众 1 投资中心、众 2 投资中心、体育发展公司、财富公司，法定代表人为马 1。

2017 年 7 月 31 日，中某投资公司（甲方）、投资公司（乙方）、马 1（丙方）签订《合作框架协议》约定甲方入资成为股东，乙方负责实际经营公司，变更工商登记，组成董事会，董事会任命马 1 为公司总经理。落款处中某投资公司、科技公司加盖公章，马 1 签字。

后，中某投资公司（甲方）、科技公司（乙方）、马 1（丙方）签署《增资

扩股合作协议》：甲方将增资款10200万元打入乙方账户内，甲方自出资到账之日将即视为公司股东，享有认购股份项下的全部股东权利、承担股东义务，最终甲方持有乙方股权67.1%；收到甲方增资款后的7个工作日内，丙方及公司各股东协助甲方完成乙方股东的工商登记变更的相关工作……增资扩股后，乙方原运营团队继续负责公司的运作经营，并承诺符合甲方对于公司管理要求的规范及有效保障大股东的权益；乙方设立董事会，成员为三人，其中两名由甲方委派，剩余一名由丙方担任，董事长由甲方委派的董事产生……乙方设总经理一名，由董事会聘任丙方担任，丙方作为乙方公司的实际经营管理人，并保证在甲方增资扩股后，标的公司的经营目标为自协议签订之日起近三年内每年的净利润不低于5000万元人民币。

2017年9月12日，科技公司进行了股东、法定代表人、注册资本的变更登记。科技公司2017年9月12日的章程规定：公司不设董事会，设执行董事一人；执行董事行使下列职权：负责召集股东会，并向股东会议报告工作，执行股东会的决议……决定聘任或者解聘公司经理及其报酬事项，并根据经理的提名决定聘任或者解聘公司副经理、财务负责人及其报酬事项……公司设经理，由执行董事决定聘任或者解聘，经理对执行董事负责，行使下列职权……公司不设监事会，设监事一人，由股东会选举产生……

前述变更登记完成后，科技公司未组成董事会，由中某投资公司委派的李1担任执行董事、马1担任经理。

2017年12月25日，马1向科技公司提出离职申请；同日，李1拒绝该申请。

2019年1月29日，科技公司执行董事李1做出《关于免除马1公司CEO职务暨聘任公司新的CEO等人事任免事项的通知》：自本通知公布之时起，免除马1公司总经理（CEO）及其他一切职务。落款处科技公司执行董事李1加盖人名章。

马1、财富公司、天某投资公司、众1投资中心、众2投资中心提出诉讼请求：确认落款日期为2019年1月29日的《关于免除马1公司CEO职务暨聘任公司新的CEO等人事任免事项的通知》无效。

一审法院判决：驳回原告的全部诉讼请求。

## 【案件焦点】

1.《增资扩股合作协议》中案涉争议具体约定内容的性质和效力；2. 公司章程中关于执行董事职权的案涉争议条款规定的性质和效力。

## 【法院裁判要旨】

北京市第三中级人民法院经审理认为：

一、《增资扩股合作协议》中案涉争议具体约定内容的性质和效力

（一）关于《增资扩股合作协议》是否为全体股东的一致意思表示一项

第一，中某投资公司（新股东）、科技公司（标的公司）、马1（原实际控股股东）签订了《增资扩股合作协议》《合作框架协议》。第二，马1、众1投资中心、众2投资中心提交《情况说明》用以证明签订《合作框架协议》《增资扩股合作协议》时，恰逢科技公司的全体股东委托马1与中某投资公司协商增资入股事宜并签署案涉协议，全体股东均认可案涉协议的内容。第三，《科技公司2017年第一次临时股东会决议》中对于案涉增资及股权变更情况进行了表决，可以说明各股东对基于《增资扩股合作协议》约定的案涉增资的认可。故，《增资扩股合作协议》为全体股东的一致意思表示。

（二）关于马1、众1投资中心、众2投资中心主张的马1担任公司总经理、公司原运营团队继续负责公司经营的约定系各方股东的特别约定且系各方合作基础是否成立一项

《合作框架协议》《增资扩股合作协议》约定了科技公司、原股东、投资人的具体合作模式为，投资人中某投资公司主要负责资金投入、融资从而享有包括按照股权比例分红等的股东权利；马1作为科技公司的实际经营管理人，科技公司原运营团队继续负责公司的运作经营。

根据上述合作模式可以看出，各方在增资扩股协议中已明确约定由马1及其原运营团队负责公司经营。

各方在《合作框架协议》《增资扩股合作协议》中对于设立董事会、选任总经理的约定。首先，根据《增资扩股合作协议》中约定，科技公司应设立董事会、监事会，董事会成员 3 人，由中某投资公司委派 2 名，由马 1 担任董事之一，董事长由中某投资公司委派的董事之一担任。其次，科技公司设总经理，由马 1 担任，马 1 负责公司的实际经营管理。由此可见，按照各方约定，马 1 在增资扩股完成后的总经理职务暨负责公司实际经营管理职权是确定的，由原股东与投资人之间通过协议明确约定，即科技公司应当设立董事会，且无论董事会具体人选情况，都应当由马 1 担任总经理。

由上可见，根据标的公司、原股东、投资人之间《合作框架协议》《增资扩股合作协议》的约定，马 1 担任科技公司总经理，其与增资扩股前的公司运营团队仍负责公司的实际经营管理。上述约定系各股东之间明确且具体的约定，且系原股东与投资人之间的合作模式、合作基础。

二、公司章程中关于执行董事职权的案涉争议条款规定的性质和效力

（一）关于章程相关条款是否为格式条款、是否经各方充分协商并为全体股东的真实意思表示一项

第一，案涉工商登记变更前后两份章程中关于公司执行董事的设立、执行董事职权、总经理的设立、总经理职权、监事的设立、监事职权、法定代表人人选等条款的规定内容完全一致。

第二，执行董事职权的相关条款未经过各方协商决议。

第三，关于公司章程变更的约定。《增资扩股合作协议》中约定，对于马 1、众 1 投资中心、众 2 投资中心所主张的变更工商登记的主要目的在于体现科技公司的股东地位，存在一定的合理性。

结合上述各方面因素，本院认为不应认定公司章程中关于执行董事职权的相关条款规定系各方股东之间协商一致确定的执行董事具体职权范围。

（二）关于案涉公司章程的相关规定能否对抗《增资扩股合作协议》中各股东之间关于总经理、经营团队的具体约定一项

本案中的争议点在于公司章程的规定如何对抗全体股东的一致合意，即案

涉公司章程的规定能否对抗《增资扩股合作协议》中各股东之间关于总经理、经营团队的具体约定。

第一，关于公司章程体现的意思自治。当公司章程内容不能体现为公司股东之间的合意时，公司章程的相关规定就不再因其体现股东集体意志而产生约束公司行为的应然之效力。

第二，股东会决议对公司股东合意的体现。本案中，如上所述，案涉股东会决议中并未体现全体股东对执行董事职权范围的合意，那么，不能认定公司章程中关于执行董事职权的相关条款规定系各方股东之间协商一致确定的，此时，公司章程的相关规定不能体现公司股东合意。

第三，《增资扩股合作协议》对股东合意的体现。《增资扩股合作协议》中对于马1担任总经理、原运营团队负责公司经营管理系各方合作的基础，各股东之间关于公司运营管理的约定是有限责任公司人合性的有效体现。

第四，关于执行董事职权的规定是否属于格式条款。公司章程与《中华人民共和国公司法》第四十六条规定、工商管理部门的格式版本《有限（责任）公司章程（参考格式）》内容一致，并非针对公司实际情况具体制定的公司章程。

综上，无法证明公司章程中对执行董事职权的规定是对马1担任总经理等合作模式的变更。

北京市第三中级人民法院依照《中华人民共和国公司法》第十一条、第九十八条，《中华人民共和国民事诉讼法》第一百七十条第一款第（二）项之规定，判决：

一、撤销北京市朝阳区人民法院民事判决；

二、改判确认2019年1月29日的《关于免除马1公司CEO职务暨聘任公司新的CEO等人事任免事项的通知》无效；

三、驳回马1、众1投资中心、众2投资中心、财富公司、天某投资公司的其他诉讼请求。

## 【法官后语】

本案主要涉及公司新引入投资人与公司创始团队关于公司经营管理权的争夺，具体争议焦点涉及章程及股东间协议的法律属性、效力优先性，以及执行董事决定违反股东间协议的效力问题。

一、章程及股东会决议的法律效力

1. 章程作为公司内部章程的属性

通常情况下，公司章程是公司最基本的规范文件，是公司的行为准则，是对公司、股东和公司的经营管理人员具有约束力的调整公司内部组织关系和经营行为的自治规则。公司章程在公司运营中的地位和效力是不可否认的，公司股东、董事、监事、高级管理人员均应当按照公司章程实现权利、履行义务。

除公司设立时的章程一般需要由股东一致同意外，公司内部三分之二股东表决即可变更公司章程。因此，从形式角度上看，章程并不必然代表全体股东的一致意思表示，体现的是多数股东意志。

2. 股东会决议对公司的效力

股东投资的聚合形成了独立的公司财产，并奠定了公司的独立法人地位。股东大会系公司最高权力机构，并形成公司的意思表示，对公司的重大事项作出决策。股东大会作出的决定，公司的其他机构，如董事会、执行董事、监事会都必须执行和遵守。董事会、执行董事、监事会行使职权不得与股东大会的决定相抵触。

《中华人民共和国公司法》第三十七条规定，“股东以书面形式一致表示同意的，可以不召开股东会会议，直接作出决定，并由全体股东在决定文件上签名、盖章”。可见，全体股东书面的一致意思表示与股东会决议具有同等效力。

二、关于股东协议的法律效力

全体股东一致签署的股东协议虽然具备合同的一切属性，但其约定却不纯粹体现为合同法的问题。股东协议是股东之间以书面方式形成的一致意思表示，其效力类似于股东会决议。而且，考虑到有限责任公司的封闭性，股东协议通常与章程一并签署，股东协议约定的内容也往往涉及公司各组织机构的权力运行等章程规定的事项，股东协议也具有公司组织法的特征。该等股东协议名为协议，实际上属于对公司章程的补充和解释，具有章程的法律效力属性，违反该约定应为决议的可撤销事由。

三、股东协议与公司章程、决议效力的优先性

第一，关于公司章程体现的意思自治。根据《中华人民共和国公司法》第二十三条的规定，股东共同制定公司章程；根据《中华人民共和国公司法》第三十七条的规定，修改公司章程系股东会的职权。根据上述规定，公司章程系股东集体意志的体现，是公司股东的合意形成的。公司章程与股东之间一般的协议约定不同的是，公司章程的效力不仅及于公司章程的制定者即全体股东，还及于后续加入公司的股东，这是由章程自治规则性质所决定的。由此，实际上，公司章程仍属于公司股东之间的合意。

第二，股东决议对公司股东合意的体现。有限责任公司股东的有限性、公司资本的封闭性等均保障着有限责任公司的人合性。有限责任公司股东会是公司的权力机关和最高决策机构，是形成股东集体意志的机构，对公司决策和经营具有绝对影响力，股东会决议亦是体现股东的合意。

应当认为，就公司内部而言，公司章程、决议本质上也属于合同，与股东协议的实质相同，都属于股东真实意思的表达，只是方式不同而已。因此，在审视股东协议的效力时，应当秉持实质重于形式的原则，将股东协议和章程、决议一并考虑，认可股东协议的组织法效力。那么，当公司章程内容不能体现公司股东之间的全部合意时，就不能单纯依据公司章程来判断公司股东之间的真实意思，而应当结合股东协议对章程作进一步解释和补充。

因此，本文认为，当公司创始团队对经营管理权的控制系公司全体股东及新投资人之间明确且具体约定时，该约定系公司原股东与投资人之间的合作模式、合作基础，涉及公司组织法的范畴，应当作为公司章程的补充和解释。关于章程及股东协议的约定应当作为一个整体进行系统解释，不得片面、单纯地适用章程的条款，还应当结合股东协议约定来对公司章程进行补充、解释和说明。在章程和股东协议之间的约定不存在直接矛盾、冲突的情况下，不能仅以

章程的条款来对抗股东协议的约定。本案中，股东协议约定马1担任总经理，与执行董事选聘解聘总经理的法定职权并不冲突，而是对执行董事履行职责内容的进一步解释和补充。案涉执行董事决定违反股东之间约定，视同违反了对章程条款的解释，应予撤销。当然，本案仅涉及公司内部法律关系，如果涉及公司外部法律关系，还应当保护善意相对人的信赖利益。

编写人：北京金融法院　蒙瑞

北京市第三中级人民法院　刘茜倩

# 九、公司设立纠纷

35

## 众筹设立公司的行为属公司募集设立的范畴

——林 1 诉餐饮管理公司、陈 1 公司设立案

**【案件基本信息】**

1. 裁判书字号

广西壮族自治区北海市中级人民法院（2020）桂 05 民终 83 号民事判决书

2. 案由：公司设立纠纷

3. 当事人

原告（被上诉人）：林 1

被告（上诉人）：餐饮管理公司、陈 1

**【基本案情】**

餐饮管理公司是音乐餐吧的股东，其法定代表人原为陈 1，后于 2015 年 12 月 7 日变更为陈 2。2015 年 8 月 23 日，餐饮管理公司向林 1 出具一份《收据》，确认收到林 1 交付的悠时光餐厅（三店）投资款 15000 元，认购股权为 5 股。2015 年 8 月 31 日，林 1 与餐饮管理公司签订《悠时光旗舰店股权众筹委托投资协议书》（以下简称《协议书》）约定，众筹项目为悠时光旗舰店，项目预计在 2015 年 9 月底试营业；林 1 参与本次众筹项目第 1 轮众筹，认购股权数量为 5 股，金额为 15000 元；本项目预计 18 个月至 24 个月可收回全部投资，每

季度分红一次，分红时间为每年的3月、6月、9月、12月的10日至15日，分红形式为现金分红，以银行转账的方式支付给林1；每位股东投资的金额返还等额的“通用券”，每个季度返还一次，5年内返完，“通用券”是现金券，可当现金使用，在巨星联合集团北海事业部各门店均可使用；林1本人在悠时光旗舰店消费可享受7.5折优惠（股东凭专用卡以及仅限本人消费时可享受），可享受巨星联合集团北海事业部其他门店消费V1P贵宾折扣（以各门店的优惠方案为准）；享有知情权，有权了解项目运营状况、各项财务报表、收支情况，可通过股东会参与项目的管理，为项目出谋划策等。2015年10月2日，餐饮管理公司向林1发放《股权证书》【编号：A-045】，载明企业名称为餐饮管理公司，项目名称为悠时光餐厅，股权人为林1，出资金额为15000元，占股5股，占1%（A轮认购）。2017年3月24日，广西壮族自治区北海市中级人民法院作出（2017）桂05民终99号民事判决，确认涉案的悠时光餐厅没有成立，餐饮管理公司、陈1是悠时光餐厅的发起人。林1主张悠时光餐厅至今未成立，要求餐饮管理公司向其返还15000元及按年利率6%计算相应利息，且陈1对上述债务承担连带清偿责任。餐饮管理公司、陈1不同意林1的全部诉讼请求。

**【案件焦点】**

餐饮管理公司、陈1应否向林1返还15000元及相应利息。

**【法院裁判要旨】**

广西壮族自治区北海市海城区人民法院经审理认为，餐饮管理公司没有按照涉案《协议书》的约定，在2015年9月底前成立悠时光餐厅并试营业，故作为发起人的餐饮管理公司、陈1均负有对认股人林1已缴纳的15000元股款及利息返还的连带责任。一审法院判决：餐饮管理公司、陈1共负返还15000元及利息（以15000元为基数，按中国人民银行同期同类存款利率，从2015年8月23日起计至本判决发生法律效力之日止）给林1的连带清偿责任。

餐饮管理公司、陈1不服原审判决，提起上诉。二审法院认为，本案是餐饮管理公司、陈1通过募集方式设立悠时光餐厅与林1达成合作意向，但是双方因涉案公司是否实际成立以及林 1 请求返还投资款产生纠纷，符合公司设立纠纷的法律特征。依据《中华人民共和国合同法》第七十七条第一款的规定，餐饮管理公司、陈 1 没有举证证明与林 1 协商一致变更了合同的内容，那么就应当按照原合同的约定继续履行设立悠时光餐厅的筹办义务。综合本案证据，发起人餐饮管理公司、陈 1 没有根据相关法律的规定召开创立大会、进行验资、制定公司章程等，也没有到公司登记机关进行公司设立登记申请。并且，餐饮管理公司成立的公司是音乐餐吧，不是悠时光餐厅。也就是说，涉案《协议书》中约定的悠时光旗舰店项目至今未成立。虽然巨星公司向林 1 的账户转入了五笔分红，但是餐饮管理公司、陈 1 没有提交证据证明已经与林 1 达成一致意见，林 1 同意将其认购的股权转化为巨星公司的股权，而林 1 亦予以否认。除此之外，餐饮管理公司、陈 1 没有证据证明已履行涉案《协议书》中的其他义务。因此，餐饮管理公司、陈 1 没有完成设立悠时光餐厅的筹备工作。根据《中华人民共和国合同法》第九十四条第一款第（二）项的规定，悠时光餐厅至今未成立，作为发起人的餐饮管理公司、陈 1 应当对林 1 已缴纳的股款 15000 元及利息承担连带清偿责任。二审法院判决如下：

驳回上诉，维持原判。

## 【法官后语】

股权众筹是一种“互联网+金融”的创新型融资模式，是公司通过互联网众筹平台出让部分股权以筹措资金的股权融资行为。虽然我国法律尚未对这一新兴产业出台明确地规定，但股权众筹作为发起人设立公司进行资金筹集的一种方式，涉及公司资金的募集，仍受到《中华人民共和国证券法》和《中华人民共和国公司法》的约束。

发起人融资设立公司的行为是否属于公司募集设立的范畴，目前在我国理论研究和实务工作中，并无定论，主要存在以下两种观点：第一种观点认为，发起人与投资人之间达成筹集资金设立公司的合意后仅签订众筹协议，而设立公司的形式既不符合《中华人民共和国公司法》规定的公司募集设立情形，又不符合股权众筹模式的要求，那么该行为则是一种面向大众募资以支持发起的个人或组织达成某种目的的行为，即众筹行为也称为大众筹资或群众筹资。第二种观点则认为，发起人基于设立公司的目的与投资人签订众筹契约，同意出让公司的部分股权以筹措资金的行为，系因发起人欲通过募集资金设立公司所起，应受到《中华人民共和国公司法》关于公司募集设立相关规定的制约。

两种观点之间的差异主要在于融资设立公司的过程是否必须符合《中华人民共和国公司法》关于募集设立的相关规定才属于《中华人民共和国公司法》约束的范畴。相较而言，笔者更加认可第二种观点，具体理由如下：发起人因设立公司之需与各投资人签订股权众筹协议，继而为设立公司实施的各种行为，均是为了履行与投资人之间关于设立公司的约定，由此可知，因设立公司引起的系列问题均应受到《中华人民共和国公司法》的约束。发起人是否履行了相关的权利义务、设立公司的程序是否符合法律的相关规定、公司是否成功设立等问题是公司设立过程中可能遇到的风险，并非判断是否募集设立的必备要件，且不影响发起人与投资人之间的合同效力，不能以此判定发起人的融资行为是否为公司募集设立的情形。另外，在此种情形下，若公司设立失败，投资人不仅可按照合同约定请求发起人承担违约责任，亦可依据《中华人民共和国公司法》第九十四条的规定请求发起人对已付股款并加算银行同期存款利息的连带责任承担赔偿责任。此种做法的优势主要在于有效避免披着股权众筹的外衣，实则普通众筹融资，踩着“非法集资”的法律红线，打着法律的“擦边球”，规避发起人连带责任、超越募集设立人数限制、非法集资罪等法律后果的发生。综上所述，笔者认为上述第二种观点更具合理性，更与立法规范目的相契合，亦更能保护投资人的合法利益，应予以采纳。

我国股权众筹尚处于法律监管空白状态，为中小企业或新型企业带来机遇的同时也带来了风险，如公开宣传非法化、股权众筹平台异化、募集程序非法化、公司设立失败、资金安全问题等。然而，不管以何种方式设立公司，均为《中华人民共和国公司法》约束的范畴。投资人在参与股权众筹时，应选择有股权众筹资质的互联网平台、不盲目“跟投”、找准项目定位、审慎审查项目及发起人的相关信息；在参与普通公司募集设立时，应明确项目为向社会公开募集还是向特定对象募集，向社会公开募集股份的项目是否由依法设立的证券公司承销，发起人是否已经完成书面认足公司章程规定其认购的股份等义务。

编写人：广西壮族自治区北海市中级人民法院　苏珊

# 十、公司盈余分配纠纷

36

## 无表决权股东是否有权请求公司分配利润

——陈1诉资产管理公司公司盈余分配案

【案件基本信息】

1. 裁判书字号

江苏省无锡市中级人民法院（2019）苏02民终483号民事判决书

2. 案由：公司盈余分配纠纷

3. 当事人

原告（上诉人）：陈1

被告（被上诉人）：资产管理公司

【基本案情】

资产管理公司系有限责任公司，2015年3月31日成立，工商登记的股东为陈1、大连资产管理公司，陈1占有20%的股份，大连资产管理公司占有80%的股份，陈1担任该公司执行董事及法定代表人。资产管理公司章程载明：股东会负责审议批准公司的利润分配方案和弥补亏损的方案；执行董事的职权包括制订公司的利润分配方案和弥补亏损的方案；执行董事为公司的法定代表人。

2016年，大连资产管理公司与陈1签订《解除劳动关系协议》1份，载明：陈1自2013年7月1日入职大连资产管理公司，任职公司高管，现因个人职业发展需求，自愿于2016年9月30日离职，以下就双方劳动关系解除后针对工作期间股权转让、法人变更、责权约定等相关事宜达成协议如下：一、股权转让约定。1. 陈1因在大连资产管理公司所占10%股权未实际出资，现将全部股权无条件转让给大连资产管理公司指定的后续项目负责人；2. 陈1在资产管理公司所占20%股权无条件转让10%给大连资产管理公司，因陈1未实际出资，大连资产管理公司给予陈1保留10%的股权，该股权陈1仅有利润分红权，不承担出资义务，亦没有投票权和管理权，未来公司解散亦没有分配资产和承担亏损的责任和义务。二、法人变更约定。陈1不再担任资产管理公司法定代表人职务，并配合大连资产管理公司办理相关变更业务。

资产管理公司在2015年12月30日至2017年12月28日通过网银转账方式向大连资产管理公司汇款10次，金额总计为242万元。陈1认为资产管理公司向大股东转移利润。资产管理公司解释，上述242万元系支付给大连资产管理公司的服务费，并举证其与大连资产管理公司签订的2015年度、2016年度、2017年度服务协议各1份，以及大连资产管理公司派出人员名单、服务费明细表、请款单及服务费发票。

陈1至法院起诉请求：判令资产管理公司立即支付股权分红款，暂定1.1万元并赔偿利息损失（以应分配的股权分红款为基数，自起诉之日起至实际给付之日止，按中国人民银行同期贷款基准利率的标准计算）。

## 【案件焦点】

资产管理公司应否向陈1分配利润。

## 【法院裁判要旨】

江苏省无锡市锡山区人民法院经审理认为，资产管理公司并未形成关于利润分配的股东会决议，陈1作为资产管理公司法定代表人、执行董事，亦未制订过资产管理公司的利润分配方案或提起过召开关于进行利润分配的股东会会议。资产管理公司提供的证据能证明其与大连资产管理公司之间存在真实交易。

江苏省无锡市锡山区人民法院依照《中华人民共和国公司法》第三十七条，《最高人民法院关于适用〈中华人民共和国公司法〉若干问题的规定（四）》第十四条、第十五条之规定，作出如下判决：

驳回陈1的全部诉讼请求。

陈1持原审起诉意见提起上诉。江苏省无锡市中级人民法院经审理认为：股东有权请求公司分配利润的情形为：1. 公司已通过分配利润的股东会决议，无正当理由未予执行。2. 公司未通过分配利润的股东会决议，但大股东滥用股东权利导致公司不分配利润，给其他股东造成损失。资产管理公司并未作出分配利润的股东会决议，且陈1作为公司的执行董事，也从未制订并向股东会提出过利润分配方案。资产管理公司提供的证据能证明其与大连资产管理公司之间存在真实交易，且陈1本人即为大连资产管理公司派驻至资产管理公司的人员之一，其工资、差旅费等均包含在资产管理公司所支付的服务费中，一审中陈1还陈述资产管理公司的汇款事宜均由大连资产管理公司派驻在资产管理公司的财务人员负责，可见其对大连资产管理公司向资产管理公司提供服务的事宜是明知的。

江苏省无锡市中级人民法院依照《中华人民共和国民事诉讼法》第一百七十条第一款第（一）项之规定，作出如下判决：

驳回上诉，维持原判。

**【法官后语】**

陈1系资产管理公司股东，其起诉要求进行利润分配系行使股利分配请求权。对于股东请求公司分配利润的裁判规则，《最高人民法院关于适用〈中华人民共和国公司法〉若干问题的规定（四）》（以下简称《公司法解释（四）》）第十三条至第十五条已经有了明确的指导意见，股东有权请求公司分配利润的情形为：1. 公司已通过分配利润的股东会决议，无正当理由未予执行；2. 公司未通过分配利润的股东会决议，但大股东滥用股东权利导致公司不分配利润，给其他股东造成损失。前者侵犯的是股东的股利给付请求权，而后者侵犯的是股东的股利分配请求权。抽象的股利分配请求权指的是股东基于股东资格和地位所享有的一种权利，是一种期待权。具体的股利分配请求权，又称股利给付请求权，指当公司存在可供分配的利润时，股东根据股东会决议而享有的按照其持股类别和比例向其支付特定股利的权利，是一种债权。抽象的股利分配请求权向具体的股利分配请求权转化的前提是公司有可供分配的利润且股东会作出了分配利润的决议。

本案中，资产管理公司未召开股东会通过分配利润的决议，显然，陈1不享有股利给付请求权。合议庭的分歧在于，陈1是否享有抽象的股利分配请求权。少数意见认为，基于陈1书面放弃了表决权，故陈1对于公司是否分配利润已丧失了话语权，其仅有在公司作出分配的股东会决议之后依照同股同利原则获得利润的权利，如公司未作出相应决议，其不具有强制公司进行利润分配的诉讼资格。多数意见认为，抽象的股利分配请求权是基于股东身份对公司分配股利的期待权，是一种固有权，股东投资公司就是为了获利，且双方并未排除陈1的分红权，如大股东利用优势地位转移公司利润，导致公司无利润可分，那么陈1的该种期待权即受到了侵害，其有权以诉讼的方式维护自身权益，这也是《公司法解释（四）》第十五条但书部分的立法旨趣所在。虽然陈1不具备对于公司是否分配利润的表决权，但法院依旧要审核公司作出不分配利润决议的目的是否存在合理性。权利并非没有边界，大股东在行使股东权利时，必须遵守诚实信用原则，即其所作出的决议，是为公司和全体股东的共同利益，而非仅为个人利益，更不允许为自己谋取不当利益，损害其他股东的合法权益。公司分配利润虽然是公司自治的范畴，但依旧需要遵循法律正义的基本价值，如果公司存在大股东利用优势地位侵害小股东利益的情形，司法应予以介入，这是对公司自治的有益补充。基于此，本案既对资产管理公司是否做出分配决议进行了形式审查，也对资产管理公司是否存在可分配利润及是否存在大股东利用优势地位损害小股东利益进行了实质审查，在此基础上作出了判决。

编写人：江苏省无锡市中级人民法院　蒋馨叶　尹慧

37

# 在无股东会决议的前提下，股东请求公司分配利润的认定标准

## ——全1诉食品公司公司盈余分配案

**【案件基本信息】**

1. 裁判书字号

湖南省衡阳市中级人民法院（2020）湘04民终1926号民事裁定书

2. 案由：公司盈余分配纠纷

3. 当事人

原告（上诉人）：全1

被告（被上诉人）：食品公司

第三人：阳1

**【基本案情】**

全1自2010年1月19日至2011年11月2日向食品公司投资54.2214万元，并于2010年至2012年数次参加了食品公司召开的股东会议。2012年12月20日、2014年12月25日，全1分别与阳1签订了《隐形股权转让协议》《股份转移协议》，阳1缩减其在食品公司7.15%的股权给全1，2017年12月13日，全1被登记为食品公司的股东。食品公司的股东为市食品公司、阳1、全1，市食品公司的法定代表人为阳1，股东为阳1、汤1、成1、高1、彭1等27人，2013年4月24日，阳1与市食品公司签订承包经营合同，约定：经公司董事会研究决定，将公司（包括公司在食品公司47.7%的经营管理权）由阳1承包经营，承包期限为2013年5月1日至2018年4月30日，阳1向食品公司交

纳五年承包经营费 353 万元，其中：公司股东固定分红 278 万元；管理费 75 万元。合同签订后，阳 1 向食品公司各股东发放了一些分红，全 1 以阳 1 向食品公司各股东发放的分红款系食品公司分配的利润，其作为股东，未获得相应利润为由提起诉讼。

**【案件焦点】**

1. 在无股东会决议的前提下，全 1 是否有权要求公司分配利润；2. 全 1 是否有权要求公司其他股东向其支付公司盈余。

**【法院裁判要旨】**

湖南省衡阳市雁峰区人民法院经审理认为：根据《最高人民法院关于适用〈中华人民共和国公司法〉若干问题的规定（四）》第十五条的规定，股东未提交载明具体分配方案的股东会或者股东大会决议，请求公司分配利润的，人民法院应当驳回其诉讼请求，但违反法律规定滥用股东权利导致公司不分配利润，给其他股东造成损失的除外。本案中，全 1 未提交食品公司分配利润方案的股东会或者股东大会决议，且所提供的证据系阳 1 向食品公司各股东分红的部分证据，不能证实食品公司实施过利润分配，而其未获得相应收益；亦不能证实食品公司虽未进行分配，但确有相应的利润收入且符合规定的分配条件，应当进行分配的情形，应承担举证不能的责任；另外，全 1 将食品公司列为本案被告，却要求其他股东承担责任，于法无据，综上，本院对全 1 的诉请不予支持。

综上所述，湖南省衡阳市雁峰区人民法院依照《最高人民法院关于适用〈中华人民共和国公司法〉若干问题的规定（四）》第十三条、第十五条，《中华人民共和国民事诉讼法》第六十四条第一款的规定，判决如下：

驳回原告全 1 的诉讼请求。

全 1 不服原审判决，提起上诉。但在二审开庭前，撤回了上诉。

【法官后语】

近年来，由于经济的快速发展，营商环境的进一步优化，一些网络平台准入机制的倒逼，注册制企业呈逐年上升趋势。公司作为一种企业形态遍地开花，但公司的运作必须要有股东、法人、监事以及高级管理人员。由于公司运作不规范，便产生了上述案例中公司盈余分配纠纷的问题，针对案例中未提交盈余分配方案的情形，分析在现行法中的认定及保护路径。

一、诉权的正当性

公司没有召开股东会作出分配利润的决议，股东就直接向法院起诉要求公司分配利润，股东起诉的诉权是否具有正当性。评判诉权取决于是否有诉的利益及司法介入的必要性。原则上来说，分配利润属于公司的商业判断范畴，司法一般不予干预。现实的公司实践中，由于大股东排挤以及董事会等内部人员控制等原因，导致股东之间利益分配严重失衡，已非公司自治所能解决。必须要通过公司法上的强制性规定加以干预，而现有的公司法规定，无法充分保证小股东依法获得公司利润分配并分享公司长期发展利益的权利。为了弥补公司自治的不足，司法介入是必要的。同时从该项诉权的法律依据来评判，《最高人民法院关于适用〈中华人民共和国公司法〉若干问题的规定（四）》第十五条的但书部分，亦体现了该项诉权的正当性。

二、针对该诉权需要审查的要点

根据法律规定，允许个别股东基于抽象的利润（未形成分配决议）分配请求权提起诉讼，法院据此作出判决涉及全体股东的利益。若一旦判决支持原告的诉讼分配利润，势必会使公司的利润减少，亦存在对其他股东是否平等的问题。故此，在审理此类案件时，首先需要弄清楚该公司的组成形式、公司规模及股东人数，使其积极地参与到该诉讼中来，对公司的运营情况和未来公司的发展规划以及未按公司章程分配利润的原因。阐述清楚并提交相关证据。据此来综合评判原告的该诉权是否可以通过公司内部救济加以解决。其次对支撑该诉权的法定情形予以审查：1. 在公司任职的其余股东或其指定的董事、高级管理人员以及与其有特殊关系的人，他们的薪资发放是否符合公司章程约定，是否存在给某些股东发放远高于其他股东的薪酬以及薪酬水平是否明显超过通常标准；2. 控股股东是否存在过度消费，如操纵公司购入车辆、房产等服务，且该消费与公司发展没有必然联系；3. 控股股东或董事会隐瞒或转移利润，存在虚增成本，过度预计负债，向其关联公司或其控股的公司支付明显更多的服务费来转移资产；4. 控股股东滥用权利存在对其他股东的固有权利构成了不公平的对待的行为；等等。

三、司法救济的出路

公司自治有其天然的局限性，为了合理平衡公司自治和司法干预关系，充分彰显法律的平等理念和公平精神。对于未提交分配利润决议而提起分配利润请求权之诉，不应一味地驳回其诉讼请求，应视案件的审查情况作出不同的判决。1. 公司不分配利润系为公司长远发展的需要，不存在控股股东或董事压制小股东，利用其控股优势侵占公司利润的情况。此时公司暂不分配利润并不意味当然侵犯股东的合法权益，亦未违反现行的法律规定，应判决驳回其诉讼请求，充分尊重公司自治。2. 如果公司在盈利而长期不分配利润的情况下，通过审查发现公司存在控股股东利用其优势压榨、排挤小股东的情形。此时单纯地通过公司自治，依赖于控股股东的诚信责任，无异于帮助大股东顺利实现侵害小股东利益的目的。法院应当支持个别提起诉讼的股东诉求，在公司规模不大、原始财务资料完整的情况下，可以在尊重公司自治的同时，判决公司在限定的期限内作出利润分配决议，逾期根据审查确定的数额直接向原告支付。若公司规模较大、公司原始财务资料不完整，靠公司自治根本无法形成有效的利润分配决议，可以通过委托会计师事务所进行审计确定公司税后的利润，在扣除法定积金之后，根据股东在公司中所占的股权比例作出判决。

编写人：湖南省衡阳市雁峰区人民法院　黄学锋

38

# 公司章程中离职退股条款的效力及生效时间认定

## ——徐1诉航天公司公司盈余分配案

**【案件基本信息】**

1. 裁判书字号

广东省深圳市中级人民法院（2019）粤03民终18320号民事判决书

2. 案由：公司盈余分配纠纷

3. 当事人

原告（上诉人、被上诉人）：徐1

被告（被上诉人、上诉人）：航天公司

**【基本案情】**

2005年3月1日，徐1入职航天公司。2007年5月，徐1实际出资9.99万元，持有航天公司1.5%的股权。2013年7月10日，徐1与航天公司解除劳动关系。至本案庭审之日，徐1仍登记为航天公司股东，持股比例为1.5%。

2014年10月22日，航天公司对公司章程进行修订，增加了如下内容："有下列情形之一者，自然人股东应当将所持有的全部股权转让给工会委员会：1. 股东辞职、调离、退休以及因其他原因与公司解除劳动合同关系的……转让价格按转让合同签订时上月公司当期资产负债表上的净资产额为标准进行计算……"包括徐1在内的全体股东在修订后的公司章程上盖章或签名。航天公司将章程修正案向深圳市市场和质量监督管理委员会办理了备案登记。

2015年之前徐1所持股权应得的红利，航天公司均已支付给徐1，双方并无争议。

航天公司2016年11月30日的资产负债表显示，当期资产负债表上的净资产额为29759163.88元。

2016年11月30日，航天公司召开2016年度第三次股东会，作出《股东会决议（第一号）》，全体股东同意徐1以446387.46元将其持有的1.5%股权转让给工会委员会。同日通过关于同意徐1以446387.46元将其持有的1.5%股权转让给工会委员会的《股东会决议（第二号）》，徐1未签名。

航天公司的2016年度第三次股东会工作记录记载，2016年12月16日，航天公司向徐1送达2016年度第三次股东会决议、章程修正案、股权转让协议书，徐1签名确认，航天公司备注“已交给徐1阅读，不同意转让价格”。

2017年3月13日，航天公司通过《2017年度第二次股东会决议》，审议通过2016年度利润分配方案，该方案显示2016年度可分配利润为22582877.05元。2018年2月6日，航天公司通过《2018年度第一次股东会决议》，审议通过了《2017年度利润分配议案》，2017年度公司可分配利润为38536422元。

2018年2月27日，航天公司向徐1出具《律师函》，要求原告履行章程规定的转让义务，以章程约定的价格将其持有的1.5%股权转让给工会委员会。

## 【案件焦点】

1. 航天公司于2014年10月22日对公司章程第十五条进行修订是否合法；2. 徐1是否因航天公司章程第十五条之规定而丧失股东资格；3. 股权转让时间及徐1应取得的利润。

## 【法院裁判要旨】

广东省深圳市福田区人民法院经审理认为：《中华人民共和国公司法》第十一条规定，设立公司必须依法制定公司章程。公司章程对公司、股东、董事、监事、高级管理人员具有约束力。公司章程对公司全体股东具有约束力，原告要求分配公司利润的前提是其仍具有股东身份。

虽徐1至今在工商部门登记为被告的股东，但工商部门登记信息起到的是对外公示的效果，在股东和公司的内部关系中，公司仍可以登记股东实际并不具有股东资格为由提出抗辩。航天公司于 2014 年 10 月对公司章程进行了修订，该修订过后的章程经全体股东一致同意，未违反法律法规禁止性规定，合法有效，对全体股东具有约束力。

修订后的公司章程规定："有下列情形之一者，自然人股东应当将所持有的全部股权转让给工会委员会：1. 股东辞职、调离、退休以及因其他原因与公司解除劳动合同关系的……"根据上述规定，徐 1 与航天公司解除劳动关系后，工会委员会即有权要求与徐 1 按照公司章程规定的条件签订股权转让合同。工会委员会于 2016 年 12 月 16 日向徐 1 提出请求，要求与其签订《股权转让协议》，按照公司章程规定的价格转让其名下的股份，徐 1 无正当理由拒绝签订合同，视为合同已成立并发生效力。即自 2016 年 12 月 17 日起，视为徐 1 已将其名下公司股份转让给工会委员会，徐 1 不再享有该部分股权对应的所有权利，包括分取红利的权利。

2016 年 12 月 16 日前，徐 1 仍是公司股东，享有按其持有股权分取红利的权利。航天公司应向徐 1 分配的该部分利润为 324860. 24 元［22582877. 05 元×1. 5%×（351 天÷366 天）］。此后，徐 1 不再是公司股东，徐 1 请求分配利润，没有法律依据，本院不予支持。

广东省深圳市福田区人民法院依照《中华人民共和国公司法》第十一条、第二十条第一款、第三十四条，《中华人民共和国民事诉讼法》第六十四条的规定，判决如下：

一、被告航天公司应于本判决生效之日起十日内向徐 1 支付利润 324860. 24 元；

二、驳回徐 1 的其他诉讼请求。

一审判决后，原、被告均不服一审判决，向深圳市中级人民法院提起上诉。二审法院同意一审法院裁判意见，判决如下：

驳回上诉，维持原判。

【法官后语】

员工激励持股制度作为激发人才劳动热情、提高公司经济效益的重要手段，越来越被现代企业所重视。但随着公司的改革和发展不断深化，尚无明确的法律规定对员工激励持股制度进行规范，实施股权激励还涉及员工离职时股权变动的效力问题，故实践中不断由此引发纠纷。本案便是员工在跟公司解除劳动合同时，因产生了内部章程生效与外部登记冲突，引发了如何认定员工离职退股及退股时间并正确分配公司盈余的问题。

关于徐1是否因航天公司章程第十五条之规定而丧失股东资格问题：第一，员工“离职退股”的条款载入公司章程程序合法。首先，依照《中华人民共和国公司法》第二十五条第二款“股东应当在公司章程上签名、盖章”，以及第四十三条第二款“股东会会议作出修改公司章程、增加或者减少注册资本的决议，以及公司合并、分立、解散或者变更公司形式的决议，必须经代表三分之二以上表决权的股东通过”的规定，航天公司章程的修订经包括徐1在内的全体股东盖章或者签名确认，并向深圳市市场和质量监督管理委员会办理了备案登记。“离职退股”条款通过公司章程的修订载入公司章程程序合法，依法制定及修改的公司章程对公司、股东、董事、监事、高级管理人员均具有约束力。第二，“离职退股”条款属于公司意思自治范畴。《中华人民共和国公司法》第七十一条在明确了有限责任公司股权内部自由转让的原则，并对股权对外转让做出一定限制后，又在第四款规定“公司章程对股权转让另有规定的，从其规定”，从而允许公司章程对有限责任公司股权转让进行自治而作出不同规定。基于有限责任公司封闭性和人合性的特点，由公司章程对公司股东转让股权作出某些限制性规定，系公司自治的体现。第三，公司章程中“离职退股”条款不属于法律法规禁止性规定。由于“离职退股”系股东对其私有财产权利的处分，涉及股东个人利益事项，需股东在制定公司章程或修订公司章程的股东会决议中予以签署确认，航天公司章程对于该部分规定的修改经全体股东签字盖章通过并登记，故符合有限责任公司封闭性和人合性的特点，且不违反公司法的禁止性规定。如果有限公司章程中关于离职退股条款的约定不违反法律、行政法规的强制性规定，便应当合法有效。综上，航天公司章程程序合法、内容系公司意思自治范畴，不违反公司法的禁止性规定，合法有效，对徐1有约束力。

关于股权转让时间。根据公司章程规定，股东与公司解除劳动关系后，章程指定的接收股权第三方即工会委员会即有权要求与徐1按照公司章程规定的条件签订股权转让合同，徐1无正当理由不得拒绝签订合同，否则视为合同已成立并发生效力。但工会委员会一直未向徐1提出请求，且公司仍然向徐1分红，工会委员会放弃了该部分的权益。因此，应自工会委员会向徐1要求签订股权转让合同之日即自2016年12月17日起，视为徐1已将其名下公司股份转让给工会委员会，徐1不再享有该部分股权对应的所有权利，包括分取红利的权利。

编写人：广东省深圳市福田区人民法院　黄红华

# 十一、损害公司利益责任纠纷

39

## 法院判决公司支付的工资不应认定为公司损失

——餐饮管理公司诉朱某某损害公司利益责任案

**【案件基本信息】**

1. 裁判书字号

北京市第二中级人民法院（2020）享02民终5927号民事判决书

2. 案由：损害公司利益责任纠纷

3. 当事人

原告（上诉人）：餐饮管理公司

被告（被上诉人）：朱某某

**【基本案情】**

2015年1月28日，餐饮管理小吃店登记注册，注册类型为个体工商户，经营者为朱某某。2016年6月7日，被告朱某某将餐饮管理小吃店转让给黄某某，变更名称为餐饮管理公司，企业类型是有限责任公司。原告公司注册资本为50万元，股东黄某某、朱某某出资额分别为49万元、1万元，分别担任公司执行董事、公司监事。2018年，案外人孙某以劳动争议纠纷为案由，将餐饮管理公司诉至本院。本院经审理后认定原、被告之间存在劳动关系，并对孙某要求餐饮管理公司支付2015年1月28日至2017年10月31日拖欠工资32.34

万元的诉求予以支持。餐饮管理公司不服上诉，二审法院维持原判。后孙某得以申请执行餐饮管理公司执行款 33.1 万元。本案原告餐饮管理公司认为：一、被告朱某某在其作为个体工商户经营期间对孙某作出的工资承诺与原告无关；二、被告转让小吃店时曾承诺对外债权债务已经结清；三、公司变更登记后，被告也未向原告告知孙某有近万元的工资标准，致使原告在经营期间无法及时止损。因此，原告对于向孙某支付的工资有权向被告追偿。故诉至法院。被告不同意原告的诉讼请求，辩称：一、被告没有义务代为清偿。二、原告支付给案外人孙某的劳动报酬是根据已经生效的判决履行的义务，并非原告的损失，被告并未实施侵犯公司利益的行为。三、本案案由为损害公司利益责任纠纷，餐饮管理个体工商户于 2016 年 6 月改制为公司后，实际控制人一直都是黄某某和其丈夫，被告只是挂名，没有执行公司职务，也就不存在“执行职务时给公司造成损失”的情况，而个体工商户期间的争议不在本案审理范围内。

【案件焦点】

在案外人与餐饮管理公司的劳动争议案件中，法院判决餐饮管理公司支付含公司改制前即系个体工商户期间拖欠员工的工资，餐饮管理公司据此支出的款项是否可以认定为公司的损失。

【法院裁判要旨】

北京市丰台区人民法院经审理认为，本案系损害公司利益责任纠纷，即公司股东滥用股东权利或者董事、监事、高级管理人员违反法定义务，损害公司利益而引发的纠纷。本案中，法院针对孙某与餐饮管理公司的劳动争议纠纷案件已作出生效判决，并认定孙某与餐饮管理公司之间存在劳动关系，且确认孙某每月工资标准为 9800 元，认定该数额并不高于法定标准，并据此判决餐饮管理公司向孙某支付 2015 年 1 月 28 日至 2017 年 10 月 31 日的工资 32.34 万元，餐饮管理公司依据生效判决向孙某支付相应的工资，是作为用人单位应当履行的义务，不应认定是餐饮管理公司的损失。餐饮管理公司在本案中主张，朱某某在北京餐饮管理小吃店经营期间对孙某作出的工资承诺，应当以朱某某的个人财产承担无限连带责任，该部分主张所涉及的事实，均属于孙某与餐饮管理公司的劳动争议纠纷案件中已经审理的事实，在本案中不应再次进行认定。因此，餐饮管理公司在本案中将其向孙某支付的工资作为损失，要求朱某某对此承担赔偿责任依据不足，一审法院判决：驳回餐饮管理公司的全部诉讼请求。

餐饮管理公司对一审判决不服提起上诉，二审法院对一审法院查明的事实予以确认。北京市第二中级人民法院认为，餐饮管理公司系以损害公司利益责任纠纷为由提起本案诉讼，要求朱某某代为清偿餐饮管理公司向案外人孙某支付的劳动报酬 32.34 万元。根据法律规定，当事人对自己提出的诉讼请求所依据的事实或者反驳对方诉讼请求所依据的事实，应当提供证据加以证明，但法律另有规定的除外。在作出判决前，当事人未能提供证据或者证据不足以证明其事实主张的，由负有举证证明责任的当事人承担不利的后果。本案中，餐饮管理公司没有提供充分证据证明朱某某作为餐饮管理公司股东滥用股东权利，或者作为餐饮管理公司董事、监事、高级管理人员执行公司职务时违反了法律、行政法规或者公司章程的规定，给餐饮管理公司造成了损失，其要求朱某某代为清偿餐饮管理公司向案外人孙某支付的劳动报酬 32.34 万元缺乏依据，二审法院不予支持，判决如下：

驳回上诉，维持原判。

**【法官后语】**

有限责任公司作为具有独立法人人格的主体，公司利益不应受到包括其股东在内的所有民事主体的损害。《中华人民共和国公司法》第二十条、第二十一条确立了损害公司利益的禁止性规范，但对公司利益的损害即公司损失尚缺乏明确界定。这也直接决定了在司法实务中，对损害公司利益责任的认定常存在争议。本案作为一起较典型的损害公司利益责任纠纷案件，现结合上述焦点对损害公司利益责任的认定进行以下分析：

一、损害公司利益的主体

《中华人民共和国公司法》第二十条规定，公司股东不得滥用股东权利损害公司利益，滥用股东权利给公司或者其他股东造成损失的，应当依法承担赔偿责任。第二十一条规定，公司的控股股东、实际控制人、董事、监事、高级管理人员不得利用其关联关系损害公司利益。违反前款规定，给公司造成损失的，应当承担赔偿责任。这两条规定从法律上明确列举了损害公司利益的主体，即公司股东、实际控制人、董事、监事、高级管理人员。当然该类案件的被告包括但不绝对局限于上述主体，如在关联交易案件中，与股东具有关联关系一同实施损害公司利益行为的第三人，也可作为被告承担连带赔偿责任。

二、损害公司利益的行为

损害公司利益的认定可以说既是“行为犯”，也是“结果犯”。其成立要件必然要包含特定主体实施的损害公司利益的行为。根据《中华人民共和国公司法》及其司法解释的相关规定，损害公司利益责任纠纷是指公司股东滥用股东权利或者董事、监事、高级管理人员违反法定义务，损害公司利益而引发的纠纷。其中公司董事、监事、高级管理人员损害公司利益责任纠纷，主要是指董事、监事、高级管理人员执行公司职务时违反法律、行政法规或者公司章程的规定，给公司造成损失而发生的纠纷，强调的是上述人员未对公司尽勤勉、忠实义务时的赔偿责任。因而损害公司利益责任的构成，需特定主体违反相应义务，确实存在损害行为，最终造成公司损失，并且行为和损失结果之间还要具有因果关系。

三、公司损失的认定

公司利益可分为金钱利益和非金钱利益、既得利益和预期利益等。对公司利益的损害即构成公司的损失。实践中较为常见的损害公司利益的类型有，挪用或者侵占公司资金、关联交易、谋取公司商业机会或者竞业禁止。但公司金钱利益的支出却不绝对等同于公司损失。对于公司正常经营过程中所必须支出的费用，如房屋租赁费、水电费、员工工资的支出等，则属于公司的正常开销，这也是维持公司运转，实现盈利和收益的基础。

本案中，综合一、二审法院案件情况和证据，朱某某作为股东和监事并未违反法定义务和章程规定，不存在实施损害公司利益的行为，并且法院判令餐饮管理公司支付拖欠的员工工资，应属于餐饮管理公司正常经营中的必要支出，也是餐饮管理公司应该履行的法定义务，因而不能认定为公司损失，所以朱某某不负赔偿责任，应判决驳回餐饮管理公司的诉讼请求。

编写人：北京市丰台区人民法院　郭博伟　俞凯欣

40

# 高级管理人员的认定应以其是否实际行使职权作为判断标准

——教育科技公司、文化传媒公司诉穆1损害公司利益责任案

## 【案件基本信息】

1. 裁判书字号

北京市第三中级人民法院（2020）京03民终8429号民事判决书

2. 案由：损害公司利益责任纠纷

3. 当事人

原告（被上诉人）：教育科技公司、文化传媒公司

被告（上诉人）：穆1

## 【基本案情】

国际教育公司于2013年5月10日注册成立，许1担任法定代表人和执行董事，该公司已于2019年3月28日注销登记。教育科技公司的工商档案材料显示其于2018年3月9日注册成立，经营范围为教育咨询等，法定代表人为许1。文化传媒公司的工商档案材料显示其于2016年9月1日成立，经营范围为组织文化艺术交流活动等，股东为教育科技公司，法定代表人为许1，房1担任监事。

2016年9月2日，国际教育公司与穆1签订劳动合同，约定国际教育公司

安排穆1从事销售总监一职。2017年8月23日，教育科技公司（甲方）与穆1（乙方）签订劳动合同书，约定：本合同为固定期限劳动合同，期限为2年。乙方同意担任校长职位。乙方的岗位职责、工作任务、责任目标、岗位纪律和相关管理制度等按照甲方为该岗位制定的工作规范以及其他有关规定执行。2017年4月14日，国际教育公司发布任命文件任命穆1为纳丹堡中心校长，全面负责校区的日常运营。并直接对校区的月度销售目标负责。2018年3月8日，穆1自教育科技公司离职，并填写国际教育公司离职交接表，载明校区为燕郊，职务为校长，入职时间为2016年9月2日，离职时间为2018年3月8日。同日，教育科技公司出具国际教育公司离职证明一份，载明穆1在本单位任校长一职。于2018年3月5日正式与本单位解除劳动关系。

在穆1就职教育科技公司期间，华育公司于2017年10月26日注册成立，华育公司的工商档案材料显示注册资金为300万元，住所地为河北省廊坊市三河市燕郊开发区，经营范围为教育咨询等，股东为穆1、张1、宋1、赵1，穆1担任法定代表人和执行董事，张1担任监事。2018年9月30日，法定代表人由穆1变更为张1，监事由张1变更为赵1。2018年12月28日，华育公司注销登记。

教育科技公司、文化传媒公司认为穆1在教育科技公司任职期间设立华育公司，违反了公司法第一百四十八条规定，故请求穆1给付教育科技公司、文化传媒公司截至2018年3月31日的收入25万元。

## 【案件焦点】

穆1能否认定为教育科技公司的高级管理人员。

## 【法院裁判要旨】

北京市通州区人民法院经审理认为，公司高级管理人员的核心特点是肩负公司经营管理职责，了解公司核心商业模式和商业秘密，故高级管理人员的认定不能局限于公司法的规定以及公司章程的记载，应当对其是否实际履行了高级管理人员的权力进行实质审查。本案中，穆1的岗位职责实际为全面负责燕郊校区的管理工作，实际行使了高级管理人员的权力，应当认定其为教育科技公司的高级管理人员。故北京市通州区人民法院判决如下：

一、被告穆 1 于本判决生效之日起七日内给付原告教育科技公司 3 万元；

二、驳回原告教育科技公司的其他诉讼请求；

三、驳回原告文化传媒公司的诉讼请求。

穆 1 不服一审判决，提起上诉。

北京市第三中级人民法院同意一审法院裁判意见，故判决：

驳回上诉，维持原判。

【法官后语】

公司法第二百一十六条对于高级管理人员的含义进行了解释，认为高级管理人员是指公司的经理、副经理、财务负责人，上市公司董事会秘书和公司章程规定的其他人员。根据公司法对于高级管理人员的定义，针对高级管理人员的认定标准存在两种不同的观点，一种观点认为公司法关于高级管理人员的定义严格限制了高级管理人员的范围，在实践中不应随意扩大高级管理人员的范围；另一种观点认为公司法虽然对于高级管理人员的含义作出了解释，但并不当然能够认定公司法规定的高级管理人员仅限定在公司法第二百一十六条规定的范围内，而是应该根据公司的具体情况、经营范围、运营模式、相关人员行使职权的实质内容等方面认定是否属于高级管理人员。

一、公司行使归入权时高级管理人员的认定标准

笔者认为，工商登记不应作为公司行使归入权时认定高级管理人员的唯一标准。根据公司法第二百一十六条对于高级管理人含义的界定可以看出除了副经理、财务负责人之外，包括经理以及公司章程规定的其他人员在内的高级管理人员均为工商登记记载的人员，属于公司对外公示的高级管理人员范畴，故公司法第二百一十六条主要是基于工商登记以及工商登记的对外公示效力对于高级管理人员的含义作出的界定。工商登记的本质是用于对外公示公司内部管理结构和管理人员，工商登记的公示效力主要针对的是公司的外部人员，包括公司的交易对方、债权人、债务人。

公司法第一百四十八条规定的高级管理人员的禁止性行为以及从事禁止性行为的法律后果发生在公司与高级管理人员之间，高级管理人员一般为公司的员工，在公司依据公司法第一百四十八条规定行使归入权的情况下，工商登记内容不能作为认定高级管理人员的唯一标准，而应当对侵权人的个人身份以及职责范围对于其是否具备公司高级管理人员身份进行实质性审查。

二、对于高级管理人员进行实质性审查的考量因素

司法实践中，对于高级管理人员的身份进行实质性审查应主要考量以下几个方面：一是公司的主营业务和经营范围；二是公司内部的管理制度和任命文件；三是公司职员的实际履职行为。

三、对于高级管理人员的认定

本案中，法院在认定穆1为高级管理人员时主要考虑了以下几个因素：

首先，教育科技公司的主营范围系儿童英语教育，主营业务为教育培训，其经营范围决定了除了主要办事机构的总部之外，教育科技公司还会在一定区域内设立分支机构，则不能仅仅认定其总部的管理人员属于高级管理人员，分支机构的管理人员也应当认定为高级管理人员。

其次，穆1于2016年9月2日入职国际教育公司，劳动合同载明的职务为销售总监，从2017年1月开始其社保由教育科技公司代缴，2017年4月教育科技公司任命穆1为纳丹堡中心校长，全面负责燕郊校区的日常运营，直接对燕郊校区的月度销售目标负责，劳动合同书载明穆1的职务为校长。

最后，穆1代表燕郊校区向房1报送燕郊校区每周的经营状况等事宜，周报中会详细记述燕郊校区的招生、教学等事项。

结合上述事实，法院认为穆1的岗位职责实际为全面负责燕郊校区的管理工作，实际行使了高级管理人员的权力，应当认定其为教育科技公司的高级管理人员。

编写人：北京市第三中级人民法院　于素娟　蔡爽

41

# 公司参与交易背景下公司商业机会被谋取的司法认定

——流体设备公司诉施 1 损害公司利益责任案

## 【案件基本信息】

1. 裁判书字号

上海市青浦区人民法院（2019）沪 0118 民初 17485 号民事判决书

2. 案由：损害公司利益责任纠纷

3. 当事人

原告：流体设备公司

被告：施 1

第三人：科技公司

## 【基本案情】

流体设备公司系由投资公司与 A 公司合资的外商投资企业，系 A 公司的 A 阀门产品在中国的代理商。在涉案业务期间，施 1 系流体设备公司的总经理、董事。

2017 年 9 月 6 日，科技公司向施 1 在流体设备公司的工作邮箱发送询价邮件，邀请其对伊拉克格拉芙项目所涉的阀门邀请报价。9 月 26 日，科技公司再次向施 1 的工作邮箱发邮件邀请报价，施 1 安排流体设备公司销售部工作人员刘 1 予以跟进。后续，刘 1 就 A 阀门样本简介、资质文件以及价格等与科技公司进一步磋商。

2017 年年底，施 1 安排其实际控制的商贸公司参与涉案项目的投标工作，并以提高效率为由向科技公司解释更换投标主体。2018 年 1 月，商贸公司与科技公司进行签约，科技公司向商贸公司采购阀门 2853 台，总价款为 3133439 美元。

2018 年 2 月至 3 月，施 1 通过流体设备公司相关人员促成商贸公司与 A 公司签约，涉及 A 阀门 2853 台，总价款为 1910675 美元。后续，A 公司安排流体设备公司共同参与上述合同项下阀门的生产、运输等，并直接向科技公司指定地点交货。

后，流体设备公司认为，施 1 利用职务便利，非法谋取原本属于流体设备公司的商业机会，获得合同差价 122.2764 万美元，故应将该 122.2764 万美元赔偿给原告。被告施 1 则认为，系争商业机会系其个人的商业机会，并向流体设备公司披露，双方共同参与、共同获益，没有损坏流体设备公司利益。

## 【案件焦点】

1. 如何认定科技公司提供的商业机会归属于施 1 个人还是流体设备公司；2. 流体设备公司参与交易是否已构成事实上同意施 1 个人利用商业机会。

## 【法院裁判要旨】

上海市青浦区人民法院经审理认为，施 1 利用其作为流体设备公司总经理的职务便利，私自将属于流体设备公司的商业机会安排给商贸公司，损害了流体设备公司利益，构成侵权。

第一，来自科技公司的业务机会属于流体设备公司的商业机会。流体设备公司系 A 公司在华代理商，案涉商业机会属于其的经营活动范围。涉案业务发生期间，施 1 作为流体设备公司的总经理，对流体设备公司负有忠实义务，在其履行职务行为过程中营造的商业机会均应属于流体设备公司所有，且刘 1 系流体设备公司员工，为获取该商业机会流体设备公司付出了人力及财力成本。考虑科技公司的意向，是与 A 公司的中国代理商流体设备公司合作，并认为商贸公司系流体设备公司的关联公司。第二，施 1 未将商业机会向流体设备公司如实披露，私自将涉案商业机会安排给商贸公司。施 1 虽向流体设备公司披露科技公司需采购 A 阀门，但其披露的目的并非履行其总经理职务，使流体设备公司获得科技公司的商业机会，而是通过流体设备公司促成商贸公司与 A 公司签约，以实现其攫取公司商业机会的目的。

综上，上海市青浦区人民法院判决：被告施1应于判决生效之日起十日内赔偿原告流体设备公司经济损失 122.2764 万美元。

一审判决后生效。

## 【法官后语】

随着新型交易模式的发展，商业机会的内涵、外延越发丰富，公司法第一百四十八条第一款第（五）项予以的原则性规定已经不能满足司法实践的需要。本案的审理难点在于，在公司参与交易的背景下，对系争商业机会的归属以及董事、高管是否合法利用该商业机会进行司法认定。本案中，流体设备公司参与交易的部分环节，施1向流体设备公司披露了部分内容并通过流体设备公司促成A公司与商贸公司签约等事实，从表象上看很难认定施1利用职务便利谋取了属于流体设备公司的商业机会。

本案结合“公司参与”的这一特殊性，并综合考量被告施1提出的共同机会等抗辩理由，分两步明确了商业机会的归属以及“谋取”的认定因素。其一，在明确施1的职务身份的基础上，从机会来源、公司的经营活动范围等客观因素方面考量商业机会的归属问题。在公司经营活动范围方面，综合考虑登记注册的经营范围以及公司实际经营活动范围。同时，属于公司的商业机会产生离不开公司的实质性努力。实质性努力是公司具有特定身份的人实施的营造行为，主要为公司的董事、高管。主要表现形式为公司现阶段为获取该商业机会而投入的人力、财力等资源，或者是在以往经营中逐渐形成的，尤其在案件审理过程中需明确商业机会来源的核心资源。同时结合机会提供者对交易相对人的预期，进一步明确商业机会应归属于公司。其二，在认定施1的行为是否构成“谋取”上，针对有限责任公司合意性较强的特点，重点审查施1是否对流体设备公司尽到了如实的披露义务，分别从披露时间的及时性、披露内容的如实性、披露效果的有效性进行认定，并针对其所主张的“公司同意”，明确公司是否已充分知情。

编写人：上海市青浦区人民法院　吴小国　尹强

42

# 母公司的股东不得代表子公司提起股东代表诉讼

## ——李1、付1诉丛1损害公司利益责任案

### 【案件基本信息】

1. 裁判书字号

北京市朝阳区人民法院（2019）京0105民初7102号民事判决书

2. 案由：损害公司利益责任纠纷

3. 当事人

原告：李1、付1

被告：丛1

第三人：北京某投资咨询有限公司、北京某管理顾问有限公司

### 【基本案情】

北京某投资咨询有限公司于2013年11月6日成立，公司类型为有限责任公司（自然人投资或控股），注册资本为120万元。股东共计13人，其中李1出资额为10万元、付1出资额为10万元、丛1出资额为10万元，其余10位股东中王2、袁1出资额各为5万元，另8位股东的出资额均为10万元。法定代表人为丛1。

北京某投资咨询有限公司的工商登记信息显示，丛1为董事长，李1、付1、薛1、吴1等人为董事，杨1任监事。北京某投资咨询有限公司的公司章程中对于股东会、董事会的职权，召开股东会及董事会的程序等均作出了明确规定。

北京某管理顾问有限公司于2012年12月4日成立，公司类型为有限责任

公司（法人独资），注册资本为1000万元。股东为北京某投资咨询有限公司。法定代表人为丛1。

2018年10月19日，李1、付1通过EMS快递分别向郝1、薛1、丛1、吴1、王1邮寄文件资料，邮寄地址均为北京市朝阳区望京东路。2018年10月19日，李1、付1还通过EMS快递分别向刘1、王1、陈1、李1、袁1、杨1以及北京某管理顾问有限公司的监事刘1邮寄文件材料。

诉讼中，李1、付1主张邮寄的材料为《关于对北京某管理顾问有限公司执行董事丛1采取法律措施、维护公司合法权益的函件》，请求北京某投资咨询有限公司董事会依法履行职责，由北京某投资咨询有限公司以北京某管理顾问有限公司股东的身份立即对丛1提起诉讼，以及《关于要求对北京某管理顾问有限公司执行董事丛1采取法律措施、维护公司合法权益的函件》，请求北京某管理顾问有限公司监事刘某在接到本函后三十日内对丛1提起诉讼。但EMS邮单并未标明所邮寄材料系上述函件，也无收件记录。

诉讼中，李1、付1称其是以北京某投资咨询有限公司和北京某管理顾问有限公司的股东身份提起本案诉讼，起诉丛1作为北京某投资咨询有限公司与北京某管理顾问有限公司的高管损害了北京某管理顾问有限公司的利益。李1、付1主张丛1损害公司利益的行为均发生于北京某管理顾问有限公司层面，系直接损害了北京某管理顾问有限公司的利益，但是因为北京某投资咨询有限公司是北京某管理顾问有限公司的唯一股东，因此如果在北京某管理顾问有限公司的层面获取利润减少，就影响了北京某投资咨询有限公司所有股东的可分配利润，损害北京某管理顾问有限公司的利益必然会损害北京某投资咨询有限公司的利益。

**【案件焦点】**

李1、付1作为北京某投资咨询有限公司的股东，是否有权代表北京某投资咨询有限公司的全资子公司北京某管理顾问有限公司提起股东代表诉讼。

【法院裁判要旨】

北京市朝阳区人民法院经审理认为：股东代表诉讼应当由公司的股东代表公司提起，“双重代表诉讼”于法无据，母公司的股东不具有子公司的股东身份，母公司的股东通过股东代表诉讼主张子公司的权利的，属于诉讼主体不适格。李1、付1是北京某投资咨询有限公司的股东，其如果认为北京某投资咨询有限公司的高级管理人员丛1存在损害北京某投资咨询有限公司利益的行为，在依法履行前置程序之后，可以代表北京某投资咨询有限公司对丛1提起股东代表诉讼。但实际上，本案中李1、付1主张的丛1损害公司利益的行为，是指丛1作为北京某管理顾问有限公司的高级管理人员损害北京某管理顾问有限公司利益的行为，按照法律规定，即使提起股东代表诉讼，也应当由北京某管理顾问有限公司的股东北京某投资咨询有限公司向丛1提起相关诉讼。李1、付1称其也是北京某管理顾问有限公司的股东，但是与北京某管理顾问有限公司工商登记情形不符合，也没有其他生效法律文书予以确认，故本院对其说法不予采信。其二人作为北京某投资咨询有限公司的股东，向北京某投资咨询有限公司的董事会、监事以及北京某管理顾问有限公司的监事发送函件，由于无法确认该函件确系邮件中寄送内容，也无送达证据，因此本院不认可李1、付1提交的多份《关于对北京某管理顾问有限公司执行董事丛1采取法律措施、维护公司合法权益的函件》的真实性，即使上述函件均为真实且已经实际被收件人收取，李1、付1二人作为北京某投资咨询有限公司股东，要求北京某投资咨询有限公司董事会和监事以及北京某管理顾问有限公司的监事对北京某管理顾问有限公司执行董事提起诉讼，也与《中华人民共和国公司法》第一百五十一条规定的前置程序不符合，故李1、付1对丛1损害北京某管理顾问有限公司的利益提起本案诉讼，不符合法律规定，主体不适格。如果丛1作为北京某管理顾问有限公司的高级管理人员存在损害该公司利益的行为，则应当由北京某管理顾问有限公司或者北京某管理顾问有限公司的股东根据法律规定提起相关诉讼，李1、付1作为北京某投资咨询有限公司的股东和董事，完全可以依照北京某投资咨询有限公司的公司章程的规定，行使董事和股东权利，通过召开董事会议和股东会议的形式，形成北京某投资咨询有限公司的意思表示，维护北京某投资咨询有限公司的利益，包括由北京某投资咨询有限公司提起相关诉讼。关于李 1、付 1 所称丛 1 损害北京某管理顾问有限公司利益必然损害北京某投资咨询有限公司利益一事，主要是指北京某管理顾问有限公司利益受损后，北京某投资咨询有限公司可分配利润减少以及北京某管理顾问有限公司多年有经营利润但未向北京某投资咨询有限公司分配，不提供或者提供虚假财务信息等，而关于公司利润分配的法律关系以及股东知情权亦与本案非属同一法律关系，应当由适格主体另行主张。

北京市朝阳区人民法院依照《中华人民共和国公司法》第一百五十一条，《中华人民共和国民事诉讼法》第六十四条第一款，《最高人民法院关于适用〈中华人民共和国民事诉讼法〉的解释》第九十条第二款之规定，判决如下：

驳回原告李 1、原告付 1 的全部诉讼请求。

案件宣判后，当事人均未提起上诉。

## 【法官后语】

股东代表诉讼是保护公司和中小股东利益的制度设计，旨在强化股东对公司业务的监督权。由于公司存在被大股东、董事或高级管理人员控制而导致利益受损的情形，但该种情况下公司怠于、拒绝或无法提起诉讼，为维护公司的合法权益，法律赋予股东代表公司直接提起诉讼的权利。实践中，在公司的治理机制失灵的情形下，股东代表诉讼制度能够发挥弥补公司损失，威慑股东、董事或高级管理人员不法行为，以及促使特定人员适当履行义务等功能，对于保护公司和中小股东利益具有重要意义。但是基于股东可能会因此滥诉，进而影响公司的正常经营，通常亦会对股东行使该项诉权的资格与前置程序进行相应的限制，以实现利益平衡。《中华人民共和国公司法》第一百五十一条的规定，充分体现了上述理念，须由连续一百八十日以上单独或者合计持有公司百分之一以上股份的股东提起，并且满足书面请求监事会或监事等人员或机关遭拒或消极应对等条件，方可直接以自己名义代表公司提起诉讼。

既然是代表诉讼，则实质的原告应为公司，基于法律规定，才赋予了股东穿透公司独立人格的诉讼地位。在该种情况下，对原告是否具备起诉资格的认定，应当严格按照公司法的规定和商事外观主义的原则，不能对第一百五十一条中规定的公司股东做扩大解释，更不宜进行更多层次的公司人格穿透，才能与第一百五十一条规定的立法本意及具体规定相契合。本案中，北京某管理顾问有限公司是北京某投资咨询有限公司的全资子公司，换言之，北京某投资咨询有限公司是北京某管理顾问有限公司的一人股东，无论从公司法关于何谓股东的规定，还是从工商登记记载的事项而言，北京某投资咨询有限公司的股东都不是北京某管理顾问有限公司的股东。因此，其无权代表北京某管理顾问有限公司提起损害公司利益之诉，代表诉讼的诉权应当属于北京某投资咨询有限公司，可以概括为母公司的股东通过股东代表诉讼主张子公司的权利的，属于诉讼主体不适格。该种情形下，母公司股东可以根据母公司章程的规定，先尝试通过母公司的治理结构，作出相应的股东会决议或董事会决议，促使母公司提起代表诉讼。

实践中，可能存在母子公司均受不当控制的情形，正如本案原告所主张，该种情况下，能否允许母公司股东穿透母子公司的人格，代表子公司主张权利，也就是进行所谓的“双重代表诉讼”？因为我国的法律规范没有对于“双重代表诉讼”制度的规定，况且行使代表诉讼的诉权已经存在诸多限制，对于“双重代表诉讼”而言，在没有严格可行的标准之下，自行判定支持该种代表诉讼，无异于造法，当前不应当得到支持。需要说明的是，股东代表诉讼中，如原告主体不适格，依法应裁定驳回起诉。本案中，因为原告起诉时将母子公司均列为第三人，主张以两公司共同股东的身份起诉，并且诉讼请求中包含了促使分配利润等诉讼请求，并非单一的股东代表诉讼，其起诉在程序上不当，其诉讼请求在实体上亦不能支持，故本院采用了判决驳回诉讼请求，而非裁定驳回起诉。

编写人：北京市朝阳区人民法院　李默菡

# 十二、损害公司债权人利益责任纠纷

43

## 挂名股东的认定及一人公司财产不混同举证责任之实现

——朱1、朱2诉经营管理公司、洪1股东损害公司债权人利益责任案

【案件基本信息】

1. 裁判书字号

浙江省丽水市莲都区人民法院（2019）浙1102民初6797号民事判决书

2. 案由：股东损害公司债权人利益责任纠纷

3. 当事人

原告：朱1、朱2

被告：经营管理公司、洪1

【基本案情】

原告与被告经营管理公司的委托合同纠纷案件已经由上海市浦东新区人民法院（2016）沪0115民初83635号和（2016）沪0115民初83636号两个判决确定，后原告申请执行被告经营管理公司执行一案，贵院已经依法受理并在执行中，案号为（2017）沪0115执49491号和沪（2017）沪0115执4488号，被告洪1原是被告经营管理公司的法定代表人和公司股东，上述两案在执行过程中，被告洪1抽逃资金转移财产更换掉自己的法定代表人身份以使自己不承担任何责任，逃避其作为公司股东对公司的负债义务，被告洪1作为被告经营管

理公司（一人有限公司）的股东并不能证明公司财产独立于股东自己的财产，故被告洪1应对被告经营管理公司的债务承担连带责任。基于上述事实，原告请求依法判令：1. 被告洪1对上海市浦东新区被告经营管理公司（2016）沪0115民初83635号和（2017）沪0115民初83636号两案判决确定的给付金额计973733.24元承担连带清偿责任；2. 本案诉讼费用由被告承担。

【案件焦点】

1. 挂名股东的认定；2. 一人公司挂名股东无对价转让股权是否构成抽逃出资；3. 一人公司股东与公司财产混同的审查规则。

【法院裁判要旨】

浙江省丽水市莲都区人民法院经审理认为：从对公司的出资来看，洪1 50万元的初始出资和450万元的增资资金均非其本人所投入（50万元的初始出资资金直接来源于叶1的转账汇款，而450万元的增资资金来源于由叶1作为控股股东的公司），应认为洪1的出资并非基于本人意思。从对公司的实际管控来看，公司账目和财务报销等均非经由洪1签字审批，反而多次出现叶1、夏1经手签字审批的情形，尤其是对于公司总经理马1的报销事宜均由叶1、夏1以公司领导名义审批签字；再结合公司尚在运营期间，洪1便将养老保险关系转出了公司所在地的上海，并自己前往河南经营一家超市，应认为洪1并未参与公司管理。鉴于洪1既未基于本人意思对公司出资，又未参与公司运营管理，且前述情形与实际参与公司管理的夏1出具的情况说明材料内容一致，可以认定洪1系代他人持股的挂名股东。

基于以上分析，针对原告诉请，本院认为，原告以抽逃出资为由诉请被告洪1对经营管理公司的债务承担连带责任，原告应对其诉称的抽逃出资的事实承担举证责任。现原告未能提供证据证明洪1曾从经营管理公司以任何形式取回投资款，应承担举证不能的不利后果，本院据此驳回原告该诉请。至于原告诉称的被告洪1转让股权并无对价构成抽逃出资的观点，本院不予采信，理由如下：首先，抽逃出资应体现为投资款被股东实际取回，而本案仅有以洪1名义投入投资款的相关证据，而无以其名义取回投资款的证据，故而无从得出抽逃出资的结论。其次，公司股权转让是否有对价与抽逃出资并非同一事实，两者也不能互为推导，也就是说，即便原告诉称的无偿转让股权属实亦不能得出抽逃出资的结论。况且被告洪 1 实为挂名股东，公司的实际控制人另有其人，案外人吴某利是否从实际控制人处获得对价不得而知，现有在卷证据亦不能得知相关的股权转让是否有对价。

原告以一人公司股东与公司人格混同为由诉请被告洪 1 对上海经营管理公司的债务承担连带责任，但被告洪 1 提供的审计报告能够证明不存在原告诉称的人格混同情形，且被告洪 1 实为挂名股东，不参与公司经营，没有财产混同的可能，故原告的该诉请无事实和法律依据，本院予以驳回。

综上所述，浙江省丽水市莲都区人民法院判决如下：

驳回原告朱 1、朱 2 的诉讼请求。

一审判决后，原、被告双方均未提出上诉，现判决已生效。

## 【法官后语】

一、挂名股东的认定：未实际出资和不参与经营的标准

挂名股东，是指在设立公司的过程中或者股权转让中，实际出资人与第三人约定，以该第三人的名义参加设立公司登记，将其登记为股东，因而在公司章程、股东名册和工商登记中将该第三人记载为股东的情形。学界通说认为，挂名股东认定需要形式要件和实质要件。1. 挂名股东具备所有的股东形式要件。挂名股东是未实际出资，但在股东名册、出资证明书、股票（记名股票）以及工商登记中显示为股东的人，即挂名股东具备了股东的所有形式要件。2. 挂名股东缺乏股东出资的实质要件。挂名股东没有实际出资，其名义下的出资是实际出资人的出资。3. 挂名股东不参与公司的经营管理，也不参与公司的分红。挂名股东不参与公司的经营管理，在实践中一般有两种表现形式：一种是挂名股东完全不参与公司的任何事务，实际出资人只是借其名义出资，实际出资人自己参与公司的经营管理；另一种是挂名股东表面上参与公司相关事务，但实质上是实际出资人在幕后指挥，所得投资收益最终归实际出资人所有。具体到

本案，被告洪1是否为挂名股东应从两方面综合考量。一是从公司的出资来看，洪1 50万元的初始出资和450万元的增资资金均非本人所投入（50万元的初始出资资金直接来源于叶1的转账汇款，而450万增资资金来源于叶1作为控股股东的公司），可以认定洪1的出资并非基于本人意思。二是从公司实际管控来看，公司账目和账务报销等均非经由洪1签字审批，反而多次出现叶1、夏1经手签字审批的情形，尤其是对于公司总经理马1的报销事宜均由叶1、夏1以公司领导名义审批签字；再结合在公司尚在运营期间，洪1便将养老保险关系转出了公司所在地的上海，并自己前往河南经营一家超市，应认为洪1并未参与公司管理。鉴于洪1既未基于本人意思对公司出资，又未参与公司运营管理，可以认定洪1系代他人持股的挂名股东。

二、抽逃出资的认定：应符合未经法定程序取回出资的实质标准

《最高人民法院关于适用〈中华人民共和国公司法〉若干问题的规定（三）》第十二条的规定，抽逃出资是指股东在向公司履行了出资义务后通过虚假财务会计报告虚增利润进行分配、虚构债权债务关系、利用关联交易等方式未经法定程序而将出资抽回，却仍保留股东身份和原有出资数额的行为。笔者认为，抽逃出资的实践形态可能多种多样，但不论采取的是何种形式，其都不脱离将出资取回这一实质，故而认定抽逃出资的实质在于审查出资取回与否。具体到本案，首先，仅有以洪1名义投入投资款的相关证据，而无以其名义取回投资款的证据，故而无从得出抽逃出资的结论。其次，公司股权转让是否有对价与抽逃出资并非同一事实，两者也不能互为推导，也就是说，即便原告诉称的无偿转让股权属实亦不能得出抽逃出资的结论。股权转让是否有对价取决于股权的价值和投资人在当时环境下的投资选择，实践中确有公司股权以零元转让的情形，不可一概认定为虚假，而应具体问题具体分析。最后，被告洪1实为挂名股东，公司的实际控制人另有其人，受让股权的案外人是否从实际控制人处获得对价不得而知，也即现有证据亦不能得知相关的股权转让是否有对价。综上，原告以抽逃出资为由诉请被告洪1承担连带责任，原告理应对其诉称的抽逃出资的事实承担举证责任，即需证明被告洪1进行了未经法定程序将

出资取回的行为，原告无法举证，应承担不利后果。

三、财产混同与否的审查：一人公司如何证明财产不混同

在缺乏股东相互制约的情况下，一人有限责任公司的股东容易利用控制公司的便利，混淆公司财产和股东个人财产，利用公司独立人格和有限责任规避债务，损害债权人利益。为此，《中华人民共和国公司法》第六十三条规定，一人有限责任公司的股东不能证明公司财产独立于股东自己的财产的，应当对公司债务承担连带责任。但实务中一人公司应如何完成行为意义上的举证责任，不无疑问。笔者结合该案例，给出如下审查规则和步骤：第一步，审查是否有提供股东建立独立的财务制度和账目、财务支付明晰等方面的证据（如审计报告）。对于审计报告时间范围，至少要涵盖从业务发生年度到诉讼期间。如果一人公司提交了完整的经外部审计的财务会计报告，且相关报告直接认定不存在混同情形的，应认为其初步完成了公司法第六十三条所要求的举证责任。第二步，鉴于前述审计报告也只是证据，不具有终局性，应允许反驳方就公司与股东财产不独立提供证据。当然，实践中直接获得反驳证据的可能性较小，大多数情况下反驳方只能对审计报告提出疑问，此时应注意审查其反驳意见的合理性，对于合理质疑应要求一人公司股东进行说明，如一人公司股东不能给出合理解释，则需承担不利后果。第三步，如果审计机构作出审计报告时提出保留意见，应认为证明力显著减弱。

具体到本案，尽管存在被告洪1实为挂名股东的情形，其不参与公司经营，客观上没有财产混同的可能，但上海经营管理公司仍提供了上海轩和会计师事务所出具的审计报告，用以证明上海经营管理公司2010年度至2016年度的法定代表人洪1的个人财产与公司财产不存在混同情况，故法院认为其完成了公司财产和股东财产独立的初步证明责任。而反驳方未能提出反证，又不能就审计报告本身提出合理质疑，故法院结合洪1未挂名股东的事实，综合认定本案不存在财产混同的情形。

编写人：浙江省丽水市莲都区人民法院　黄野松　管莨茗

44

# 股东损害公司债权人利益责任纠纷案件诉讼时效的认定

## ——财富投资公司诉某出版社、工程研究所股东损害公司债权人利益责任案

**【案件基本信息】**

1. 裁判书字号

北京市第三中级人民法院（2020）京 03 民终 12778 号民事判决书

2. 案由：股东损害公司债权人利益责任纠纷

3. 当事人

原告（被上诉人）：财富投资公司

被告（上诉人）：某出版社

被告（被上诉人）：工程研究所

**【基本案情】**

2005 年，海淀农信社向北京市第一中级人民法院起诉工程研究所和房地产开发公司借款合同纠纷一案，该院于 2005 年 7 月 18 日作出（2005）一中民初字第 2100 号民事判决书，判决：一、工程研究所于该判决生效后十日内偿还海淀农信社借款本金 2270 万元及利息 806916.67 元、逾期利息 5386642.17 元；二、工程研究所于该判决生效后十日内偿还海淀农信社逾期利息（以 2270 万元为基数，自 2002 年 12 月 2 日计算至本金付清之日止，按照中国人民银行同期逾期付款的规定执行）；三、房地产开发公司对上述判决工程研究所的偿还义务承担连带保证责任，房地产开发公司承担保证责任后，有权向工程研究所追偿。

2006年9月14日，北京市石景山区人民法院作出（2006）石执字第175号民事裁定书，因工程研究所、房地产开发公司无财产可供执行，不具备履行义务的能力。裁定北京市第一中级人民法院（2005）一中民初字第2100号民事判决书的本次执行程序终结。

2019年1月24日，北京市石景山区人民法院作出（2019）京0107执异2号执行裁定书，上载：经该院查明，农商行海淀支行系农商行世纪城支行上级管理单位。2016年3月，农商行海淀支行与资产管理北京分公司签订《债权转让协议》，将（2005）一中民初字第2100号民事判决书确定农商行世纪城支行享有的债权在内的共92笔一并“打包”转让给资产管理北京分公司。2016年3月17日，北京农商行与资产管理北京分公司在《金融时报》发布“债权转让暨债务催收联合公告”。2016年8月8日，资产管理北京分公司与中润公司签订《债权转让协议》，将其从农商行海淀支行受让的上述债权在内共92笔一并“打包”转让中润公司。2016年10月18日，双方在《中国企业报》发布“债权转让暨债务催收联合公告”。2016年11月，中润公司与财富投资公司签订《债权转让协议》，将其从资产管理北京分公司受让上述债权在内共92笔一并“打包”转让给财富投资公司。2017年11月22日，双方在《国际商报》发布“债权转让暨催收联合公告”。裁定执行依据为（2005）一中民初字第2100号民事判决书的申请执行人变更为财富投资公司。

另查一，1999年8月27日，房地产开发公司成立，注册资本1000万元，股东和出资情况为：工程研究所认缴出资500万元，占股50%，某出版社认缴出资500万元，占股50%。沈1任法定代表人和董事长，李1任董事和总经理，邓1任董事，武1任监事。2007年11月23日，房地产开发公司被北京市工商行政管理局海淀分局吊销营业执照。房地产开发公司的章程尾部全体股东签名（章）处，有甲方工程研究所盖章和沈1签字，乙方某出版社盖章和邓1签字。工程研究所认可李1为其委派至房地产开发公司的人员，某出版社认可邓1为其委派至房地产开发公司的人员。

另查二，某出版社原名为中国某出版社，2018年12月29日变更为现名称。

诉讼中，2019 年 12 月 26 日，本院组织了谈话，谈话中工程研究所向本院出示了房地产开发公司的账册，经过清点，账册并不完整，工程研究所表示部分账册在搬家中遗失。

**【案件焦点】**

某出版社是否应就未依法启动房地产开发公司清算程序，而对房地产开发公司的债务向财富投资公司承担连带清偿责任。

**【法院裁判要旨】**

北京市朝阳区人民法院经审理后认为：《中华人民共和国公司法》第一百八十条、第一百八十三条规定，公司因依法被吊销营业执照、责令关闭或者被撤销而解散，在解散事由出现之日起十五日内，公司应当成立清算组，开始清算。有限责任公司的清算组由股东组成。《最高人民法院关于适用〈中华人民共和国公司法〉若干问题的规定（二）》（以下简称《公司法解释二》）第十八条第二款规定，有限责任公司的股东因怠于履行义务，导致公司主要财产、账册、重要文件等灭失，无法进行清算，债权人主张其对公司债务承担连带清偿责任的，人民法院应依法予以支持。本案中，财富投资公司对房地产开发公司的债权经生效判决书和执行裁定书确认，财富投资公司具有合法债权人资格。房地产开发公司于 2007 年 11 月 23 日被吊销营业执照，某出版社和工程研究所作为房地产开发公司股东，是房地产开发公司的清算义务人，应自吊销之日起十五日内组成清算组对房地产开发公司进行清算，现某出版社和工程研究所均未履行清算义务，系以消极不作为的方式怠于履行清算义务。某出版社和工程研究所均持有房地产开发公司 50%的股权，分别委派邓 1、李 1 担任房地产开发公司的董事，且沈 1 同为工程研究所和房地产开发公司的法定代表人，足以证明工程研究所和某出版社均参与了房地产开发公司的经营管理，应对惠安对公司的财产、账册、重要文件尽善良管理人的忠实、勤勉的保管义务。诉讼中，工程研究所提供的房地产开发公司的财务账册缺失，无法进行清算，故工程研究所和某出版社应对房地产开发公司的债务承担连带清偿责任。

关于本案的诉讼时效。《中华人民共和国民法总则》第一百八十八条规定，向人民法院请求保护民事权利的诉讼时效期间为 3 年。债权人请求股东对公司债务承担连带责任的时效期间当自债权人知道或应当知道公司无法清算之日起算。本案中，工程研究所和某出版社未在房地产开发公司吊销之日起十五日内组成清算组进行清算，这并不必然导致房地产开发公司无法清算，直至法院于 2019 年 12 月 26 日组织谈话之时，工程研究所提供的房地产开发公司账册不完整，不符合清算条件，财富投资公司才应当知道房地产开发公司无法进行清算，故财富投资公司的诉讼请求未过诉讼时效的限制。

据此，北京朝阳区人民法院判决：某出版社、工程研究所于本判决生效之日起十日内对（2005）一中民初字第 2100 号民事判决书中确认的房地产开发公司对原告财富投资公司债务承担连带清偿责任。

某出版社不服一审法院判决，向北京市第三中级人民法院提起上诉，北京市第三中级人民法院经审理后认为：《公司法解释二》第十八条第二款规定，“有限责任公司的股东、股份有限公司的董事和控股股东因怠于履行义务，导致公司主要财产、账册、重要文件等灭失，无法进行清算，债权人主张其对公司债务承担连带清偿责任的，人民法院应依法予以支持”。本案争议焦点为某出版社是否应就未依法启动房地产开发公司清算程序，而对房地产开发公司的债务向财富投资公司承担连带清偿责任。

根据查明的事实，2005 年 7 月 18 日作出的（2005）一中民初字第 2100 号民事判决书确认海淀农信社对房地产开发公司的债权。海淀农信社后改制为农商行世纪城支行，农商行海淀支行系农商行世纪城支行上级管理单位。2016 年 3 月，农商行海淀支行将债权转让给资产管理北京分公司，并办理公告。2016 年 8 月 8 日，资产管理北京分公司将债权转让给中润公司，并办理公告。2016 年 11 月，中润公司将债权转让给财富投资公司，并办理公告，裁定执行依据为（2005）一中民初字第 2100 号民事判决书的申请执行人变更为财富投资公司。

财富投资公司的债权源自债权转让，其概括受让取得涉案债权及与该债权有关的从权利，包括侵害涉案债权而发生的侵权损害赔偿请求权。同时依据《中华人民共和国合同法》第八十二条的规定，债务人对原债权人的抗辩及于新债权人。涉案债权的初始债权人系海淀农信社，后涉案债权经过多次转让，财富投资公司作为新的债权人行使债权时，债务人对于初始债权人所享有的包括时效抗辩在内的抗辩权亦能够向新的债权人财富投资公司主张。本案中，涉案债权初始债权人海淀农信社申请强制执行后，2006 年 9 月 14 日，北京市石景山区人民法院作出（2006）石执字第 175 号民事裁定书，载明因工程研究所、房地产开发公司无财产可供执行，不具备履行义务的能力。裁定北京市第一中级人民法院（2005）一中民初字第 2100 号民事判决书的本次执行程序终结时，海淀农信社即已知晓房地产开发公司无可供执行财产的事实状态，同时理应持续关注房地产开发公司的经营情况，包括其是否正常营业和是否存在营业执照被吊销的情形。按照《中华人民共和国公司法》第一百八十三条的规定，公司因营业执照被吊销等法定事由解散的，应当在解散事由出现之日起十五日内成立清算组，开始清算。《公司法解释二》第七条规定，逾期不成立清算组进行清算的，债权人可以申请人民法院指定有关人员组成清算组进行清算。房地产开发公司于 2007 年 11 月 23 日被北京市工商行政管理局海淀分局吊销营业执照。海淀农信社在房地产开发公司营业执照被吊销后十多年期间，既未要求房地产开发公司的股东履行清算义务，也未向人民法院申请强制清算或者请求某出版社承担赔偿责任。财富投资公司受让债权后，作为债权人于 2018 年 9 月 20 日提起本案诉讼，要求某出版社承担怠于清算的赔偿责任，已超过诉讼时效期间。因此，无论某出版社是否因怠于清算而应对涉案债权承担连带责任，财富投资公司的诉讼请求均不能得到支持。一审法院对此认定有误，法院予以纠正。据此，法院判决如下：

一、撤销北京市朝阳区人民法院民事判决；

二、驳回财富投资公司的全部诉讼请求。

**【法官后语】**

《公司法解释二》第十八条第二款规定，“有限责任公司的股东、股份有限公司的董事和控股股东因怠于履行义务，导致公司主要财产、账册、重要文件等灭失，无法进行清算，债权人主张其对公司债务承担连带清偿责任的，人民法院应依法予以支持”。本案争议焦点为某出版社是否应就未依法启动房地产开发公司清算程序，而对房地产开发公司的债务向财富投资公司承担连带清偿责任。我们认为《公司法解释二》第十八条第二款所规定的怠于履行清算义务的责任，性质上确系侵权责任，应适用诉讼时效规定，本案中财富投资公司的诉讼请求已过诉讼时效，不应得到支持。

一、《全国法院民商事审判工作会议纪要》第十六条第二款的理解与适用

《全国法院民商事审判工作会议纪要》第十六条第二款旨在对债权人的侵权请求权进行约束，通过该条文促使债权人在申请强制清算后发现有限责任公司的股东、股份有限公司的董事和控股股东因怠于履行义务，导致公司主要财产、账册、重要文件等灭失，无法进行清算的情况后，及时地行使其权利，而并非在债权人的债权请求权已经罹于诉讼时效的情形下，通过债权人知道或者应当知道公司无法进行清算的时间点计算其侵权请求权的诉讼时效，进而将其债权请求权的诉讼时效变相地无限延长。

从诉讼时效相关制度的价值层面来说，诉讼时效制度的核心价值就是通过对权利上的“睡眠者”惩罚性后果的规定，从而敦促权利人积极地对其权利进行主张，迅速实现债的目的，从而加快经济流转，进而维护交易秩序，避免一定的事实状态长期存续后形成的种种法律关系及社会经济秩序被打破后使得第三人蒙受意想不到的经济损失及信赖利益的损失，同时避免随着时间的流逝造成举证困难，并给予义务人一定的保护。

在股东损害公司债权人利益责任纠纷案件中，债权人主张股东对公司债务承担连带清偿责任，系侵权请求权。如果债权人已经知道或者应当知道公司无法进行清算却长期怠于履行该请求权，放任其债权已经受到侵害的事实状态的长期存续，可能会导致债务人公司财产进一步贬值、流失、毁损或者灭失，并导致证据灭失，事实真相很难证明。同时，经过多年之后其债权可能产生巨额的利息，使股东蒙受意想不到的损失，还有可能会造成社会经济

秩序的混乱。《全国法院民商事审判工作会议纪要》第十六条第二款的意义就在于对此类债权人的侵权请求权加以限制，敦促其及时行使权利，也可以避免债权人有目的地长期不主张权利而觊觎高额的债务利息，有利于稳定社会经济秩序。

基于上述原因，笔者认为《全国法院民商事审判工作会议纪要》第十六条第二款对于股东损害公司债权人利益责任纠纷案件诉讼时效的规定实质上是在不否定债权请求权的诉讼时效适用的基础上，对债权人的债权受到侵害而产生的侵权请求权的诉讼时效进一步加以限定，在诉讼时效制度的价值框架下，该侵权请求权的诉讼时效与债权人所享有的债权请求权所固有的诉讼时效并不冲突。如果在债权请求权已罹于诉讼时效的情况下，认为侵权请求权尚在诉讼时效，就据此打破债权请求权所固有的诉讼时效，从而使债权请求权的诉讼时效变相地无限延长，显然与诉讼时效制度的价值框架不相符，亦与《全国法院民商事审判工作会议纪要》第十六条第二款的制定初衷南辕北辙。

二、《公司法解释二》第七条的理解与适用

从债务人的注意义务的角度来看，《公司法解释二》第七条规定，逾期不成立清算组进行清算的，债权人可以申请人民法院指定有关人员组成清算组进行清算。债务人逾期不成立清算组进行清算的，债权人可以依据《公司法解释二》第七条赋予其的权利申请人民法院指定有关人员组成清算组对债务人进行清算，如果申请强制清算后发现有限责任公司的股东、股份有限公司的董事和控股股东因怠于履行义务，导致公司主要财产、账册、重要文件等灭失，无法进行清算，债权人可以主张其对公司债务承担连带清偿责任。

按照《中华人民共和国公司法》第一百八十三条的规定，公司因营业执照被吊销等法定事由解散的，应当在解散事由出现之日起十五日内成立清算组，开始清算。债权人经过申请人民法院强制执行，人民法院查无可供执行财产并裁定执行程序终结后，债权人即已知债务人无可供执行财产的事实状态，同时理应持续关注债务人的经营情况，包括其是否正常营业和是否存在营业执照被吊销的情形。若债务人出现营业执照被吊销且逾期未能清算的情况时，债权人亦应及时地依据《公司法解释二》第七条赋予其的权利申请人民法院指定有关人员组成清算组对债务人进行清算，在债权人依法申请清算后，对于债务人公司能否进行清算就可以进入“知道或者应当知道”的状态，那么债权人依据《公司法解释二》第十八条第二款规定主张权利的诉讼时效就应当起算。债权人迟迟不依据《公司法解释二》第七条赋予其的权利申请清算，而是直接提起诉讼，通过法院的事实查明来认定债务人公司是否具备清算条件，债权人辩称其“知道或者应当知道”的时效起算条件此时方才达成，如果支持了债权人的意见，就会导致其虽然怠于行使权利申请清算，但其主张侵权请求权的诉讼时效却可以不加限制地肆意延展直至其起诉后，这同样有悖于诉讼时效制度的立法精神。

三、继受取得债权的诉讼时效问题

本案还涉及继受取得债权的诉讼时效问题，依据原《中华人民共和国合同法》第八十二条规定，债务人对原债权人的抗辩及于新债权人。当涉案债权经过多次转让，新的债权人行使债权时，债务人对于初始债权人所享有的包括时效抗辩在内的抗辩权亦能够向新的债权人财富投资公司主张。

四、案例解析

综合上述情况，本案中，财富投资公司的债权源自债权转让，其概括受让取得涉案债权及与该债权有关的从权利，包括侵害涉案债权而发生的侵权损害赔偿请求权。同时依据原《中华人民共和国合同法》第八十二条，债务人对原债权人的抗辩及于新债权人。涉案债权的初始债权人系海淀农信社，后涉案债权经过多次转让，财富投资公司作为新的债权人行使债权时，债务人对于初始债权人所享有的包括时效抗辩在内的抗辩权亦能够向新的债权人财富投资公司主张。

本案中，涉案债权初始债权人海淀农信社申请强制执行后，2006年9月14日，北京市石景山区人民法院作出（2006）石执字第175号民事裁定书，载明因工程研究所、房地产开发公司无财产可供执行，不具备履行义务的能力。裁定北京市第一中级人民法院（2005）一中民初字第2100号民事判决书的本次执行程序终结时，海淀农信社即已知晓房地产开发公司无可供执行财产的事实状态，同时理应持续关注房地产开发公司的经营情况，包括其是否正常营业和是否存在营业执照被吊销的情形。按照《中华人民共和国公司法》第一百八十三条的规定，公司因营业执照被吊销等法定事由解散的，应当在解散事由出现之日起十五日内成立清算组，开始清算。《公司法解释二》第七条规定，逾期不成立清算组进行清算的，债权人可以申请人民法院指定有关人员组成清算组进行清算。房地产开发公司于2007年11月23日被北京市工商行政管理局海淀分局吊销营业执照。海淀农信社在房地产开发公司营业执照被吊销后十多年期间，既未要求房地产开发公司的股东履行清算义务，也未向人民法院申请强制清算或者请求某出版社承担赔偿责任。财富投资公司受让债权后，作为债权人于2018年9月20日提起本案诉讼，要求某出版社承担怠于清算的赔偿责任，已超过诉讼时效期间。因此，无论某出版社是否因怠于清算而应对涉案债权承担连带责任，财富投资公司的诉讼请求均不能得到支持。

五、结语

笔者认为，本案涉及的问题具有一定的典型性，资管公司收购廉价的长期逾期的打包债权，然后根据《公司法解释二》第十八条第二款规定，以股东损害公司债权人利益责任纠纷为由，将承担债务的主体扩大到公司的股东，被起诉的股东中亦不乏国有企业法人。我们在近期的商事审判中发现此类诉讼的数量正在快速增长，如果对此类诉讼机械地适用《公司法解释二》第十八条第二款的规定，支持一些存在利用法律规定的漏洞以“广撒网”的形式投机性地进行滥诉的嫌疑的资管公司，无疑会助长恶意诉讼的风气，同时也有可能会导致巨额的国有资产流失。

编写人：北京市第三中级人民法院　全奕颖　林家诚

45

# 认定有限责任公司股东承担清算责任应准确把握“怠于履行清算义务”的具体情形

## ——实业公司诉薛1等股东损害公司债权人利益责任纠纷案

**【案件基本信息】**

1. 裁判书字号

北京市第三中级人民法院（2020）京 03 民申 584 号民事裁定书

2. 案由：股东损害公司债权人利益责任纠纷

3. 当事人

原告（再审被申请人）：实业公司

被告（再审申请人）：薛 1、胡 1

被告：刘 1、刘 2

**【基本案情】**

原告实业公司诉称：要求刘 1、刘 2、薛 1、胡 1 对北京市东城区人民法院（2007）东民初字第 2635 号民事判决书确定的百货公司的债务承担连带清偿责任并承担本案诉讼费用。实业公司主张刘 1、刘 2、薛 1、胡 1 系百货公司股东，因股东逾期未对公司债权债务进行清算，致使该公司的责任财产状况始终处于不明的的状态，直接导致了林峰公司的债务无法得到清偿，严重损害了权益。刘 1、刘 2、薛 1、胡 1 未到庭。

**【案件焦点】**

1. 申请人是否应承担股东清算责任；2. 如何准确把握《最高人民法院关于适用〈中华人民共和国公司法〉若干问题的规定（二）》（以下简称《公

司法司法解释（二）》）第十八条第二款规定的有关清算责任的认定适用条件。

【法院裁判要旨】

北京市朝阳区人民法院经审理查明：百货公司系成立于1995年9月20日的有限责任公司，注册资本2000万元，现工商登记的股东为黄1（出资1000万元）、薛1（出资400万元）、刘1（出资200万元）、刘2（出资200万元）、胡1（出资200万元），法定代表人为刘1；2008年10月20日，百货公司被吊销营业执照。2007年6月20日，东城法院作出民事判决书，判决百货公司向实业公司返还费用、赔偿损失。前述判决书生效后，百货公司未履行还款义务。实业公司向东城法院申请强制执行。2007年11月19日，该院作出执行裁定书，因未发现被申请执行人可供执行的财产线索，终结本次执行程序。2015年7月2日，东城法院受理某公司对百货公司进行强制清算的申请。2018年6月29日，东城法院裁定终结百货公司的清算程序并认为清算程序终结后，债权人某公司可以另行要求百货公司的股东对其债务承担偿还责任。

北京市朝阳区人民法院经审理认为实业公司对百货公司的债权经强制执行程序未能获得清偿，实业公司对百货公司的债权合法有效。百货公司于2008年10月20日被吊销营业执照，刘1、刘2、薛1、胡1作为百货公司的股东，应当依法及时组织清算，以清理资产，保障债权人权利实现，但至今未开展清算工作。百货公司经法院强制执行程序亦未能发现百货公司有可供执行的财产，且经法院生效裁定书确认构成客观上“无法进行清算”的情形。刘1、刘2、薛1、胡1作为法定的清算义务人怠于履行清算义务，应当对百货公司的债务承担连带清偿责任，判决刘1、刘2、薛1、胡1应当对北京市东城区人民法院（2007）东民初字第2635号民事判决书确定的百货公司的债务承担连带清偿责任。

一审判决后，刘1不服提起上诉，后撤诉，法院作出民事裁定书准许刘1撤回上诉。薛1、胡1因被采取执行措施知晓原一审判决情况，薛1、胡1不服一审判决依据《中华人民共和国民事诉讼法》第二百条第（六）项，以本案应适用《全国法院民商事审判工作会议纪要》（以下简称《九民纪要》）为由向北京市第三中级人民法院申请再审。

北京市第三中级人民法院经审查认为，综合再审申请人的再审理由和请求的要点，本案争议焦点是申请人是否应承担股东清算责任。

《公司法司法解释（二）》第十八条第二款规定的“怠于履行义务”，是指有限责任公司的股东在法定清算事由出现后，在能够履行清算义务的情况下，故意拖延、拒绝履行清算义务，或者因过失导致无法进行清算的消极行为。股东举证证明其已经为履行清算义务采取了积极措施，或者小股东举证证明其既不是公司董事会或者监事会成员，也没有选派人员担任该机关成员，且从未参与公司经营管理，以不构成“怠于履行义务”为由，主张其不应当对公司债务承担连带清偿责任的，人民法院依法予以支持。

本案百货公司注册资本 2000 万元，申请人薛 1 出资 400 万元，其不能举证证明其已经为履行清算义务采取了积极措施，并且不属于小股东举证证明其既不是公司董事会或者监事会成员，也没有选派人员担任该机关成员，且从未参与公司经营管理的情形。申请人胡 1 虽出资仅为 200 万元，但其原系百货公司法定代表人，不属于从未参与公司经营管理的情形。申请人薛 1、胡 1 亦不能提供充分证据证明其“怠于履行义务”的消极不作为与“公司主要财产、账册、重要文件等灭失，无法进行清算”的结果之间没有因果关系。原审法院认定事实及适用法律并无不当。申请人的再审申请理由不能成立，其再审申请不符合《中华人民共和国民事诉讼法》第二百条规定的情形。综上，北京市第三中级人民法院裁定：

驳回薛 1、胡 1 的再审申请。

## 【法官后语】

本案的处理需正确理解《公司法司法解释（二）》第十八条第二款关于有限责任公司股东清算责任的规定，《九民纪要》对《公司法司法解释（二）》第十八条第二款有关有限责任公司股东对公司债务承担连带清偿责任的构成要件、举证责任、抗辩要素等进行了明确：1. 关于如何准确认定“怠于履行清算义务行为”；2. 关于正确理解因果关系抗辩；3. 关于准确适用诉讼时效。

一、准确认定“怠于履行清算义务”

《九民纪要》第十四条规定：《公司法司法解释（二）》第十八条第二款规定的“怠于履行义务”，是指有限责任公司的股东在法定清算事由出现后，在能够履行清算义务的情况下，故意拖延、拒绝履行清算义务，或者因过失导致无法进行清算的消极行为。股东举证证明其已经为履行清算义务采取了积极措施，或者小股东举证证明其既不是公司董事会或者监事会成员，也没有选派人员担任该机关成员，且从未参与公司经营管理，以不构成“怠于履行义务”为由，主张其不应当对公司债务承担连带清偿责任的，人民法院依法予以支持。对于该条的理解需要注意以下几点。

一是阐明了“怠于履行清算义务”的具体情形，强调股东的主观过错。根据《公司法司法解释（二）》第十八条第二款规定，有限责任公司的股东怠于履行清算义务应对债权人承担清偿责任，该条适用的法理依据是侵害债权理论，而构成侵权的前提是股东主观上存在过错，包括故意拖延的积极行为和过失导致无法清算的消极行为。《九民纪要》对“怠于履行清算义务”提出明确的定义，特别是强调了股东的过错责任，并在此基础上进一步明确，承担清算责任的仅限于“怠于履行清算义务”的股东，不可将责任主体不适当地扩大至全体股东。

二是若股东举证证明其已经为履行清算义务采取了积极措施，可以免于对公司债务承担连带清偿责任。

三是列举了有限责任公司小股东具体的抗辩要素，即若能证明同时存在以下情况，可以免除“怠于履行清算义务”对公司债务承担连带清偿责任：（1）不是公司董事会或者监事会成员；（2）没有选派人员担任该机关成员；（3）没有参与公司经营管理的。该规定并没有“一刀切”地缩小清算义务人的范围，全体股东仍然都是清算义务的主体，但对“小股东”地位进行了实质认定。

二、正确理解因果关系抗辩

《九民纪要》明确，清算义务人未尽清算义务给他人造成损失应予以赔偿，在性质上属于侵权责任。侵权法上的因果关系，是指侵权行为与损害后果之间引起与被引起的关系，因果关系的存在与否是侵权成立与否的决定性因素。然而在以往清算义务人的实践判例中，因果关系问题往往被忽略，存在不当适用司法解释，造成部分个案处理不当的情形。《九民纪要》第十五条特别强调，若股东“能证明其未能及时履行清算义务的行为与公司主要财产、账册、重要文件等灭失之间没有因果关系”，应当认定其不作为行为与公司无法清算所造成的损失之间不存在因果关系，可免于对公司债务承担连带清偿责任。法院应对清算义务人行为与损害结果的因果关系进行重点审核，以纠正此前司法实践中存在的过于简单认定清算义务人责任的情况。从《九民纪要》的上述规定中可以看出，将来若债权人想要求清算义务人承担清算责任，必须充分证明，清算义务人怠于履行清算义务与债权人的损失之间存在因果关系。

三、准确适用诉讼时效

《九民纪要》规定：“公司债权人以公司法司法解释（二）第18条第2款为依据，请求有限责任公司的股东对公司债务承担连带清偿责任的，诉讼时效期间自公司债权人知道或者应当知道公司无法进行清算之日起计算”。

综上所述，具体到本案中，百货公司注册资本2000万元，申请人薛1出资400万元，其不能举证证明其已经为履行清算义务采取了积极措施，并且不属于小股东。申请人胡1虽出资仅为200万元，但其原系百货公司法定代表人，不属于从未参与公司经营管理的情形。申请人薛1、胡1亦不能提供充分证据证明其“怠于履行义务”的消极不作为与“公司主要财产、账册、重要文件等灭失，无法进行清算”的结果之间没有因果关系。薛1、胡1作为有限责任公司的股东，无法举证其属于非怠于履行清算义务的情形，故其应当承担对公司债务的连带清偿责任。

编写人：北京市第三中级人民法院　陈伟　高聪霄

# 十三、公司清算责任、解散和破产纠纷

46

## 合伙承包公司情形下合伙清算的司法介入

——孙1诉于1等合伙协议案

【案件基本信息】

1. 裁判书字号

江苏省无锡市中级人民法院（2020）苏02民终938号民事判决书

2. 案由：合伙协议纠纷

3. 当事人

原告（上诉人）：孙1

被告（上诉人）：于1、邓1

被告（被上诉人）：宋1

【基本案情】

2014年3月31日，孙1与混凝土公司签订《企业内部承包经营协议书》，约定孙1以每年450万元的费用承包混凝土公司，有效期为3年，自2014年4月1日起至2017年3月31日止。协议期满，完成上交承包费，可自愿续签合同，且在同等条件下，享有优先续签权。孙1于2014年6月19日被变更为混凝土公司法定代表人，持股比例为90%。

2015年1月13日，孙1、宋1、胡1、邓1、于1签订《合作经营合同》，约定在孙1承包经营的基础上，宋1等其他四人与孙1合作，共同合作投资经营管理混凝土公司。合同中约定合作期限为3年或孙1承包混凝土公司期间，各方另对合作经营人权利义务、职务分工、盈亏共担原则、加入退出机制、合作经营终止条件等事项分别进行了约定。合同签订后，各方均确认胡1未实际参与合作。

2019年6月27日，孙1提起诉讼。以合作经营期限已届满，合作人不愿继续合作经营，请求解除合作经营合同；且在合作经营期间内，合作项目产生大量亏损，根据《合作经营合同》应由各合作人共同承担为由，要求对混凝土公司进行审计，并根据审计结果在合伙人之间共担债务。

【案件焦点】

未经清算程序，孙1要求直接对混凝土公司进行审计，并根据审计结果要求各合伙人分担损失的主张应否得到支持。

【法院裁判要旨】

江苏省无锡市锡山区人民法院经审理认为：根据《合作经营合同》约定的内容，孙1、宋1、于1、邓1系实际建立合伙关系，共同承包经营混凝土公司，并以该公司名义对外进行经营活动。根据《中华人民共和国民法通则》第三十二条规定，合伙人投入的财产，由合伙人统一管理和使用；合伙经营积累的财产，归合伙人共有。《中华人民共和国合伙企业法》第八十六条规定，合伙企业解散，应当由清算人进行清算。该法第二十一条规定，合伙人在合伙企业清算前，不得请求分割合伙企业的财产；但是，本法另有规定的除外。本案中，孙1、宋1、于1、邓1建立合伙，虽然没有设立合伙企业，但其合伙的目的是承包混凝土公司经营权，对外以混凝土公司名义从事民事活动，该合伙人之间的法律关系以及合伙人对合伙债务的责任与普通的合伙企业并无不同。因此，本案可以适用民法通则关于个人合伙的规定，亦可参照适用合伙企业法的有关规定。个人合伙终止的，应当进行清算。此外，本案中合伙人在合作经营合同中对清算问题亦进行了约定。该约定系合伙人的真实意思表示，且未违反法律行政法规的强制性规定，当事人应当按约履行。

孙1未经合伙人清算即诉至法院，违反法律规定及合同约定，应予纠正。其在合伙未经清算的情况下起诉并要求进行审计，于本案处理无益，法院对此不予准许。各合伙人应当按照合作经营合同的约定，指定清算人进行清算。清算后，仍然对合伙财产的分割及亏损的分担有争议的，针对争议部分可以依法另行提起诉讼。

江苏省无锡市锡山区人民法院依照《中华人民共和国民法通则》第三十二条、第三十五条，《中华人民共和国合伙企业法》第八十六条，《中华人民共和国民事诉讼法》第一百四十四条之规定，作出如下判决：

一、解除孙1、于1、宋1、邓1、胡1于2015年1月13日签订的《合作经营合同》；

二、驳回孙1的其他诉讼请求。

孙1、于1、邓1不服一审判决，提起上诉。

江苏省无锡市中级人民法院经审理认为：合伙协议是确定合伙人之间的权利义务关系的协议，是调整合伙内部关系的依据。各合伙人应当按照《合作经营合同》的约定，指定清算人进行清算。清算后，仍然对合伙财产的分割及亏损的分担有争议的，针对争议部分可以依法另行提起诉讼。

江苏省无锡市中级人民法院依照《中华人民共和国民事诉讼法》第一百七十条第一款第（一）项的规定，作出如下判决：

驳回上诉，维持原判。

**【法官后语】**

个人合伙承包公司，虽未设立合伙企业，但合伙的目的是承包公司经营权，对外以公司名义从事民事活动，则合伙人之间的法律关系以及合伙人对合伙债务的责任与普通的合伙企业并无不同。因此而产生的债权债务纠纷，应参照适用合伙企业法的有关规定进行处理。个人合伙终止的，也应当进行清算。合伙财产应当优先用于清偿合伙债务。清算完毕后，合伙人按照合伙协议分配剩余合伙财产；合伙财产不足以清偿合伙债务的，合伙人对外承担连带责任。具体到本案中，合伙财产主要表现为对外应收债权，合伙债务主要表现为承包混凝土公司期间的对外债务，但合伙人却从未对合伙产生的债权债务进行清算。本案中，合伙人在合作经营合同中对清算问题亦进行了约定，“合作经营终止后，应当进行清算，清算人由全体合作人担任；未能由全体合作人担任清算人的，需经全体合作人五分之三以上同意，可以自合作经营终止后十五日内指定一名或者数名合作人或者委托第三人担任清算人”，该约定系合伙人真实意思表示，亦未违反法律行政法规的强制性规定，当事人应当按约履行。因此，合伙人未经清算即提起诉讼，并申请以法院审计的形式代替合伙清算，违反法律及合同约定，不应得到支持。

本案需要思考的问题是，合伙未经清算或合伙人无法形成有效的清算人员组成及清算程序的情况下，合伙人的权益如何救济。笔者以为，应当参照公司法强制清算的程序进行，即任一合伙人均有权申请法院强制清算，由法院依法委托第三方机构或审计机构对合伙财产进行清算，并根据清算的结果由各合伙人分担亏损、分享利润。实践中，对承包公司合伙财产如何认定是复杂和系统的问题，为便于操作，应当按照入伙以及退伙的时间节点，分别对公司所有者权益进行审计，退伙时的所有者权益减去入伙时的所有者权益即为合伙财产，若为正数，则代表尚有合伙财产进行分配，反之，则表示合伙财产处于亏损，应当由各合伙人分担相应数额的亏损。

当然，在具体的清算过程中，有观点认为，若合伙人或者债权债务人对相关实体权益产生争议，应当通过协商解决，不能解决的，则另行通过诉讼的形式进行。还有观点认为，若被承包的公司在承包期内有未决债权债务，则不具备清算的条件，由此，法院应驳回合伙人的清算申请，告知其待条件具备时再行诉讼。该观点亦有其合理之处。总之，在目前尚无法律明确规定的情况下，为实现审判效率与拒绝裁判之间的平衡，法院应当设计科学合理的程序规则，并借助意思自治原则稳妥推进清算程序的进行。

**编写人：江苏省无锡市锡山区人民法院　吴修贵　曹道清**

47

# 关于有限责任公司清算义务人及其责任的认定

## ——某合伙企业诉姜1、刘1股东损害公司债权人利益责任案

### 【案件基本信息】

1. 裁判书字号

北京市第三中级人民法院（2020）京03民终11313号民事判决书

2. 案由：股东损害公司债权人利益责任纠纷

3. 当事人

原告（被上诉人）：某合伙企业

被告（上诉人）：姜1

被告：刘1

### 【基本案情】

资产管理天津分公司与砼业公司、担保公司借款合同纠纷一案，经过一审、二审、再审，北京市高级人民法院于2017年9月26日作出（2017）京民再51号生效民事判决书，判令砼业公司偿还资产管理天津分公司借款本金723000元及利息（其中，2010年12月28日前的利息为114988.53元，自2010年12月29日起至实际给付之日止的利息、复利、罚息，按照《借款合同》约定的利率标准计算）；担保公司对砼业公司的上述债务向资产管理天津分公司承担连带保证责任；担保公司承担连带保证后，有权向砼业公司追偿。

2018年1月24日，资产管理天津分公司作为甲方与乙方某合伙企业签署《分户债权转让协议》，约定甲方将其对债务人砼业公司共计1笔债权转让给乙方，具体每笔贷款债权见所附分户债权转让清单。自2017年12月29日起，乙

方成为新的债权人，取代甲方的债权人地位。甲方与转让标的有关的全部从权利，以及甲方曾与债务人或其担保人达成的相关协议项下的权利，全部由乙方享有。该份协议所附的《分户债权转让清单》中载明，转让基准日为2017年9月30日，债务人砼业公司，借款合同编号2008和平企借00016号，本金金额723000元、利息金额1690146.42元，担保人为担保公司。2018年1月29日，资产管理天津分公司与某合伙企业在《金融时报》刊登了《资产管理天津分公司与某合伙企业债权及其相关权益催收暨转让联合公告》，其中包含上述涉案债权。

随后，某合伙企业向法院申请强制执行。2018年6月15日，法院作出（2017）京0105执4919号执行裁定书，因担保公司、砼业公司名下无房、无车、无银行存款，无经营地点，无财产可供执行，裁定终结本次执行程序。

砼业公司系2001年4月23日成立的有限责任公司，注册资本为5000万元，法定代表人刘1，目前工商登记的股东及出资情况为，姜1认缴出资4000万元，刘1认缴出资1000万元，出资时间为2009年1月22日。因砼业公司未在规定期限内接受2012年度企业年检，也未在规定的截止日期前补办年检手续，2013年11月19日，工商行政管理部门吊销了砼业公司营业执照并要求其股东组成清算组负责清算。截至目前，砼业公司仍处于吊销营业执照状态。经询问，姜1、王1均表示，砼业公司账册、重要文件等部分丢失，无法进行清算，企业也没有可供偿债的财产。

根据北京法源司法科学证据鉴定中心出具的《司法鉴定意见书》，砼业公司工商档案中《董事会成员、经理、监事任职证明》，落款时间为2009年1月12日的《砼业公司章程》《砼业公司第二届第一次股东会决议》《出资转让协议书》上姜1的签名均非本人所签。

庭审中，某合伙企业提交了（2014）朝民初字第11008号民事判决书和（2014）三中民终字第15324号民事判决书，用以证明姜1参与过砼业公司的相关诉讼，对自己股东身份知情且无异议。该份民事判决书中载明，姜1为砼业公司的大股东。

庭审中，姜1申请王1作为证人出庭作证。王1述称，其为砼业公司实际控制人，公司债务应由其个人承担。2008年、2009年，因为王1无法被登记成公司法定代表人、股东，故其向刘1、姜1借了身份证，在二人不知情的情况下，将刘1登记为砼业公司法定代表人，将二人登记为公司股东，而实际上二人与砼业公司并没有关系，亦不清楚公司经营、债务情况。

另查明，姜1与砼业公司、王1、某合伙企业人格权纠纷一案中，姜1提出如下诉讼请求：1. 砼业公司就盗用身份信息一事停止侵害、排除妨碍、消除影响并赔礼道歉；2. 王1对盗用一事与砼业公司承担连带责任；3. 砼业公司和王1赔偿姜1精神损失5万元。2020年4月30日，法院审理后作出（2018）京0105民初81616号一审民事判决书，驳回姜1的全部诉讼请求。该份民事判决书尚未生效。

本案中，某合伙企业起诉要求砼业公司股东姜1、刘1对（2017）京民再51号民事判决书中确认的砼业公司应偿还本金723000元的债务向某合伙企业承担连带清偿责任。

## 【案件焦点】

1. 债权人要求损害公司利益的股东承担清算责任的，如何界定“怠于履行”的标准；2. 债权人主张股东因怠于履行清算义务，导致公司主要财产、账册、重要文件等灭失，无法进行清算的，诉讼时效应如何计算。

## 【法院裁判要旨】

北京市朝阳区人民法院经审理认为：《中华人民共和国公司法》第一百八十条、第一百八十三条规定，公司因依法被吊销营业执照、责令关闭或者被撤销而解散，在解散事由出现之日起十五日内，公司应当成立清算组，开始清算。有限责任公司的清算组由股东组成。本案中，砼业公司的债务经过人民法院生效裁判文书确认，资产管理天津分公司具有合法债权人身份。后经债权转让，某合伙企业成为砼业公司债权人，姜1、刘1辩称某合伙企业主体不适格，缺乏依据，本院不予采纳。砼业公司于2013年11月19日被依法吊销营业执照，出现解散事由，应当在十五日内组成清算组自行清算。但直至本案开庭之时，砼业公司未进行清算，其股东依法应当承担清算责任。双方的争议焦点在于：姜 1、刘 1 是否为砼业公司股东，在砼业公司无法清算的情况下，应否对公司债务承担连带清偿责任。

关于股东身份的问题。根据法律规定，当事人对自己提出的诉讼请求所依据的事实或者反驳对方诉讼请求所依据的事实，应当提供证据加以证明，但法律另有规定的除外。在作出判决前，当事人未能提供证据或者证据不足以证明其事实主张的，由负有举证证明责任的当事人承担不利的后果。本案中，姜 1、刘 1 是砼业公司工商登记的股东，债权人对于企业工商登记信息具有信赖利益。虽然姜 1、刘 1 否定其股东资格，但并未提交充分的证据予以证明，应当承担举证不利的后果。故姜 1、刘 1 辩称不是砼业公司的股东，本院不予采纳。至于姜 1、刘 1 所述的王 1 系实际控制人、王 1 应承担相应责任的意见，与本案不属于同一法律关系，当事人可另案予以解决。

关于无法清算的问题。《最高人民法院关于适用〈中华人民共和国公司法〉若干问题的规定（二）》（以下简称《公司法司法解释（二）》）第七条规定，公司应当依照公司法第一百八十三条的规定，在解散事由出现之日起十五日内成立清算组，开始自行清算；第十八条第二款规定，有限责任公司的股东因怠于履行义务，导致公司主要财产、账册、重要文件等灭失，无法进行清算，债权人主张其对公司债务承担连带清偿责任的，人民法院应依法予以支持。本案中，砼业公司于 2013 年 11 月 19 日被吊销营业执照，股东姜 1、刘 1 对砼业公司负有依法清算义务。但直至某合伙企业提起本案诉讼时，姜 1、刘 1 未依法组成清算组对砼业公司进行清算，且其怠于履行清算义务，导致砼业公司主要财产、账册、重要文件等灭失，无法进行清算。债权人某合伙企业主张砼业公司股东对公司债务承担连带清偿责任，合法有据，本院予以支持。

关于诉讼时效的问题。股东向公司债权人承担的清算清偿责任属于侵权责任，公司债权人以《公司法司法解释（二）》第十八条第二款为依据，请求有限责任公司的股东对公司债务承担连带清偿责任的，诉讼时效期间自公司债权人知道或者应当知道公司无法进行清算之日起计算。本案中，砼业公司于 2013

年 11 月 19 日被吊销营业执照后，一直未依法进行清算，公司股东当庭表示砼业公司账册、重要文件等部分丢失，无法进行清算。姜 1 辩称债权人提起诉讼超过诉讼时效，需举证证明某合伙企业何时知道或者应当知道砼业公司股东怠于履行清算义务导致公司无法清算的事实。否则，应以砼业公司股东自认公司无法清算的时间为诉讼时效的起算点。同时，即使从某合伙企业受让债权的时间即 2018 年 1 月起算诉讼时效，某合伙企业的起诉亦未超过诉讼时效期间。姜 1 的该项抗辩意见，缺乏依据，本院不予采纳。

综上，依照《中华人民共和国公司法》第一百八十条、第一百八十三条，《公司法司法解释（二）》第十八条第二款，《中华人民共和国民事诉讼法》第六十四条第一款之规定，判决如下：被告姜 1、刘 1 对北京市高级人民法院（2017）京民再 51 号民事判决书确认的砼业公司应偿还本金 723000 元的债务向原告某合伙企业承担连带清偿责任。

姜 1 不服一审法院判决，向北京市第三中级人民法院提起上诉，北京市第三中级人民法院经审理认为：根据公司法的相关规定，公司因依法被吊销营业执照、责令关闭或者被撤销而解散，应当在解散事由出现之日起十五日内成立清算组，开始清算。有限责任公司的清算组由股东组成。有限责任公司的股东因怠于履行义务，导致公司主要财产、账册、重要文件等灭失，无法进行清算，债权人主张其对公司债务承担连带清偿责任的，人民法院应依法予以支持。本案中，根据查明的事实，砼业公司于 2013 年 11 月 19 日被吊销营业执照，故砼业公司应于该事由出现之日起十五日内成立清算组进行清算，但砼业公司至今仍未成立清算组进行清算，故砼业公司的股东应对此承担清算责任。关于某合伙企业主体资格的问题。根据查明的事实，某合伙企业系通过与资产管理天津分公司签订《分户债权转让协议》的方式受让涉案债权，并在《金融时报》刊登公告，故某合伙企业系砼业公司涉案债务的合法债权人，其提起本案诉讼，符合法律规定。

关于姜 1、刘 1 的股东身份问题。根据砼业公司的工商登记信息显示，砼业公司于 2001 年 4 月 23 日成立，注册资本为 5000 万元，法定代表人为刘 1，股东为姜1、刘1，其中姜1认缴出资4000万元，刘1认缴出资1000万元。姜1虽上诉主张其并非砼业公司的股东，亦未实际出资，但对此并未提交充分证据予以证明，且（2014）三中民终字第15324号民事判决书中亦确认“姜1为砼业公司的大股东”，故在姜1未充分举证的情况下，股东情况应以工商登记信息为准。姜1作为砼业公司的股东，负有清算的义务和责任。砼业公司于2013年被吊销营业执照，至今已近7年时间，姜1在一审中亦自认砼业公司的账册、重要文件等部分丢失，无法进行清算，故姜1、刘1作为砼业公司的股东应对此承担相应责任。

《最高人民法院关于印发〈全国法院民商事审判工作会议纪要〉的通知》第十六条第二款规定，“公司债权人以公司法司法解释（二）第18条第2款为依据，请求有限责任公司的股东对公司债务承担连带清偿责任的，诉讼时效期间自公司债权人知道或者应当知道公司无法进行清算之日起计算”。某合伙企业于2018年1月受让涉案债权，于2018年5月提起本案诉讼，结合姜1在一审庭审中对于砼业公司无法进行清算的陈述等情况，在姜1、刘1未提交其他证据证明某合伙企业对于砼业公司无法进行清算事宜提前知情的情况下，本案的诉讼时效应以姜1在该庭审陈述之日起算，故某合伙企业提起本案诉讼，未超过诉讼时效。

关于姜1主张王1应对涉案债务承担责任的问题，与本案不属同一法律关系，本案对此不予处理，其可另行主张。

综上所述，姜1的上诉请求不能成立，应予驳回；一审判决认定事实清楚，适用法律正确，应予维持。依照《中华人民共和国民事诉讼法》第一百七十条第一款第（一）项规定，判决如下：

驳回上诉，维持原判。

## 【法官后语】

清算义务人，是指基于其与公司之间存在的特定法律关系而在公司解散时对公司负有依法组织清算义务，并在公司未及时清算给相关权利人造成损害时依法承担相应责任的民事主体。依据我国公司法的相关规定，有限责任公司的清算组由股东组成。在有限责任公司发生公司法规定的特定的解散事由时，该有限责任公司的股东即应当在特定时间内组成清算组对公司的债权债务等进行清算，该清算程序作为公司注销的前置程序，系公司退出经济市场的必经程序。

关于在有限责任公司股东未能按照公司法的规定履行清算义务须承担的责任问题，依据《公司法司法解释（二）》第十八条的规定，有限责任公司的股东因怠于履行义务，导致公司主要财产、账册、重要文件等灭失，无法进行清算，债权人主张其对公司债务承担连带清偿责任的，人民法院应依法予以支持。根据上述规定，有限责任公司的股东承担清算责任须满足以下几个条件：

首先，有限责任公司的股东存在怠于履行清算义务的情形。根据公司法的相关规定，有限责任公司的股东应当在公司出现解散事由之日起十五日内成立清算组，开始清算。但在实践中，有限责任公司的股东多以其不了解公司实际经营管理情况、不掌握公司清算材料、不是公司的实际控制人为由进行抗辩。综合考虑有限责任公司经营管理的具体情况等，确实存在小股东不参与公司实际经营、客观无法进行清算的情况，故对于清算义务主体的确定，不应简单地以是否具备股东身份来进行“一刀切”的认定，亦应考虑该股东是否存在能够履行清算义务但怠于履行的情况。例如，在公司出现了法定的清算事由后，该股东是否存在故意拖延、拒绝履行清算义务的情况，或者因过失导致公司清算材料灭失无法进行清算的情况等。如该股东能够举证证明其已经为履行清算义务采取了积极措施，或举证证明其作为公司的小股东，从未参与过公司的经营管理，客观无法履行清算义务的，则在审判实践中不宜将其认定为“怠于履行清算义务”。

其次，该股东的消极不作为造成了公司主要财产、账册、重要文件等灭失，无法进行清算的法律后果。怠于履行清算义务而引发的清算责任，实质上应为侵权责任，故对于因果关系的认定亦应作为股东承担清算责任的前提条件。在实践中，因公司无法进行清算的原因存在多样性，故对于该因果关系的认定亦应严格把握，不宜将股东承担清算责任作简单化、扩大化的处理，只有在股东怠于履行清算义务造成了公司主要财产、账册、重要文件等灭失，无法进行清算的后果时，该股东才应作为承担清算责任的主体。如该股东能够举证证明其消极不作为与公司主要财产、账册、重要文件等灭失，无法进行清算的法律后果之间没有因果关系的，即便其确实存在“怠于履行清算义务”的行为，亦不宜将其认定为承担清算义务的主体。

最后，债权人起诉要求该有限责任公司股东承担清算责任，须满足诉讼时效的相关规定。《全国法院民商事审判工作会议纪要》对于公司债权人以上述法律规定为依据请求有限责任公司股东承担清偿责任的诉讼时效进行了讨论，并确定公司债权人以《公司法司法解释（二）》第十八条第二款为依据请求有限责任公司股东对公司债务承担连带清偿责任的，诉讼时效期间自公司债权人知道或者应当知道公司无法进行清算之日起计算。但在实践中，对于如何确定“知道或者应当知道公司无法进行清算”存在不同的观点。有观点认为，债权人只有在公司强制清算程序终结之时才能确定知道该公司无法进行清算，故诉讼时效的起算点应为该程序终结之时；也有观点认为，只要债权人通过法院强制执行程序依然无法获得清偿，即可推定为该公司已无法进行清算，诉讼时效自该执行终结本裁定作出之日起清算；还有观点认为，因有限责任公司的股东应组成清算组进行清算的法定期限为出现解散事由之日起十五日内，故该诉讼时效的起算之日应为该期间届满后。从合理分配举证责任的角度出发，应根据不同案件的具体情况对该“知道或者应当知道公司无法进行清算”的时间进行确定，平衡公司债权人利益与股东权益的保护。

就本案而言，某合伙企业作为砼业公司的合法债权人，在砼业公司财产不足以偿还涉案债务的情形下，要求砼业公司股东姜1、刘1对此承担清算责任。通过对事实的查明及认定，姜1系砼业公司股东，刘1系砼业公司股东及法定代表人，其二人虽主张从未参与过公司的经营管理，但对此并未提供充分证据予以证明，且砼业公司的股东仅为姜1、刘1二人，刘1作为砼业公司的法定代表人，亦应对公司的整体经营情况负有责任，现砼业公司的账册、重要文件等丢失，导致无法进行清算，姜1、刘1对此应负有相应责任，系构成公司法规定的“怠于履行清算义务”的情形，且该行为与砼业公司无法清算的后果之间存在因果关系；某合伙企业于2018年5月提起本案诉讼，亦符合有关诉讼时效的规定，故在本案中，姜1、刘1作为砼业公司的股东，应对此承担连带清偿责任。

编写人：北京市第三中级人民法院 王东军 薛保潇

48

# 清算义务人在清算过程中恰当通知债权人申报债权后能否免责

——李1诉王1等清算责任案

## 【案件基本信息】

1. 裁判书字号

北京市第二中级人民法院（2020）京02民终9813号民事判决书

2. 案由：清算责任纠纷

3. 当事人

原告（上诉人）：李1

被告（被上诉人）：王1、梁1、郗1

## 【基本案情】

玉华隆公司设立于2003年9月20日，股东包括王1、梁1与郗1。2007年12月，北京市密云区人民法院作出（2007）密民初字第5846号民事判决书，判令玉华隆公司给付李1货款79000元及相应利息。该判决书首部李1自行申报的住所地为北京市朝阳区某地（系李1的户籍地）。2008年3月31日，李1向北京市密云区人民法院就上述判决申请强制执行，北京市密云区人民法院没有发现玉华隆公司存在可供执行的财产，并于2008年11月20日以终结本次执行的方式结案。

2017年，玉华隆公司经股东会决议决定组成清算组，并对玉华隆公司进行清算。2017年9月25日，玉华隆公司清算组在北京晨报上刊登清算公告，请债权人李1在见报四十五日内申报债权，申报期间为四十五日，公告中还附有清算组成员名单与联系方式、地址。另根据郗1自述，在2017年9月28日，清算组向李1在北京市朝阳区某地的住址邮寄清算通知。同日，清算组还自行前往前述地址寻找李1，并经询问街坊后在疑似该地大门张贴了清算通知。

玉华隆公司在完成注销前，根据清算组出具的清算报告显示玉华隆公司的债权债务已经清理完毕。清算组成员王1、郗1与梁1三人在清算报告上签字确认。此后，玉华隆公司召开股东会，表决并决定注销玉华隆公司，玉华隆公司注销后的未尽事宜由股东承担，全体股东一致确认清算报告内容。2017年11月16日，北京市工商行政管理局丰台分局核定准予玉华隆公司注销。

庭审中，李1表示北京市朝阳区某地系其配偶的房产，婚后李1将户籍落在此地，但李1本人则在1998年就搬离此地，不在此地居住。

## 【案件焦点】

1. 玉华隆公司清算组是否履行了向李1通知申报债权的清算义务；2. 李1是否有权请求清算组成员直接向其清偿玉华隆公司注销前对李1所负债务。

## 【法院裁判要旨】

关于第一项争议焦点，北京市西城区人民法院认为首先应当判断案涉北京市朝阳区某地是否为李1的住所地。首先根据（2007）密民初字第5846号民事判决书与本案中李1所提交起诉书和身份证复印件，李1在长达十余年的时间里始终向法院主张北京市朝阳区某地为其住所地，因此郗1等涉诉相关人员可以合理信赖李1在2007年至2019年，仍然以北京市朝阳区某地作为其有效住所地。其次一审法院认为根据现有证据材料能够认定郗1等以朝阳区某地为受送达地履行了通知债权人申报债权的清算义务。郗1提交的证据材料能够证明其采用了上门送达和邮寄送达两种方式。此外，提供准确的住所地是诉讼参与人的应尽义务，李1本人户籍落在此地，应当知晓该地的送达难度与客观障碍。即使郗1等人确实未能准确找到北京市朝阳区某地，郗1等人也基于自身能力与经验恰当地履行了通知义务，对此李1未能实际收到通知的客观后果也不具有可归责的过错情形。最后关于清算组为债权人预留的申报期限是否充足。本案中，有证据显示玉华隆公司清算组于2017年9月28日向李1进行送达，通知其申报债权期限为三十日；根据清算组于同日在北京晨报上所刊登清算公告，债权人申报期限为四十五日；两者取其后，则李1至迟应当于2017年11月13日（前日为周日，不作为期间届满日）向清算组申报债权。而玉华隆公司于2017年11月16日完成注销登记，其间为李1预留了合理的申报期限，综合上述理由，一审法院确认清算组恰当地对李1履行了通知清算义务。

关于第二项争议焦点，一审法院针对李1分别主张的逃避债务、恶意处置公司财产、明知资不抵债却仍然自行清算以及谎称债权债务清理完毕骗取注销登记分别评述如下：首先，关于逃避债务一节，一审法院认为李1作为债权人，早在2007年便已起诉玉华隆公司，并在2008年进入强制执行程序，但因玉华隆公司没有可供执行财产，因此其债权始终无法得到清偿。换言之，玉华隆公司自2008年至2017年清算的十年时间内，持续处于没有清偿能力的资不抵债状态，也没有证据显示玉华隆公司曾获得可供执行财产，部分恢复清偿能力。其次，在2017年清算时，玉华隆公司清算组已经恰当地对李1履行了通知清算义务，因此也不能认定所谓逃避债务的情形存在。关于恶意处置财产损害债权人利益，一审法院认为对于玉华隆公司是否存在恶意处置财产的情形，因玉华隆公司在长达十年的时间内持续处于没有可供执行财产的资不抵债状态，根据常理，在2017年清算时公司重新拥有财产的可能性极低，在债权人未就此举证的情况下，一审法院难以认定该种情形成立。关于资不抵债应当申请破产清算以及以虚假清算报告骗取注销登记一节，一审法院认为玉华隆公司在资不抵债的情形下应当向人民法院申请破产清算，其自行组织清算并申请注销确实存在违法之处，但仅凭这种违法情形尚不能认定侵权责任必然成立，仍然需要审查

“虚假的清算报告”“骗取公司登记机关办理法人注销登记”是否存在，以及债权人损失与上述行为是否存在因果关系。对此，一审法院认为虽然清算组所的出具清算报告中载明“债权债务已经清理完毕”，但从审慎审查虚假行为的裁判立场出发，存在将此处已经清理完毕的债权债务解释为对已经申报的债权债务清理完毕的合理可能。而在存在这种合理解释可能的情况下，不应贸然认定存在“虚假清算报告”，进而亦不能认定“骗取注销登记”行为的存在。最后，基于玉华隆公司长期处于没有可供执行财产的情况下，即使更早地组织清算，或进行破产清算，也并不必然能够保证李 1 的债权能够实际得到清偿，因此一审法院难以认定上述违法情形与李 1 案涉债权未获清偿所致损失之间存在因果关系。

北京市西城区人民法院依照《中华人民共和国公司法》第二十条、第一百八十五条，《最高人民法院关于适用〈中华人民共和国公司法〉若干问题的规定（二）》第十七条、第十九条，《中华人民共和国民事诉讼法》第一百四十四条之规定，作出如下判决：

驳回原告李 1 的诉讼请求。

李 1 不服一审判决，向北京市第二中级人民法院提起上诉。李 1 上诉过程中提出两项上诉意见：一、玉华隆公司清算程序违法。通知程序合法与清算程序合法是不同概念，即使王 1、梁 1、郗 1 通知程序合法，也不代表玉华隆公司清算程序合法。王 1、梁 1、郗 1 对李 1 的通知程序不合法。王 1、梁 1、郗 1 在玉华隆公司清算过程中明知玉华隆公司财产不足以清偿债务，未向人民法院申请破产清算，谎称债权债务清算完毕，骗取工商注销登记，构成违法清算。王 1、梁 1、郗 1 未对玉华隆公司实质清算，作出的清算报告所称债权债务清理完毕，与事实不符，属于虚假清算。二、王 1、梁 1、郗 1 未依法清算就注销玉华隆公司，造成玉华隆公司客观上无法强制清算或破产清算，李 1 无法在合法清算程序中申报债权，李 1 的债权无法受偿，王 1、梁 1、郗 1 应承担赔偿责任。玉华隆公司在执行程序中无财产可供执行不等于玉华隆公司在清算时无任何资产。一审判决未查明玉华隆公司真实财产状况，仅凭终结本次执行程序裁定书认定玉华隆公司清算时无财产清偿债权债务，并认定不存在损害债权人利益的情形，属认定事实不清。王1、梁1、郗1明知玉华隆公司财产不足以清偿债务，仍以债权债务清理完毕为由骗取注销登记，本案证据不能证明玉华隆公司清算程序合法。王1、梁1、郗1的违法清算行为造成李1的债权无法受偿，造成了损害后果。

北京市第二中级人民法院经审理认为：二审法院认为本案争议焦点包括：1. 玉华隆公司清算程序是否存在违法情形；2. 王1、梁1、郗1是否应当向李1承担赔偿责任。

针对争议焦点一，二审法院认为郗1已经举证证明其向李1邮寄清算通知，在李1未能提交反证的情况下应采纳郗1的主张；玉华隆清算组采用在北京晨报上刊登清算公告的方式也符合法律规定；关于玉华隆公司自行清算一节，二审法院认为玉华隆公司清算组履行对李1的通知义务后，李1既未在玉华隆公司清算组通知的期限内申报债权，也未在清算程序终结前申报债权，且玉华隆公司经过生效执行裁定确认，已无可供执行的财产，玉华隆公司未进入破产清算程序，对李1的债权不产生实质损害。因此，二审法院认为玉华隆公司清算组履行了对李1的通知义务，并按照相关法律和司法解释规定进行了相应的清算公告，李1关于玉华隆公司清算程序不合法的上诉理由，二审法院不予采纳。

针对争议焦点二，二审法院认为王1、梁1、郗1作为玉华隆公司的股东和清算组成员，对玉华隆公司债权人承担赔偿责任的前提是存在怠于履行清算义务或恶意处置玉华隆公司财产或未经清算即办理注销登记的行为，且上述行为与李1的债权无法受偿的结果之间存在因果关系。根据查明的事实，经过北京市密云区人民法院的生效执行裁定书确认，玉华隆公司已无财产可供执行，因此李1的债权无法获得清偿与玉华隆公司是否进行清算以及王1、梁1、郗1的行为并无因果关系，故对此上诉理由，二审法院不予采信。

二审法院依照《中华人民共和国民事诉讼法》第一百七十条第一款第（一）项之规定，判决如下：

驳回上诉，维持原判。

【法官后语】

通常情况下，清算责任纠纷并非债权人首选的诉讼路径。仅在债权人已经起诉债务人公司，但却无法在执行程序中足额受偿的情况下，债权人才有可能选择向公司清算义务人主张其清算责任。但是近年来伴随着宏观经济中的各种难题，中小企业经营困难的困境越发凸显，不能通过基础债权足额受偿的债权人逐渐增多，相应地导致此类案件数量骤升。而司法实务中审理此类案件的法律争议则主要集中于以下两项：一是公司成立清算组进行清算，但清算组并未通知已知债权人申报债权时清算义务人是否承担清算责任；二是公司出现法定解散事由后，但并未及时成立清算组时清算义务人是否承担清算责任。本案例恰好对以上两项争议均有回应。

一、清算义务人通知已知债权人申报债权这一清算义务的法律效果

清算意味着公司法人人格走向消灭，公司独立的财产亦将完全分配，在公司法人人格消灭前，债权人能否参与公司剩余财产的分配过程，对债权人至为重要。而要保障债权人这一受偿权利，首先必须充分保护债权人对清算程序开始的知情权。根据《最高人民法院关于适用〈中华人民共和国公司法〉若干问题的规定（二）》（以下简称《公司法解释二》）第十一条第二款规定，清算组在清算过程中必须通知已知债权人申报债权。若清算组未恰当履行通知义务，导致债权人未及时申报债权而未获清偿，清算组成员应对造成债权人的损失承担赔偿责任。由此可以认为，清算组未充分履行通知义务构成使清算义务人承担损害赔偿责任的充分要件。实践中，若公司虽然完成注销登记，但清算组却未能举证证明在清算过程中曾向已知债权人履行通知义务，清算义务人必然承担对债权人的损害赔偿责任。

然而，若清算组恰当地对已知债权人履行了通知申报债务义务，但债权人却因可归责于自身的过错错失申报债权的时机，导致公司注销登记后债权仍然未获清偿。此时债权人这一过错在清算责任的认定过程中将产生何种效果？对此问题，本文认为虽然公司法与公司法解释并未给出直接回应，但通过对《公司法解释二》第十三条和第十四条的解释，可以认为债权人的上述过错绝非不

会产生任何影响。具体分析过程如下：

首先，根据《公司法解释二》第十三条规定，债权人仅在清算报告经股东会确认完毕前完成补充申报的，清算组才予以登记债权。依反向解释，若债权人在清算程序终结之后才进行补充申报的，清算组有权拒绝登记债权，其效果等同于债权人自行放弃使其债权受偿的可能。

其次，根据《公司法解释二》第十四条第一款规定，债权人因重大过错未在规定期限内申报债权的，即使其在清算程序终结前完成补充申报，其对公司剩余财产受偿的优先顺位亦劣后于公司股东。而根据《中华人民共和国公司法》第一百八十六条第二款规定，股东仅能在公司清偿全部已知债务后才能对公司剩余财产进行分配。换言之，股东的优先顺位劣后于所有其他债权人。在此情况下，应当推定因重大过错未能申报债权的债务人对公司剩余可分配财产实质丧失受偿权利。

最后，根据《公司法解释二》第十四条第二款规定，补充申报的债权人不能以未足额受偿为由，要求对公司重新进行破产清算。换言之，《公司法解释二》在此已经预见到公司在自行清算过程中可能存在的资不抵债情形，而对于补充申报的债权人，因其自身存在可归责的过错，丧失对公司进行破产清算以期重新分配公司剩余财产的权利。对此，同样可以解释为债权人将自行承担其债权不能足额受偿的风险。

综上，通过对《公司法解释二》第十三条和第十四条规定的反向解释以及体系解释，可以认为债权人因可归责于自身的重大过错而未能完成申报债权的，其待申报债权的受偿顺位劣后于股东，由此造成的法律后果是该债权人原则上将丧失基于《公司法解释二》相关规定向清算义务人主张清算义务的请求权基础。相应地，若清算组举证证明其向已知债权人充分、恰当地履行通知申报债权的清算义务，而债权人因上述过错导致其未能及时申报债权的，按照前述解释结论，该债权人丧失对公司剩余财产的受偿权利，除非债权人举证证明清算程序存在属于《公司法解释二》第二十三条第一款规定的违法情形。

二、公司出现法定解散事由后，但并未及时成立清算组时清算义务人是否承担清算责任

对此争议，《全国法院民商事审判工作会议纪要》（以下简称《九民纪要》）也有所涉及。《九民纪要》从怠于履行清算义务的认定、因果关系抗辩以及诉讼时效期间三方面给出了避免利益明显失衡现象的方案。其中，因果关系抗辩这一项对于指导清算责任纠纷案件审理极有助益。例如，公司作为被执行人，经强制执行后，法院认定该公司无财产可供执行，并作出终结本次执行的裁定。此后公司出现各种法定解散事由，导致需要清算但实际上未能清算的。因公司此时已没有可执行财产，换言之，偿债能力已经丧失。此时公司清算义务人是否实际履行清算义务，与债权人在执行程序中无法获得清偿的损失，已不存在因果关系。根据《九民纪要》上述规定，可以支持清算义务人关于因果关系的抗辩意见。而此处的未能清算与存在较为轻微违法情节的清算程序也可作类推适用。

如前所述，清算责任纠纷以及诉讼功能相似的股东损害债权人利益责任纠纷在短期未来内案件数量将居高不下。本案判决充分保护了已恰当履行通知义务的清算组成员的期待利益，合理地加重了自身存在重大可归责过错的债权人的举证责任，在债权人与公司股东之间实现了较为均衡的利益分配。清算组履行通知义务固然是合法启动清算程序的第一步，但债权人亦有义务积极申报债权，在清算组的主持下有效率地实现债权。本案裁判思路的推广，将有助于提醒债权人尽快主张申报债权的权利，有利于增加清算组合法执行清算事务的积极性，对提升我国商事主体营商环境亦将有所助益。

编写人：北京市西城区人民法院　宋健

49

# 债权人在先主张的清算赔偿责任不因企业进入破产程序而当然免除或转化

## ——科技公司诉创业投资公司、童1股东损害公司债权人利益责任案

### 【案件基本信息】

1. 裁判书字号

北京市第一中级人民法院（2020）京01民终6273号民事判决书

2. 案由：股东损害公司债权人利益责任纠纷

3. 当事人

原告（上诉人）：科技公司

被告（被上诉人）：创业投资公司、童1

### 【基本案情】

机电技术公司成立于2000年5月17日。被告创业投资公司系机电技术公司第二大股东，机电技术公司股东还包括被告童1（出资占比5.44%）等44名自然人股东和其他法人股东；童1系公司法定代表人。机电技术公司工商备案的2003年度年检报告记载公司资产总额为1380万元，净资产为37万元。

2004年11月4日，科技公司（申请人）就机电技术公司（被申请人）拖欠工程款向北京仲裁委员会申请仲裁，北京仲裁委员会于2005年2月1日作出（2005）京仲裁字第0082号裁决书，裁决机电技术公司向科技公司支付工程款2141293.6元、逾期付款违约金107064.68元、仲裁费用43288元，自裁决送达之日起十日内支付完毕、逾期未付则按中国人民银行有关逾期付款的规定办理。

2005年3月25日，科技公司就上述裁决书向北京市海淀区人民法院申请

了强制执行，收到执行款18800元。该院于2005年12月19日作出（2005）海行执字第3717号民事裁定书，载明对该公司名下车辆和账户进行冻结和查封后，申请人不能提供被执行人其他可供执行财产或财产线索，该院亦查找不到被执行人的其他财产，故裁定终结执行。

2006年10月12日，北京市工商行政管理局昌平分局作出京工商昌处字（2006）第D8122号行政处罚决定书，记载因机电技术公司未在规定期限内接受2005年度企业年检亦未在规定日期前补办年检手续，决定吊销机电技术公司的营业执照。

另，创业投资公司提供证人张1，当庭陈述公司从2005年开始经营困难，之前工资支付正常，2006年因公司欠付房租其经营地被业主收回。

2019年10月24日，本院裁定受理创业投资公司对机电技术公司提起的破产清算申请，并裁定机电技术公司进入破产程序。截至本案庭审结束之前，该破产案件仍在审理中，机电技术公司财务账册及重要文件尚无查询结果。

## 【案件焦点】

债权人在先主张的清算赔偿责任是否因企业进入破产程序而当然免除或转化。

## 【法院裁判要旨】

北京市昌平区人民法院经审理认为：公司解散清算与破产清算是具有不同功能和不同适用条件的程序，股东等责任主体因此负担的程序义务及相应责任亦存在差异，在一般情况下，如果依据《中华人民共和国公司法》相关规定提起的清算责任之诉在先，则公司之后进入破产程序并不必然吸收清算责任之诉。但是，在公司同时具备破产清算条件和强制清算条件时，公司进入破产程序，基于公平保护全体债权人利益考量，对于因股东等责任主体行为导致债务人主要财产、账册、重要文件等灭失致使无法清算、给债权人的债权造成损失的，应由管理人请求上述主体承担相应损害赔偿责任并将因此获得的赔偿归入债务人财产。

本案中，债务人公司即机电技术公司于2006年10月12日被吊销营业执照，经审理查明，在2005年机电技术公司已出现多件执行案件未能全部执行，在2006年机电技术公司被吊销营业执照前后，涉及机电技术公司执行案件因查无财产及财产线索而终结，证人张1作为公司员工对于公司经营情况的陈述与公司涉及案件的执行情况相符。根据《中华人民共和国企业破产法》第二条第一款“企业法人不能清偿到期债务，并且资产不足以清偿全部债务或者明显缺乏清偿能力的，依照本法规定清理债务”的规定，则机电技术公司在吊销营业执照时已具备破产原因。公司法规定的公司解散后清算责任是以公司资大于债为前提，而在公司具备破产原因时，该前提基础并不存在，为确保所有债权人公平清偿，以及对公司有限责任原则的考量，应由机电技术公司破产案件的管理人进行追偿。

《最高人民法院关于适用〈中华人民共和国公司法〉若干问题解释（二）》第十八条第二款规定：有限责任公司的股东、股份有限公司的董事和控股股东因怠于履行义务，导致公司主要财产、账册、重要文件等灭失，无法进行清算，债权人主张其对公司债务承担连带清偿责任的，人民法院应依法予以支持。认定股东等责任主体是否对于公司债务承担连带清偿责任，要件之一为其怠于履行义务与公司主要财产、账册、重要文件等灭失存在因果关系。根据本案查明情况，机电技术公司在吊销营业执照时已出现不能清偿到期债务的破产原因，无法认定未经清算导致了公司缺乏主要财产的结果。

北京市昌平区人民法院依照《中华人民共和国公司法》第三条、第一百八十三条，《中华人民共和国企业破产法》第二条第一款，《最高人民法院关于适用〈中华人民共和国公司法〉若干问题解释（二）》第十八条第二款，《中华人民共和国民事诉讼法》第六十四条之规定，判决如下：

驳回原告科技公司的诉讼请求。

科技公司不服一审判决，提起上诉。北京市第一中级人民法院经审理认为：债务人进入破产清算程序后，从债权人公平受偿、避免不当突破股东有限责任的角度出发，系由管理人先行主张上述赔偿，而在判定债务人相关人员承担责任时，应当依照企业破产法的相关规定确定主体的义务内容和责任范围。依照《中华人民共和国民事诉讼法》第一百七十条第一款第（一）项规定，判决如下：

驳回上诉，维持原判。

## 【法官后语】

清算义务人，根据适用程序类型的不同，可以分为公司解散清算义务人和破产清算义务人。公司解散清算强调在公司存续条件丧失时公司解散清算，清算义务人应按照法定程序消灭公司主体资格，怠于或未适当履行清算义务造成债权人直接损失的，债权人可请求公司解散清算义务人对其单独履行清算赔偿责任。破产清算旨在确保在公司资不抵债时所有债权人能够得到最大限度的公平清偿，在统一分配破产财产前不允许对债权人进行个别清偿。当破产清算义务人未履行相关清算义务时，破产管理人可要求其承担相应责任。

通常情况下，公司能够清偿全部债务的，解散之后由其自行清算或在其不能清算时由法院组织强制清算；公司发生破产原因以致不能清偿到期债务的，或者在清算过程中发现资不抵债时，则应进入破产清算程序。但是，在企业被依法吊销营业执照、责令关闭或者被撤销的特殊情况下，公司解散原因与破产清算原因会发生竞合。

实践中，企业因多年不进行工商年检、被吊销营业执照的方式退出市场时，公司解散清算义务人不成立清算组进行清算的情况非常普遍。这种不规范的行为往往蕴藏着一定的违法动机，如欺诈债权人、逃避债务或者其他法定义务等，债权人往往要求公司解散清算义务人承担相应清算责任。与此同时，上述非正常退市的公司中有相当一部分是存在破产原因的。该类公司进入破产清算程序后，公司解散清算程序中的清算赔偿责任并不会必然消失。在股东侵害债权人利益诉讼或清算责任纠纷中，债权人要求股东就清算赔偿责任向其单独受偿的，应依据其责任构成要件进行实质判断：

一是公司解散清算义务人有违法律规定，怠于或不适当履行清算义务的行为。即公司解散清算义务人在公司解散后未在法定时间内开展清算事务或未在法定时间内完成清算事务，主观上亦存在不作为的过错。值得注意的是，在判断“怠于履行清算义务”时，应注意其立法本意是惩戒能够履行而拖延、拒绝履行清算义务或因过失导致无法清算的消极行为，不应过分苛责已经举证证明其为履行清算义务采取积极措施的股东和不具备管理能力的中小股东，如小股东能举证证明其既不是董事会或监事会成员，又没有选派人员担任该机关成员，且从未参与公司经营管理的，不应认定其对公司债务承担连带责任。

二是公司解散清算义务人的行为造成了债权人的直接损失。包括公司有效资产的直接减损和公司债务的增加。公司解散清算义务人承担赔偿责任的范围在于其行为所造成的实际损失，需要严格按照举证规则证明侵权责任的范围。

三是公司解散清算义务人怠于或不适当履行清算义务的行为与债权人损失之间有法律上的因果关系。即公司解散清算义务人作为或者不作为的侵权行为直接导致了债权人债权的不能实现或者不能完全实现。在判断因果关系时应避免陷入“唯结果论”的倾向，不仅应审查股东提出有效的因果关系抗辩，如发生意外火灾导致账册灭失并报案或小股东举证公司主要财产、账册、重要文件由大股东掌握等。

编写人：北京市昌平区人民法院　朱晋华　谷佳琛

50

# 股份合作制企业股东无法直接依据公司法提出企业解散

## ——占1诉北京某企业公司解散案

**【案件基本信息】**

1. 裁判书字号

北京市第一中级人民法院（2020）京01民终8543号民事判决书

2. 案由：公司解散纠纷

3. 当事人

原告（上诉人）：占1

被告（被上诉人）：北京某企业

第三人：林1、卓1、北京某研究院

【基本案情】

北京某企业于2003年7月15日注册成立，企业类型为集体所有制（股份合作），注册资本为200万元。卓1、占1、林1、北京某研究院系北京某企业的股东，其中北京某研究院出资80万元，占40%；林1出资70万元，占35%，任执行董事；占1出资30万元，占15%，任监事；卓1出资20万元，占10%。

2018年3月26日北京某企业章程第一条规定，依据《中华人民共和国企业法人登记管理条例》《北京市城镇企业实行股份合作制办法》及其他有关法律、法规、规章的规定，出资各方本着平等、互利、自愿的原则经过协商，特订立本章程。第五条规定，经济的性质：集体所有制（股份合作）。第二十二条规定，企业实行股东和职工（代表）大会合一制度；股东和职工（代表）代表大会由全体股东和职工（代表）组成，是企业的权力机构，行使下列职权……8. 对企业增加或者减少注册资金，以及合并、分立、破产、解散和清算等事项作出决议。第二十四条规定，股东和职工（代表）大会应对会议所议事项作出决议，并由决议成员签字。股东和职工（代表）大会应当对所议事项作出会议记录，会议记录由出席股东和职工（代表）大会的成员签字。股东和职工（代表）大会采取一人一票与一股一票相结合的表决方式。股东和职工（代表）大会对第8项作出决议时，采用一股一票方式，须经持有三分之二股份的股东通过。第四十二条规定，企业遇有下列情况即行终止：1. 解散；2. 被依法撤销；3. 破产；4. 不可抗力；5. 股东和职工（代表）大会决定终止。第四十六条规定，企业章程由股东和职工（代表）大会负责解释。第四十八条规定，本章程经全体股东和职工（代表）共同订立。自企业设立之日起生效。

另，2019年6月28日，北京某企业召开2019年股东和职工（代表）大会临时会议，会议对《讨论股东委派会计针对财务进行查阅、审核》《审议企业清算及利润分配方案》《讨论股东占1退出方案》议题进行审议表决，经表决，上述议题同意票未达到企业章程相关规定，议题不予通过。林1、卓1、占1、北京某研究院及职工代表在决议上签字、盖章。

原告主张请求解散北京某企业的法律依据为：《中华人民共和国公司法》第一百八十二条规定及《最高人民法院关于适用〈中华人民共和国公司法〉若干问题的规定（二）》第一条规定。事实依据为：经营场所被拆迁，已经停业，没有任何经营行为；执业许可证已经到期；成立至今未召开过股东大会；多年来没有进行过利润分配；股东之间矛盾不断加深，内部管理存在严重障碍，已经陷入僵局状态。

**【案件焦点】**

1. 关于处理本案纠纷的法律适用问题；2. 关于集体所有制股份合作制企业解散的规则适用。

**【法院裁判要旨】**

北京市石景山区人民法院经审理认为：公司解散是指引起公司人格消灭的法律事实。《中华人民共和国公司法》（以下简称《公司法》）第二条规定，本法所称公司是指依照本法在中国境内设立的有限责任公司和股份有限公司。而股份合作制兼有合作制和股份制两种经济形态的特点，是实行劳动合作和资本合作相结合的新型共有经济组织形式。由于股份合作制是我国特定历史条件下的一种企业形式，在设立机制、治理结构、分配方式、股东身份及人数限制等方面与有限责任公司、股份有限公司存在较大的差异，股东享有的股东权利属性及范围也有所不同。《公司法》第一百八十二条规定了当公司出现僵局时，股东有申请解散公司的权利，其权利行使的条件、方式及范围均有法律规范的明确规定，而《公司法》并未将股份合作制企业纳入调整范畴。本案中，根据查明的事实，北京某企业的性质为集体所有制（股份合作），并非《公司法》中所指向的有限责任公司和股份有限公司，不属于《公司法》调整的对象。因此，处理本案纠纷不能直接适用《公司法》的规定。原告直接依据《公司法》的规定请求解散北京某企业，缺乏法律依据，一审法院不予采纳。

本案中，北京某企业章程第二十二条和第二十四条明确约定了企业解散的决议机关及表决程序。该章程作为全体发起人就企业的设立与经营管理达成的协议，作为企业成立的基础，是企业的组织准则与行为准则，对全体发起人、股东、监事以及高级管理人员具有约束力。因此，北京某企业的权力机构就企业解散未能作出决议或其他股东均不同意解散的前提下，原告请求解散北京某企业的主张，缺乏事实和法律依据，一审法院不予支持。

综上所述，一审法院依据《中华人民共和国民事诉讼法》第六十四条第一款，《最高人民法院关于适用〈中华人民共和国民事诉讼法〉的解释》第九十条之规定，判决如下：

驳回原告占1的诉讼请求。

占1不服一审判决，向北京市第一中级人民法院提出上诉。

二审法院与一审法院的意见基本一致，判决如下：

驳回上诉，维持原判。

## 【法官后语】

股份合作企业是指以合作制为基础，由企业职工共同出资入股，吸收一定比例的社会资产投资组建，实行自主经营、自负盈亏、共同劳动、民主管理、按劳分配与按股分红相结合的一种集体经济组织。其不仅是我国经济体制改革下的产物，更是我国特定历史条件下的一种企业形式，属于向公司制发展的一种过渡形式。时至今日，在我国市场经济主体中，股份合作企业仍占有一定比例，发挥着一般市场主体的作用。但当股份合作制企业内部产生纠纷时，却存在亟待注意的法律问题。

一、股份合作制企业解散案件不能直接适用《公司法》处理

股份合作制企业的主要特征包括：一是实行劳动合作。股份合作制企业，体现职工共同劳动、共同占有和使用生产资料、利益共享、风险共担的原则，因而具备合作制的基本特征。二是体现资本联合。股份合作制企业吸收股份制企业的

一些做法，职工在自愿的基础上投资入股。企业实行职工全员入股，对股东持有的股份额有较为严格的限定。三是推行民主管理。股份合作制企业内部，实行职工股东大会制度。股份合作制企业可以设立董事会、监事会，由职工股东大会选举产生，对股东大会负责。合作民主与股份民主的兼容性，是股份合作制企业的重要特征。四是双重分配形式。股份合作制企业实行按劳分配与按资分配。分配形式上，既不同于按劳分配的合作制企业，也不同于按资分配的股份制企业，而是两者兼而有之。

通过上述特征不难看出，股份合作制企业在设立机制、治理结构、分配方式、股东身份及人数限制等方面与有限责任公司、股份有限公司存在较大差异，股东享有的股东权利属性及范围也有所不同。从民法典的角度上来说，股份合作制企业属于营利性法人，作为民事主体，其可以享有权利、承担义务，但根据《公司法》第二条之规定，并未将股份合作制企业纳入调整范畴，也就从根本上决定了股份合作制企业若产生内部纠纷，则无法直接适用《公司法》。本案中，某企业的性质为集体所有制（股份合作），并非《公司法》中所指向的有限责任公司和股份有限公司，不属于《公司法》调整的对象。因此，处理本案纠纷不能直接适用《公司法》的规定，原告主张依据《公司法》处理企业内部纠纷，明显缺乏法律依据。

二、关于股份合作制企业解散纠纷案件适用的法律规范

股份合作制企业不适用公司法。但国家尚未制定有关股份合作制企业的专门法律法规。到目前为止，能够直接适用股份合作制企业的规范性文件有《关于发展城市股份合作制企业的指导意见》《关于规范国有企业改制工作的意见》《劳动就业服务企业实行股份合作制规定》和《最高人民法院关于审理与企业改制相关的民事纠纷案件若干问题的规定》等规范文件。根据民商事法律适用原则，公民活动必须遵守法律，没有法律规定的，应当遵守国家政策。国家体改委《关于发展城市股份合作制企业的指导意见》规定：股份合作制企业必须制定章程，章程经出资人同意、职工股东大会批准，对出资人、职工股东大会、董事会、监事会、总经理等具有约束力。企业章程是企业全体股东依法制定的

对企业、股东、董事、监事、高级管理人员具有约束力的自治性文件，是企业内部管理的基本依据，也是企业运行的重要基础。因此，在处理股份合作制企业有关纠纷时，应依据民事法律的基本规定、有关股份合作制企业改制的规范性文件和企业章程处理。

本案中，北京某企业章程第二十二条和第二十四条明确约定了企业解散的决议机关、表决程序以及股东的权利和义务等内容。北京某企业的章程作为全体发起人就企业的设立与经营管理达成的协议，作为企业成立的基础，是企业的组织准则与行为准则，对全体发起人、股东、监事以及高级管理人员具有约束力。股份合作制企业的章程作为企业的自治法规，是规范、管理企业对内、对外活动的依据。因此，北京某企业的章程是企业治理及有关纠纷裁判规范的直接依据，在企业章程对解散的权力机构及表决程序、股东的权利义务等作出明确规定的情况下，应优先遵从并适用章程的规定处理。对于企业章程没有规定的内容，则应依据其他相关规定处理。

三、关于股份合作制企业解散是否可以参照适用《公司法》

股份合作制企业作为营利性法人，在其内部必然会出现经营僵局的可能，而在无法通过章程予以解决相关问题时，势必要通过法律的途径，以保障企业继续经营或退出市场。根据《中华人民共和国民法典》第十条规定，处理民事纠纷，应当依照法律；法律没有规定的，可以适用习惯，但是不得违背公序良俗。此处的法律是指广义的法律，包括法律、行政法规、地方性法规、单行条例等，这里的习惯包括商事习惯在内，均可作为裁判或说理的依据。上述规定便为参照《公司法》解决相应问题提供了可能。

2006年6月20日上海市高院发布了《关于审理与股份合作制企业相关的公司纠纷案件若干问题的解答》，其中第一条规定，在审理与股份合作制企业相关的公司案件时，应当依据股份合作制企业的章程，并参照国家体改委指导意见和市政府暂行办法的相关规定进行裁判。鉴于国家体改委指导意见和市政府暂行办法不属于法律和行政法规，故在法院的裁判文书中，不能作为裁判依据直接引用。对企业章程、国家体改委指导意见和市政府暂行办法未作规定的，法院在审理中可参照最相类似的法律、法规的规定予以处理，但在裁判文书中也不能直接引用。由此，在企业章程及有关规范性文件均未有规定的前提下，通过借鉴上海市高院的有关意见，可参照适用《公司法》的相关规定处理。但是，股份合作制既然只是一种过渡形式，一方面在制度上应尽快完善；另一方面在条件成熟时，应依照《公司法》的规范改制为公司，这样才能有利于从根本上理顺产权关系，改善公司的治理结构，提高企业的经济效益。

需要特别说明的是，在本案中，参照《公司法》的精神，对原告的诉求，进行了析理，但原告的相关主张并不能成立。

四、股份合作制企业解散所需要注意的其他问题

股份合作制企业一旦出现僵局，需要通过解散方式退出市场的，其解散退出机制，与有限公司、股份公司解散退出机制存在明显不同，例如，企业解散离不开职工（代表）大会。以《北京市城镇企业实行股份合作制办法》（以下简称《北京市办法》）为例，其中规定，企业实行股东大会和职工（代表）大会合一的制度，股东大会和职工（代表）大会是企业的权力机构。涉及企业合并、分立、解散等事宜，需要经过股东大会与职工（代表）大会的双重通过。毫无疑问，这是由股份合作制企业的根本性质所决定的。反观公司制企业，一般只需要通过股东（大）会决议即可。鉴于职工（代表）大会的特殊地位，在审理股份制企业解散案件时，绝不能只考虑各方股东的意见，还需要考虑职工（代表）大会的意见。而在实践中，部分企业的职工（代表）大会等并不完备，甚至从未选举过职工代表、从未召开过职工（代表）大会。这也对司法实践形成极大挑战。再如，解散或需主管部门审批。同样以《北京市办法》为例，其中规定，股份合作制企业的成立，需要得到相关部门的审批后，方可以进行设立。虽然在《北京市办法》中，并没有明确规定股份合作制企业解散时，需要经过主管部门的审批，但从设立与退出相对应的角度上不难看出，设立既然需要主管部门的审批，那么退出必然亦需要主管部门的审批；同时，股份合作制企业涉及大量国有股、集体股的问题。因此，是否具有主管部门的审批，或是在司法实践中，需要考量的因素。此外，需要充分保障职工利

益。股份合作制企业中的很多职工，存在双重身份，既是企业股东，又是企业职工。职工持股的情况、比例，可能都要高于一般公司制的企业。一旦出现经营僵局，企业难以为继，若职工利益得不到保障，或成为企业退出市场的“绊脚石”。

编写人：北京市石景山区人民法院 车玉龙 张英周

51

# 债权人就债务人或第三人于诉中提供保全担保的特定财产不享有担保物权

——陈 1 诉科技公司别除权案

## 【案件基本信息】

1. 裁判书字号

江苏省南通市中级人民法院（2020）苏 06 民终 2977 号民事判决书

2. 案由：别除权纠纷

3. 当事人

原告（上诉人）：陈 1

被告（被上诉人）：科技公司

## 【基本案情】

2014 年 8 月，江苏省启东市人民法院受理了陈 1 诉南通置业公司、建筑安装公司、启东置业公司、建设公司（后更名为中 1 建设公司）民间借贷纠纷一案。审理中，根据陈 1 申请，法院裁定冻结建设公司名下存款 760 万元，并具体冻结了其两个银行账户。后建设公司向法院书面申请解除对其银行账户的保全措施。与此同时，科技公司向法院出具《担保书》，同意以其公司在启东市某村的国有土地使用权及地上14431.4平方米在建工程为建设公司提供保全担保以求法院解除对建设公司账户的冻结。后法院解除了对建设公司账户的冻结，并依法查封了科技公司位于某村的国有土地使用权及地上14431.4平方米在建工程（查封价值为760万元）。

江苏省启东市人民法院于2016年6月13日（原一、二审后发回重审）作出（2015）启商重初字第00004号民事判决，判令：1. 南通置业公司归还陈1借款658万元及该款自2012年6月29日起至实际还款之日止按月利率2%计算的利息；2. 中1建设公司、建筑安装公司、启东置业公司对南通置业公司的上述债务承担连带清偿责任。该判决生效后，陈1向法院申请执行，并要求对科技公司的案涉国有土地使用权及在建工程进行拍卖、变卖。法院启动拍卖变卖程序后，因无人竞拍而流拍。在执行中，法院又于2019年5月27日裁定受理科技公司的破产清算。陈1于是向该公司管理人申报债权，后被确认为760万元的普通债权。其对金额无异议，但认为债权性质应为抵押债权，遂向管理人提出书面异议。但管理人书面答复称其债权性质为普通债权，虽属担保债权，但并不满足抵押权的构成要件，且即使构成抵押权，也未办理登记，抵押没有生效。因双方分歧较大，陈1将科技公司诉至法院，诉请确认案涉760万元债权为抵押优先债权。

**【案件焦点】**

陈1对科技公司于诉中为建设公司提供保全担保的国有土地使用权及地上14431.4平方米在建工程能否享有担保物权，进而能否优先受偿。

**【法院裁判要旨】**

江苏省启东市人民法院经审理认为：陈1不属别除权人，对科技公司的案涉财产不享有抵押权，不能就其760万元债权在该财产范围优先受偿。

首先，《中华人民共和国民事诉讼法》第一百零四条规定，被申请人提供担保的，人民法院应当裁定解除保全。可见财产保全担保应为财产保全的一种替代措施，是发生在民事诉讼中并经法院审查的诉讼行为。其功能和目的同样为保障将来判决的执行，仅具程序法属性，与实体法中经民事法律行为产生的民事担保有着本质区别。

其次，享有优先受偿权须由法律明确规定。申请财产保全并不会在执行程序中取得优先受偿的效果。本案中，法院准许变更了财产保全标的物，查封了科技公司的案涉财产并经协助执行单位登记，但该查封登记，不产生担保物权效力。

最后，根据法律规定，设立抵押权，应当签订书面抵押合同，以正在建造的建筑物或建设用地使用权等财产抵押的，还应当办理抵押登记，抵押权自登记时设立。本案中，科技公司并未就提供保全担保的案涉财产，与陈 1 办理抵押登记手续，抵押权未设立。

江苏省启东市人民法院依照《中华人民共和国物权法》第一百八十条、第一百八十五条、第一百八十七条，《中华人民共和国企业破产法》第一百零九条，《最高人民法院关于适用〈中华人民共和国民事诉讼法〉的解释》第一百五十七条，《最高人民法院关于人民法院执行担保若干问题的规定》第七条的规定，判决如下：

驳回原告陈 1 的诉讼请求。

陈 1 不服一审判决，向江苏省南通市中级人民法院提起上诉。

江苏省南通市中级人民法院经审理认为，科技公司在本案中提供担保的行为属司法程序中的担保，区别于民事关系中的担保行为，且未履行担保物权法定的公示程序，债权人并不据此当然享有优先受偿权。陈 1 对案外人建设公司的债权为普通债权，现基于科技公司为建设公司提供的解除保全的财产担保，要求确认对该财产享有担保物权，缺乏事实与法律依据，不应予以支持。

江苏省南通市中级人民法院依照《中华人民共和国民事诉讼法》第一百七十条第一款第（一）项的规定，判决如下：

驳回上诉，维持原判。

## 【法官后语】

民事诉讼中，申请财产保全以保障将来裁决的可执行乃常见诉讼行为。在保全对象为银行账户时，被保全人为减轻保全行为对其正常生产经营或信贷活动造成的不利影响，多会通过另行提供等额财产担保以换取法院解除对其相应账户的冻结。这既包括以其自身财产提供保全担保，也包括第三人以其特定财产提供的保全担保。在此情形下，申请保全人（债权人）能否在将来胜诉进入执行程序或在可能出现的破产程序中对提供保全担保的特定财产主张享有担保物权，进而优先受偿？本案的争议焦点即为陈1是否对科技公司为建设公司所涉诉讼提供的特定财产保全担保享有抵押权，并在科技公司的破产程序中成为别除权人，就申报并认定的债权数额对该特定财产优先受偿。这一问题的解决既关系到陈1对科技公司的债权能否优先于其他普通破产债权人，更关系到破产程序中对该公司所有债权人的公平清偿。要厘清这一问题，可从三个方面予以考察：

一、陈1对建设公司的债权性质

根据查明的事实，可以看出陈1对建设公司的债权确认于民间借贷纠纷的生效判决。溯及债权债务关系发生的原因行为而分析，其应为普通顺位债权，并无相应担保物对债权进行担保。因此，在民事诉讼过程中，科技公司为促成法院解除对建设公司账户的冻结而提供相应土地使用权及地上在建工程进行的保全担保，不应成为陈1享有债权的性质转化为具有担保物权内容债权的催化剂，否则根本不符合建设公司、科技公司在当时的真实意思表示，也有违公平原则。

二、科技公司诉讼中提供特定财产担保的性质

显然，科技公司为建设公司在他案诉讼中的账户解保而提供的特定财产担保系司法程序中的保全担保。其实际系对原建设公司保全措施的替代方式。一方面是为促成法院解除对建设公司账户的冻结，另一方面仍然系为保障胜诉人债权将来的可执行性。所变化的只是被保全的主体及财产的形态。这与民事活动中，为担保债权的实现，根据当事人的约定，由债务人或第三人提供特定的物或者权利作为标的物而设定的抵押权、质权、留置权等担保物权具有明显的性质与目的之别。

三、科技公司诉讼中提供的特定财产担保是否履行了法定的物权公示手续

陈1诉请要求确认其申报并被确认的对科技公司的760万元债权为抵押债

权。但根据2021年1月1日前施行的《中华人民共和国物权法》《中华人民共和国担保法》及现行《中华人民共和国民法典》物权编、合同编的相应规定，担保物权的设立应当根据物的种类和性质履行相应的公示手续。对于案涉国有土地使用权及地上在建工程，按照规定，各方应当向国土、房管等负责单位办理抵押登记手续，以产生抵押权设立的法律效力。显然，案涉财产仅由法院裁定并交相应协助单位履行了查封登记手续。其虽然亦有一定的公示意义，根据物权变动区分原则，其仅为限制后续物权变动的结果，并不产生优先受偿的法律效力。

综上，一、二审法院不予确认陈1对破产人科技公司的案涉财产享有抵押权具有法律与事实依据。

编写人：江苏省启东市人民法院　王同武

52

# 公司破产程序中违反配合清算义务的有关人员不对公司债务承担连带清偿责任

——王1诉实业总公司、沈1股东损害公司债权人利益责任案

**【案件基本信息】**

1. 裁判书字号

北京市第二中级人民法院（2020）京02民终1067号民事判决书

2. 案由：股东损害公司债权人利益责任纠纷

3. 当事人

原告（被上诉人）：王1

被告（上诉人）：实业总公司

被告：沈1

**【基本案情】**

实业总公司系开发咨询公司的股东，沈1为开发咨询公司法定代表人、董事长、总经理。开发咨询公司在2001年至2003年向王1借款本金220万元，并出具借据及还款说明。2010年4月2日，案外人祥门商贸以开发咨询公司无力清偿到期债务且存在恶意逃避债务的可能为由，向北京市第一中级人民法院（以下简称一中院）申请对开发咨询公司进行破产清算。2012年12月7日，一中院作出民事裁定书，宣告开发咨询公司破产。同月18日，一中院作出民事裁定，以开发咨询公司的财产不足以清偿破产费用为由，终结开发咨询公司破产清算程序。

王1于2014年向北京市丰台区人民法院（以下简称一审法院）提起本案诉讼，主张实业总公司、沈1不履行法定的破产清算义务，不提供账簿、证照、公章、资产、文件等材料，导致破产清算工作无法进行而被终结，依据《最高人民法院关于适用〈中华人民共和国公司法〉若干问题的规定（二）》（以下简称《公司法解释二》）第十八条的规定，要求实业总公司、沈1对开发咨询公司所欠王1的借款本金220万元、利息201.183万元承担连带清偿责任。

**【案件焦点】**

本案能否适用《公司法解释二》第十八条判令在开发咨询公司破产程序中违反配合清算义务的股东实业总公司、实际控制人沈1对该公司的债务承担连带清偿责任。

**【法院裁判要旨】**

北京市丰台区人民法院经审理认为：王1对开发咨询公司的债权依法形成。根据《公司法解释二》第十八条第二款的规定，有限责任公司的股东、股份有限公司的董事和控股股东因怠于履行义务，导致公司主要财产、账册、重要文件等灭失，无法进行清算，债权人主张其对公司债务承担连带清偿责任的，人民法院应依法予以支持。上述情形系实际控制人原因造成，债权人主张实际控制人对公司债务承担相应民事责任的，人民法院应依法予以支持。沈 1 作为开发咨询公司的法定代表人、董事长、总经理，其在开发咨询公司的部分年检报告中写明其本人是外方投资者，并且在实业总公司接收开发咨询公司公章之后，沈 1 仍持有开发咨询公司另一枚公章，为公司办理年检，指派律师参与诉讼，可以认定其为开发咨询公司的实际控制人。实业总公司作为开发咨询公司的股东，沈 1 作为实际控制人，应当对开发咨询公司的债务承担连带清偿责任。一审法院判决如下：

实业总公司、沈 1 对开发咨询公司所欠王 1 的 4211830 元债务承担连带清偿责任，于判决生效之日起十日内给付。

实业总公司不服一审判决，向北京市第二中级人民法院（以下简称二审法院）提起上诉。二审法院认为：首先，《公司法解释二》第十八条相关主体承担责任的前提是《中华人民共和国公司法》（以下简称《公司法》）规定的负有清算义务的人以及公司资产大于负债的情况。与《中华人民共和国企业破产法》（2006 年版）（以下简称《企业破产法》）规定的破产清算不同，破产清算的原因是不能清偿到期债务，并且资产不足以清偿全部债务或者明显缺乏清偿能力。根据查明的事实，一中院于 2012 年 12 月 18 日裁定终结开发咨询公司的破产清算申请。因此，一审判决适用《公司法解释二》第十八条的规定处理本案，属于适用法律错误，本院予以纠正。其次，如果王 1 认为有关主体的行为给开发咨询公司债权人的利益造成损害，也应当首先由管理人请求相关主体承担相应损害赔偿责任并将因此获得的赔偿归于债务人财产。只有管理人未主张相应赔偿时，个别债权人才可以代表全体债权人提起相应诉讼，但因此获得的赔偿仍应归于债务人财产，而不应直接归于个别债权人。王 1 直接提起诉讼，要求实业总公司、沈 1 对开发咨询公司欠付王 1 的债务承担连带清偿责任，缺乏法律依据。二审法院判决如下：

一、撤销北京市丰台区人民法院民事判决；

二、驳回王 1 的诉讼请求。

## 【法官后语】

公司法人享有独立地位，股东以承担有限责任为原则。股东直接对公司债务承担责任属于例外情形，应具有明确的法律规定。《公司法解释二》第十八条关于有限责任公司股东及相关人员（如法定代表人、实际控制人）对公司债务承担连带清偿责任的规定，在实践中经常被扩大适用。本案裁判对于在公司破产清算情况下，能否适用该条判定相关人员对公司债务承担连带清偿责任具有指导意义。

本案中，关于开发咨询公司的股东实业总公司、实际控制人沈1对该公司的债务是否应承担连带清偿责任问题，一审法院依据《公司法解释二》第十八条支持原告王1的请求。二审法院认为该条规定不应适用于本案。二审裁判的观点与2019年《全国法院民商事审判工作会议纪要》（以下简称《纪要》）的精神一致。笔者同意二审法院的观点，具体分析如下：

一、公司破产清算与公司非破产清算的区别

公司清算可分为破产清算与非破产清算两大类型，二者具有本质的不同，主要表现在以下三个方面：

第一，破产清算发生在公司不能清偿到期债务而被依法宣告破产的情形。非破产清算是发生在公司依法解散的情形，包括公司章程规定的营业期限届满或者其他解散事由出现、股东会或者股东大会决议解散、公司依法被吊销营业执照、责令关闭或者被撤销等情形，不以公司财产不足以清偿全部债务为条件。

第二，破产清算的目的是在多个债权人的债务无法获得足额清偿的情况下保障债权人得到公平的清偿。非破产清偿的目的是处理解散公司的有关事务，消灭公司法人资格，是在公司财产足以清偿债务情况下的清算程序，并不存在公平清偿的问题，因为一旦发现公司财产不足以清偿债务，即需转入破产清算程序。

第三，破产清算按照企业破产法规定的程序，在法院主持下进行；非破产清算按照公司法规定的程序进行，无须法院主持。由于破产程序在法院的主持下进行，以保障债权的公平清偿为目的，所以比非破产清算的强制性色彩更加突出。

二、在破产清算与非破产清算中公司有关人员违反配合清算义务的责任区别

破产清算与非破产清算之间的上述区别，决定二者在遇到相关人员违反配合清算义务情况下处理方式不同。如上所述，破产清算的目的是在债务人财产不足以清偿全部债务的情况下，保障破产财产在多数债权人之间进行公平的分配，因此，《企业破产法》对于有关人员不配合清算的行为是采取强制措施予以制裁，从而保证破产程序的顺利进行和破产目的的实现。《企业破产法》第一百二十六条、第一百二十七条规定的相关人员不履行提供财产状况说明、账册等配合清算义务的法律责任是，法院可以依法拘传、罚款，而未规定债权人承担民事责任。

《公司法解释二》第十八条确定的相关主体的责任，来自《公司法》明确规定的清算义务以及公司资产大于负债的前提假设，即债权人本来可以在公司解散后通过清算获得足额清偿，但由于相关主体未依法及时履行清算义务而导致债权损失，故根据侵权责任理论和构成，债权人可以向负有清算义务的主体要求其承担赔偿责任。

破产清算与非破产清算在遇到相关人员违反配合清算义务情况下处理方式的不同，就意味着相关人员在两种清算程序中承担的责任不同：前者是被拘传、罚款，后者是承担赔偿责任。正因如此，《纪要》第一百一十八条第二款明确规定，不得根据《公司法解释二》第十八条第二款的规定来判定破产企业相关人员应承担的责任。本案中，开发咨询公司系经破产清算程序终结，王1主张适用《公司法解释二》第十八条判决实业总公司、沈1对开发咨询公司债务承担连带清偿责任，于法无据。故二审法院予以改判，是正确的。

编写人：北京市高级人民法院　田燕

53

# 代位债权向破产企业股东主张人格混同责任的路径

## ——李1诉房地产开发公司1债权人代位权案

**【案件基本信息】**

1. 裁判书字号

云南省昆明市中级人民法院（2020）云01民终7449号民事裁定书

2. 案由：债权人代位权纠纷

3. 当事人

原告（上诉人）：李1

被告（被上诉人）：房地产开发公司1

第三人：李2、房地产开发公司2

**【基本案情】**

李1与李2因民间借贷纠纷，曾向云南省昆明市中级人民法院（以下简称昆明中院）提起诉讼，调解书生效后李2未履行调解书确定的义务。房地产开发公司2系房地产开发公司1的全资子公司，根据最高人民法院作出的（2018）最高法民申117号民事裁定书、云南省高级人民法院作出的（2017）云民终585号二审民事判决书确认房地产开发公司1作为房地产开发公司2的唯一股东，无法举证证明其与房地产开发公司2财产独立，应当对房地产开发公司2的债务承担连带责任。云南省昆明市盘龙区人民法院（以下简称盘龙法院）于2018年9月17日裁定受理房地产开发公司2破产重整一案，于2019年10月25日裁定批准房地产开发公司2重整计划，终止房地产开发公司2重整程序。李2作为房地产开发公司2的债权人，在2013年分两次向房地产开发公司2共出借 1300 万元，房地产开发公司 2 破产时，李 2 在房地产开发公司 2 破产程序中向管理人申报了债权，李 2 申报的债权经债权人会议核查后，确认其享有对房地产开发公司 2 约 1.41 亿元的债权，李 2 的债权依照重整计划在重整执行期进行清偿。2018 年 11 月 14 日，李 1 向云南省曲靖市中级人民法院提起诉讼，主张李 2 怠于行使对房地产开发公司 2 的债权损害其合法利益，要求房地产开发公司 2 的股东房地产开发公司 1 对其债务承担清偿责任。云南省曲靖市中级人民法院以该案涉及破产专属管辖为由将案件移送盘龙法院进行审理。

【案件焦点】

在房地产开发公司 2 破产的情况下，李 2 以债权人代位权的方式提出的直接要求次债务人即破产企业的股东房地产开发公司 1 承担法人人格混同责任的诉讼是否符合民事诉讼受案条件。

【法院裁判要旨】

云南省昆明市盘龙区人民法院经审理认为：本案中，原告依据《中华人民共和国合同法》第七十三条规定提起诉讼，故本案系债权人代位权纠纷。原告李 1 以次债务人房地产开发公司 2 的股东房地产开发公司 1 与次债务人法人人格严重混同为由，作为债权人代位债务人李 2 主张次债务人房地产开发公司 2 的股东，直接向其偿还次债务人对债务人李 2 所负债务。首先，代位权的前提是债务人怠于行使其到期债权，但本案中，债务人李 2 已经在房地产开发公司 2 破产重整程序中申报了债权，经债权人会议核查确认了其享有的债权，该债权在《重整计划》中明确了清偿方案，即债务人李 2 未怠于行使其到期债权，原告主张代位权的前提不存在。其次，依据《中华人民共和国企业破产法》第四十四条，《最高人民法院关于适用〈中华人民共和国企业破产法〉若干问题的规定（二）》第二十一条、第二十三条规定，2018 年 9 月 17 日次债务人房地产开发公司 2 进入破产重整程序，法院受理破产申请时对次债务人享有债权的债权人，应当依照企业破产法规定的程序行使权利。如果次债务人的股东与次债务人法人人格严重混同，应当在破产程序中解决法人人格混同问题，在破产程序中保护债权人的权利，而不是单独提起诉讼，破产申请受理后债权人以次债务人的股东与次债务人法人人格严重混同为由提起的诉讼法院应不予受理。现房地产开发公司 2 的债权债务已经核查，重整计划明确了债权的清偿方式，破产重整程序已经终止。本案中，债权人在破产重整程序中未依照企业破产法的规定主张权利，现破产重整程序已经终止，债权人无权再以法人人格混同为由主张权利。综上，原告无权向被告主张权利，其起诉应当予以驳回。一审法院裁定如下：驳回原告李 1 的起诉。案件受理费 99800 元，依法退还给原告李 1。

一审宣判后，原告李 1 提起上诉。云南省昆明市中级人民法院经审理后裁定：驳回上诉，维持原裁定。

【法官后语】

本案涉及代位权诉讼在破产规则体系下的行使问题，即破产企业系次债务人时，债权人如何在破产程序中正确行使自身权利从而保障自身权益。与此同时，从法律关系及诉讼路径来看，本案又涉及破产程序中代位权行使不同层面的问题，即一是当次债务人进入破产程序后债权人如何行使代位权的问题，二是基于代位诉讼的前提下如何向与次债务人人格混同的主体主张相关权利的问题。

一、当次债务人进入破产程序后债权人如何行使代位权的问题

就第一个层面的问题而言，当作为次债务人的企业进入破产后，债务人应当依照法律规定依法向管理人申报债权，在债务人按照破产规则依法申报债权的情况下，其可依据后续的破产程序依法实现债权，此时因债务人并不存在怠于行使其到期债权并对债权人造成损害，故债权人此时不能直接向作为次债务人的破产企业以诉讼或申报债权的方式主张相关权利，其债权的实现可以通过保全债务人、次债务人处的债权分配款项从而实现。但在债务人、次债务人的破产程序中怠于申报债权且明显损害债权人利益的情况下，债权人能否直接提起诉讼要求作为次债务人的企业清偿债务则又涉及特殊规则的约束。

根据《全国法院民商事审判工作会议纪要》第一百一十条之规定，人民法

院受理破产申请后债权人新提起的要求债务人清偿的民事诉讼，人民法院不予受理，同时告知债权人应当向管理人申报债权，对申报债权后记载的债权表有异议的，则可提起破产债权确认之诉。故当债务人怠于申报债权并对债权人造成损害时，如债权人直接提起代位权诉讼要求作为次债务人的破产企业清偿，则会面临法院不予受理的境地，而此时债权人要基于代位权关系向管理人申报债权，又因其并非合同相对方，可能面临管理人不予接受申报的尴尬处境，在民法典颁布实施之前，该问题的解决并无明确的法律法规支撑，审判实践中也通常系由法院在破产程序中协调管理人按照代位权的基本原则进行处理。而民法典实施后，对于代位权诉讼与破产程序的衔接问题有了进一步的明确，根据《中华人民共和国民法典》第五百三十六条规定，债权人的债权到期前，债务人的债权或者与该债权有关的从权利存在诉讼时效期间即将届满或者未及时申报破产债权等情形，影响债权人的债权实现的，债权人可以代位向债务人的相对人请求其向债务人履行、向破产管理人申报或者作出其他必要的行为。该规定明确了债权人的债权在到期前如因债务人特定行为，可能导致符合代位权情形的，如债务人怠于申报债权时，债权人可以直接向管理人申报，该规定直接解决了债权人在债务人怠于向次债务人申报债权时的后顾之忧，明确了具体的行权方式，并且对于债权人未到期债权均能适用，那已到期且符合代位权要件的债权理所当然可按照此方式进行处理，故民法典第五百三十六条的规定从实践层面弥补了之前法律体系中对于该问题解决方式的不足，为债权人指明了权利实现的路径。

二、基于代位诉讼的前提下如何向与次债务人人格混同的主体主张相关权利

就第二个层面的问题而言，当债权人依照前述方式基于代位权关系申报债权并作为破产企业债权人时，如认为股东与企业存在法人人格混同应当对债权人的债权承担连带责任的，应当依照《最高人民法院关于适用〈中华人民共和国企业破产法〉若干问题的解释（二）》第二十三条规定通过债权人会议或者债权人委员会，要求管理人依法向股东追收财产，或以债权人身份代表全体债

权人提起相关诉讼要求向破产企业进行清偿，抑或是依法申请合并破产的，从而解决破产企业与其股东之间财产混同的状态。企业进入破产程序后，应追收财产或基于混同产生的返还责任均属于破产企业财产，应当用于清偿全体债权人，该方式实际上系从源头上杜绝了破产受理后的个别清偿现象，是企业破产法公平原则的具体体现。

本案中，在房地产开发公司 2 破产程序中无论是李 1 还是李 2 均未向房地产开发公司 1 主张过相关权利，亦未通过债权人会议或者债权人委员会要求管理人对房地产开发公司 2 与房地产开发公司 1 之间基于混同的相关责任进行追究，同时也未就其主张的混同状态申请合并破产，故李 1 不能再以单独诉讼的方式主张单独清偿债务。

编写人：云南省昆明市中级人民法院　张彬

54

## 破产程序终结后个别债权人能否要求债务人相关主体对公司债务承担连带清偿责任

——商贸公司诉周 1 等股东损害公司债权人利益责任案

**【案件基本信息】**

1. 裁判书字号

北京市平谷区人民法院（2020）京 0117 民初 1969 号民事判决书

2. 案由：股东损害公司债权人利益责任纠纷

3. 当事人

原告：商贸公司

被告：周 1、宋 1、宋 2

【基本案情】

周1系房地产公司股东及法定代表人，宋1系房地产公司股东及监事，宋2系房地产公司经理。

商贸公司与房地产公司债权纠纷案件，北京市平谷区人民法院作出(2010)平民初字第05564号民事判决书，判决由房地产公司给付商贸公司欠款2079600元并支付利息。判决生效后，房地产公司未履行，商贸公司依法申请强制执行。在执行过程中，因房地产公司无任何可供执行的财产，北京市平谷区人民法院裁定终结本次执行程序。2017年9月13日，商贸公司以债权人身份申请对房地产公司进行破产清算，并垫付破产费。北京市平谷区人民法院于2017年12月4日裁定受理了商贸公司对房地产公司提出的破产申请。在破产清算过程中，房地产公司的法定代表人、出资人及相关管理人员下落不明，会计账簿、交易资料灭失，导致无法清算，经房地产公司管理人调查未发现财产，故2019年7月25日，商贸公司管理人员向法院申请终结房地产公司的破产清算程序。2019年7月31日，北京市平谷区人民法院作出（2018）京0117破3号民事裁定书，以房地产公司无财产可供分配为由，宣告房地产公司破产，并终结房地产公司破产程序。商贸公司认为，妥善保管公司的主要财产、账册、重要文件等资料并积极配合清算工作是有限责任公司的股东、法定代表人、财务管理人员以及其他经营管理人员的法定义务。三被告不配合清算的行为导致房地产公司财产状况不明，致使管理人员无法执行清算职务，给商贸公司利益造成损害。在破产清算过程中，房地产公司管理人员未请求上述主体承担相应的损害赔偿责任，依据相关规定，商贸公司作为房地产公司的债权人诉至法院，请求法院判令：1. 三被告连带给付商贸公司对房地产公司享有的债权2101318元及利息；2. 判令三被告连带给付商贸公司对房地产公司享有债权的相应迟延履行期间的债务利息。

【案件焦点】

破产程序终结后，个别债权人能否要求债务人相关主体对公司债务承担连带清偿责任。

【法院裁判要旨】

北京市平谷区人民法院经审理认为：首先，《最高人民法院关于债权人对人员下落不明或者财产状况不清的债务人申请破产清算案件如何处理的批复》（以下简称《批复》）主要是解决债权人对人员下落不明或者财产状况不清的债务人申请破产清算的案件，是否应当受理及受理后如何审理的问题。该批复第三款规定的法定义务，系指债务人的有关人员未履行配合清算义务的行为，或者负有清算责任的人未依照《中华人民共和国企业破产法》第七条第三款的规定及时履行破产申请义务。在适用该批复第三款的规定判定债务人相关人员承担责任时，应当按照企业破产法的相关规定来确定相关主体的义务内容和责任范围，不得根据《最高人民法院关于适用〈中华人民共和国公司法〉若干问题的规定（二）》（以下简称《公司法司法解释（二）》）第十八条第二款的规定来判定相关主体的责任。其次，由于无法清算并非企业破产法规定的破产程序终结原因，而破产程序本身具有彻底清理债务人债权债务的功能，且破产制度还设立了管理人负责财产追收等破产事务管理，故“导致无法清算或者造成损失”系指相关人员的行为导致债务人主要财产、账册、重要文件等灭失，致使管理人无法执行清算职务，给债权人的债权造成损害。最后，由于相关主体不配合清算导致的债务人财产灭失，损失理论上属于债务人破产财产，应当由管理人依法追回后分配给全体债权人，不应在法院裁定终结破产程序后，由债权人个别进行追偿并用于清偿其自身债权，而是应由管理人请求上述主体承担相应损害赔偿责任并将因此获得的赔偿归入债务人财产，或者在管理人未主张上述赔偿的情况下由个别债权人代表全体债权人提起上述诉讼，并将因此获得的赔偿归入债务人财产。综上，在破产程序终结后，个别债权人再行提起诉讼，既有悖于破产程序终局、不可逆的宗旨，亦有悖于债权债务集体清偿的理念。故此，商贸公司作为债权人，在债务人房地产公司因无财产可供分配裁定破产程序终结后，以三被告不配合清算为由要求其对商贸公司享有的债权承担连带清偿责任的诉讼请求，本院不予支持。

北京市平谷区人民法院依照《中华人民共和国企业破产法》第十五条，

《中华人民共和国公司法》第二十条、第二十一条之规定，作出如下判决：

驳回商贸公司的诉讼请求。

【法官后语】

企业进入破产程序后，相关人员下落不明，破产管理人无法接管企业财产、印章、账簿和文书等资料的情况较为常见。此时，破产清算程序因清算材料的缺失无法正常进行，人民法院以企业人员、账册下落不明，财产状况不清为由，裁定终结破产程序。在未经清算而予破产程序终结的情形下，债权人通常无法得到清偿，对此，《批复》第三款规定，企业相关人员的行为导致无法清算或者造成损失，有关权利人起诉请求其承担相应民事责任的，人民法院应依法予以支持。

实践中，个别债权人为寻求自身债权的实现，在破产程序终结后提起诉讼，以违反破产申请或配合义务为由，要求企业相关人员对企业债务承担连带清偿责任的案件日益增多。但《批复》第三款所涉“债务人的有关人员”主体范围、“法定义务”的内容、“相应责任”的性质及追责方式等这些问题，在司法实践中存在分歧，裁判尺度不够统一。一种观点认为：企业相关人员违反《中华人民共和国企业破产法》第十五条规定的配合清算义务，导致无法清算或造成损失，依照《公司法司法解释（二）》第十八条第二款规定判定相关主体的责任。另一种观点认为：破产清算制度区别于公司解散清算制度，不适用《公司法司法解释（二）》第十八条第二款规定。具体的裁判观点又分为：(1) 破产程序终结后，不应由个别债权人向企业相关人员进行追偿并用于清偿自身债权，否则将造成个别清偿后果，对全体债权人不利，裁定驳回起诉。(2) 股东未及时启动破产清算程序，且在破产程序中处于失联状态，未移交破产清算所需材料，构成滥用公司法人独立地位和股东有限责任，判决对债权人未获清偿部分承担连带责任。(3) 要求破产企业相关人员承担破产申请及配合责任的，应当限定在破产程序中，在破产程序终结后主张权利的，判决不予支持。

基于上述问题理解上的分歧，《全国法院民商事审判工作会议纪要》（以下简称《九民纪要》）第一百一十八条对此作了进一步明确，认为应区分违反清算义务责任与违反破产申请及配合责任，在依据《批复》第三款的规定判定债务人相关人员承担责任时，应当依照《中华人民共和国企业破产法》的规定确定义务内容和责任范围，不得依据《公司法司法解释（二）》第十八条第二款，也就是说，主张违反破产申请及配合责任的，应依据《中华人民共和国企业破产法》第七条第三款及第十五条规定的行为要件，从侵权责任构成角度予以考量判断。

关于破产申请及配合责任的主张时间，现行法律并未规定。破产程序旨在终局性地清理破产企业的债权债务，《九民纪要》第一百一十八条规定的“……破产清算案件被裁定终结后，相关主体以债务人主要财产、账册、重要文件等重新出现为由，申请对破产清算程序启动审判监督的，人民法院不予受理……”，也体现了破产程序的不可逆性，故在破产程序终结后，再行提起诉讼，有悖于破产终局性债权债务清偿的本旨。另外，从破产的概括清偿角度来看，追究相关人员的破产申请及配合责任后，所得财产应归入债务人财产，由全体债权人受偿。在破产程序终结后，个别债权人为实现自身债权提起的诉请，亦有悖于集体清偿的理念。因此，本案中商贸公司作为个别债权人，在债务人房地产公司因无财产可供分配裁定破产程序终结后，以三被告不配合清算为由，要求对商贸公司享有的债权承担连带清偿责任，既有悖于破产程序终局、不可逆的宗旨，亦有悖于债权债务集体清偿的理念，不应得到支持。

因此，主张破产申请及配合责任，应由管理人在破产程序中依据《中华人民共和国破产法》相关规定及时提起诉请，并归入企业财产作集体清偿；在管理人未主张时，个别债权人可在破产程序终结前，代表全体债权人提起诉讼。在破产程序终结后，个别债权人提起诉讼主张破产申请及配合责任的，判决不予支持。因此，债权人应及时、充分关注债务人企业经营状况，以便在正确的时间节点，及时主张，顺利受偿，维护自身的合法权益。

编写人：北京市平谷区人民法院　宁昀　王宏

ISBN 978-7-5216-2513-4

**图书在版编目（CIP）数据**

中国法院2022年度案例．公司纠纷／国家法官学院，最高人民法院司法案例研究院编．—北京：中国法制出版社，2022.2

ISBN 978-7-5216-2513-4

Ⅰ.①中… Ⅱ.①国… ②最… Ⅲ.①公司-经济纠纷-案例-汇编-中国 Ⅳ.①D920.5

中国版本图书馆CIP数据核字（2022）第025270号

策划编辑：李小草　韩璐玮（hanluwei666@163.com）
责任编辑：韩璐玮　　封面设计：李宁

**中国法院2022年度案例．公司纠纷**
ZHONGGUO FAYUAN 2022 NIANDU ANLI. GONGSI JIUFEN

编者/国家法官学院，最高人民法院司法案例研究院
经销/新华书店
印刷/三河市紫恒印装有限公司
开本/730毫米×1030毫米　16开　　印张/18.25　字数/212千
版次/2022年2月第1版　　2022年2月第1次印刷

中国法制出版社出版
书号ISBN 978-7-5216-2513-4　　定价：78.00元

北京市西城区西便门西里甲16号西便门办公区
邮政编码：100053　　传真：010-63141600
**网址：http：//www.zgfzs.com**　　**编辑部电话：010-63141790**
**市场营销部电话：010-63141612**　　**印务部电话：010-63141606**

（如有印装质量问题，请与本社印务部联系。）